Paul Biela

Die Potsdamer Apotheken

Ihre Geschichte von den Anfängen bis zum Preußenjahr 2001

Verlag für Wissenschafts- und Regionalgeschichte
Dr. Michael Engel
Berlin 2004

ISBN   3-929134-45-4

Copyright 2004 Verlag für Wissenschafts- und Regionalgeschichte
Dr. Michael Engel
Kaiserdamm 102, D-14057 Berlin-Charlottenburg

Druck und Einband: Offsetdruckerei Gerhard Weinert
Saalburgstraße 3, D-12099 Berlin

Gedruckt auf alterungsbeständigem Papier (säurefrei, pH-neutral, chlorarm gebleicht)

Inhaltsverzeichnis

Zum Geleit 7

Geleitwort 8

Einleitung 9

1640 - 1713 10
Potsdams Erhebung zur Residenz 10
Das Medizinaledikt von 1685 11
Die Medizinalordnung von 1693 12
Die Apotheke zum Schwarzen Bär 12
Apothekenräume und Gerätschaften 14
Die ökonomische Lage 14
Das Apothekenpersonal 15

1713 - 1740 16
Potsdam wird Garnisonstadt 16
Das Allgemeine und Neugeschärfte Medizinaledikt von 1725 17
Die Adler-Apotheke; Die Löwen-Apotheke; Die Apotheke zum
   goldenen Hirsch 19
Das Arzneimittelsortiment / Die Medizinaltaxe von 1725 21
Die ökonomische Lage 22

1740 - 1840 23
Vom Absolutismus zum Beginn der Industriellen Revolution 23
Das „privilegium exclusivum" von 1748 25
Die ökonomische Lage / Apothekenverkäufe 26
Apothekenvisitationen ausgangs des 18. Jahrhunderts 27
Das Arzneimittelsortiment 29
Die Apothekerordnung von 1801 30
Die Ausbildung des Apothekenpersonals 32
Ehrenämter Potsdamer Apotheker 33
Die Franck'sche Stiftung 33

1840 - 1871 35
Zwei Brüder - zwei preußische Könige 35
Die Apotheke vor dem Brandenburger Tor 36
Die Kronen-Apotheke 43

Das Arzneimittelsortiment 48
Die Ausbildung des Apothekenpersonals 50

1871 - 1918 52

Das Deutsche Kaiserreich 52
Der Potsdamer Apothekerverein 54
Die Apothekenbetriebsordnung von 1902 57
Die Linden-Apotheke 59
Die Neuendorfer Apotheke 63
Die Kaiser Friedrich Apotheke in Bornstedt 64
Die Cecilien-Apotheke 65
Die ökonomische Lage/Apothekenverkäufe 66
Die Arzneifertigware / Spezialität 66
Nebentätigkeiten Potsdamer Apotheker 69
Aus- und Fortbildung der Pharmazeuten 71

1918 - 1933 73

Die Weimarer Republik 73
Die Plantagen-Apotheke 74
Die Charlottenhof-Apotheke 75
Das Arzneimittelsortiment 76
Das Apothekenpersonal 78
Apothekenvisitationen 80
Die ökonomische Lage 85

1933 - 1945 90

Die nationalsozialistische Zeit 90
Die Diskriminierung der Juden, die NS-Praktiken im Apothekenwesen 90
Die Kurmark-Apotheke 92
Die Rosen-Apotheke 93
Aus- und Fortbildung der Apotheker 94
Apothekenhelferinnen 96
Apothekenvisitationen 97

1945 - 1990 102

Die sowjetische Militäradministration in Deutschland (SMAD) und die
    Deutsche Demokratische Republik (DDR) 102
Apothekenrechtliche Bestimmungen 104
Die Apothekensituation nach Beendigung des Zweiten Weltkrieges 107
Umbenennung von Apotheken 107
Apothekenschließungen 108

Die Verstaatlichung der Apotheken 109
Neugründungen: die Zentral-Apotheke, die Apotheke am Stern,
    die Einhorn-Apotheke 111
Apothekenräume und Gerätschaften 113
Frauen in der Potsdamer Pharmazie 115
Das Apothekenpersonal 117
Aus- und Weiterbildung 119
Das Arzneimittelsortiment 122
Die ökonomische Lage 128
Apothekenvisitationen 129
Nebentätigkeiten Potsdamer Apotheker 131
Ehrenämter Potsdamer Apotheker 132

1990 - 2001 133

Das Bundesland Brandenburg 133
Neue apothekenrechtliche Bestimmungen 133
Privatisierung von elf staatlichen Apotheken 135
Gründung von 28 Apotheken 148
Umbenennung von Apotheken 150
Verlegung von Apotheken 150
Apothekenverkäufe 151
Apothekenschließung 152
Das Apothekenpersonal 169
Aus-, Fort- und Weiterbildung 170
Ehrenämter Potsdamer Apotheker 172
Rückschau und Ausblick 174

Anlagen 181

1. Chronik der Apotheke zum Schwarzen Bär 181
2. Chronik der Adler-Apotheke 183
3. Chronik der Löwen-Apotheke 185
4. Chronik der Apotheke zum Goldenen Hirsch 187
5. Chronik der Apotheke vor dem Brandenburger Tor
    (Luisen-Apotheke, Stadt-Apotheke) 189
6. Chronik der Kronen-Apotheke 190
7. Chronik der Linden-Apotheke 192
8. Chronik der Neuendorfer Apotheke 193
9. Chronik der Kaiser-Friedrich-Apotheke in Bornstedt 194
10. Chronik der Cecilien-Apotheke 196
11. Chronik der Plantagen-Apotheke 196
12. Chronik der Charlottenhof-Apotheke 197

13. Chronik der Kurmark-Apotheke 198
14. Chronik der Rosen-Apotheke 199
15. Vertreter der Familie Becker/Rengel 200
16. Stammbaum der Familie Becker/Harsleben 201
17. Adressen von Potsdamer Apothekern 1790 201
18. Mitarbeiter der vier Potsdamer Apotheken 1797 bzw. 1799 202
19. Mitarbeiter der Potsdamer Apotheken im Jahre 1802 202
20. Mitarbeiter der Potsdamer Apotheken im Jahre 1843 203
21. Mitarbeiter der Potsdamer Apotheken zu Beginn des
    20. Jahrhunderts 203
22. Revisionstermine der Potsdamer Apotheken zwischen
    1894 und 1939 203
23. Übersicht über die Verkäufe Potsdamer Apotheken ausgangs
    des 19. Jahrhunderts und zu Beginn des 20. Jahrhunderts mit
    Preisangaben 205
24. Eigentumsformen Potsdamer Apotheken von 1949 und 1974 207
25. Arzneimittel des Warenlagers aus dem Jahre 1797 211
26. Übersicht über die Arzneimittel der Nomenklatur B 211
27. Übersicht über die Arzneimittel der Nomenklatur C 214
28 Arzneimittelverzeichnisse, Rezeptformeln bzw.
    Standardrezepturen und Arzneibücher in der DDR 217

Quellen- und Literaturverzeichnis 219
Ungedruckte Quellen 219
Gedruckte Quellen 222
Literatur 227

Personenregister 230

Abbildungsverzeichnis 237

Zum Geleit

Die Deutsche Gesellschaft für Geschichte der Pharmazie wird ihren im zweijährigen Rhythmus stattfindenden Kongreß im Jahr 2004 in Potsdam abhalten. Sie wendet sich damit erneut einer historisch bedeutenden Stadt der neuen Bundesländer Mitteldeutschlands zu, so wie dies schon 1992 mit Stralsund/Binz und 2000 mit Leipzig der Fall war. Dies findet auch seine inhaltliche Dimension in der Wahl des Kongreßthemas „Preußen und die Pharmazie".

Es trifft sich daher gut, daß eine Dissertation über die „Geschichte der Potsdamer Apotheken" vor wenigen Jahren abgeschlossen wurde. Eine solche umfassende Bearbeitung über das Apothekenwesen der Hauptstadt des Landes Brandenburg, eine der bedeutendsten Städte des Königreiches Preußen, wird einen hervorragenden Beitrag zur deutschen Apothekenhistorie leisten. Das Buch schließt eine Lücke pharmaziehistorischen Wissens

Der Vorstand der DGGP begrüßt die Initiative, die Dissertation in Buchform erscheinen zu lassen und wird dies mit einem namhaften Betrag unterstützen. Es ist dem Autor, Herrn Dr. Paul Biela, Potsdam, zu danken, daß er sich dieser Aufgabe unterzogen hat. Die DGGP spricht den Wunsch aus, daß das Buch zu einem nachhaltigen Erfolg wird und wird dazu beitragen, indem sie es allen Teilnehmern der Biennale Potsdam 2004 in Potsdam zur Verfügung stellt.

Münster, im Herbst 2003   Dr. Klaus Meyer
                                                                            Vorsitzender der DGGP

Geleitwort

Apotheker Paul Biela hat sein Buch – hervorgegangen aus einer Dissertation – mit „Die Potsdamer Apotheken. Ihre Geschichte von den Anfängen bis zum Preußenjahr 2001" betitelt.

Damit wird ein Zeitraum von rund 3½ Jahrhunderten überspannt, denn 1654 erteilte der Große Kurfürst nachweislich das erste Apothekerprivileg an Johann Schönebeck. Und genau 350 Jahre nach diesem kurfürstlichen Privileg ist Potsdam Tagungsort der Deutschen Gesellschaft für Geschichte der Pharmazie – welch vorzügliches Arrangement der Initiatoren.

In der preußischen und preußisch-deutschen Geschichte nimmt Potsdam als zweite Residenz neben Berlin eine bevorzugte Position ein. Da stehen dunkle Ereignisse wie die Kriegserklärung 1914 durch Wilhelm II. oder gar der Tag von Potsdam 1933 in der Garnisonkirche ebenso zu Buche wie das Edikt von Potsdam 1685, mit dem den Hugenotten Glaubensfreiheit, Niederlassung und wirtschaftliche Privilegien in Brandenburg und Preußen gewährt wurden.

In der nun über tausendjährigen Geschichte Potsdams – erstmals 993 als slawische Burg Poztupimi erwähnt – haben die Apotheken der Stadt seit 1654 einen bedeutenden Beitrag geleistet. Es ist das Verdienst unseres Kollegen Dr. Biela, diese Pharmaziegeschichte der Stadt aufgearbeitet und zu einem kleinen Buch verarbeitet zu haben. Dabei beleuchtet er nicht allein die ältere Vergangenheit, sondern schildert ebenso die turbulenten Jahre in der politischen Wende und nach der Wiedervereinigung Deutschlands.

Heute wie früher wechseln für den Berufsstand erfolgreiche mit weniger glücklichen Zeiten. So kritisch die derzeitige Situation des Apothekerstandes auch erscheint, in der Erinnerung an die Wurzeln lässt sich mit Engagement, Weitblick und Mut die Zukunft gestalten.

Die Landesapothekerkammer Brandenburg unterstützt die Veröffentlichung dieses Buches.

Potsdam, im Herbst 2003   Dr. Jürgen Kögel
                               Präsident der Landesapothekerkammer
                               Brandenburg

Einleitung

Der Pharmaziehistoriker Rudolf Schmitz (1918 - 1992) schrieb 1964: „Wer sich mit Pharmaziegeschichte befasst, berührt in starkem Maße sozial-, rechts-, wirtschafts- und landesgeschichtliche, genealogische, kunst- und kulturgeschichtliche Fragen". Demzufolge muss, wenn über das Apothekenwesen der ehemaligen Residenzstadt Potsdam berichtet werden soll, auch auf Brandenburgs Kurfürsten, Preußens Könige und Deutschlands Kaiser eingegangen werden, ferner auf die Weimarer Republik, die braune und rote Diktatur sowie auf die Jahre nach dem Fall der Mauer.

Potsdam beging im Jahre 1993 die 1000-Jahrfeier der ersten urkundlichen Erwähnung, denn am 3. Juli 993 schenkte König Otto III. seiner Tante Mathilde, der Äbtissin von Quedlinburg, die Orte Poztupimi und Geliti – Potsdam und Geltow. Zur Festveranstaltung, am 3. Juli, die mit einem Gottesdienst in der Nikolaikirche begann, mit einem Festakt im Theaterhaus am Alten Markt fortgesetzt wurde und mit einem Empfang im Alten Rathaus endete, war auch der damalige Bundespräsident, Richard von Weizsäcker (geb. 1920), erschienen. 49 Autoren, darunter der Verfasser dieses Buches, „schrieben für all jene, die auf Potsdam neugierig sind, ein buntes Bild Potsdamer Geschichte von 993 bis in die Gegenwart" – 1000 Jahre Potsdam, das Buch zum Stadtjubiläum.

In der Historie heißt es: „Auf Grund der ungünstigen Quellenlage kann vieles nur vermutet oder annähernd beantwortet werden, denn im Jahre 1536 waren die meisten der bis dahin aufbewahrten schriftlichen Quellen einem großen Brand zum Opfer gefallen. Das Äußere Potsdams hat sich in den ersten Jahrhunderten seines Bestehens wenig geändert". Zunächst regierten die Askanier, dann die Wittelsbacher, später die Luxemburger, und zu Beginn des 15. Jahrhunderts begann die fünfhundert Jahre dauernde Herrschaft der Hohenzollern, ursprünglich ein schwäbisches Geschlecht, in der Mark Brandenburg. Kurz vor Beginn des dreißigjährigen Krieges hatte Potsdam eine Einwohnerzahl von annähernd 1500. Die Jahre zwischen 1618 und 1648 brachten auch Potsdam Not, Tod, Elend, Hunger und die Pest. Nach dreißig Jahren Krieg zählte Potsdam nur noch etwa 700 Einwohner. Endlich der Westfälische Frieden.

Wann begann der Staat Preußen zu existieren? Mit der Regentschaft des Großen Kurfürsten? 1701 in Königsberg oder erst mit dem Soldatenkönig? Die Meinungsverschiedenheiten unter den Historikern sind diesbezüglich noch nicht beigelegt. Da aber nun das Jahr 2001 zum „Preußenjahr" erhoben wurde, tendieren die Wissenschaftler wohl doch zum Jahr 1701. Unter der Herrschaft Kurfürst Friedrich Wilhelm (1620 - 1688) wurde nachweislich die erste Apotheke in Potsdam gegründet. Somit beginnt in dieser Zeit die Potsdamer Pharmaziegeschichte.

1640 - 1713

Potsdams Erhebung zur Residenz

Kurfürst Friedrich Wilhelm regierte seit 1640 über die Mark Brandenburg. Er war der letzte ungekrönte Herrscher in Brandenburg-Preußen. Louise Henriette von Nassau-Oranien (1627 - 1667), „seit dem 7. Dezember 1646 dem Großen Kurfürst vermählt", gilt als die Stammmutter der preußischen Könige und deutschen Kaiser. Die Deutsche Bundespost widmete ihr 1994 in der Reihe „Frauen der deutschen Geschichte" eine Briefmarke. „Der Kurfürst, dessen Herz voller Liebe und Verehrung gegen die schöne, an Gaben des Geistes und Gemütes gleich ausgezeichnete Frau war", schenkte ihr das Amt Bötzow, aus dem später Schloss und Stadt Oranienburg hervorgingen. Bereits 1667 starb die geborene Prinzessin von Oranien. Seine Gemahlin in zweiter Ehe, Dorothea von Braunschweig (1636 - 1689), pflanzte in der Berliner Dorotheenstadt die erste Linde. Der Beginn der berühmten Prachtstraße „Unter den Linden". Dem jüngsten Sohn des Kurfürsten, Christian Ludwig (1677 - 1734), widmete Johann Sebastian Bach (1685 - 1750) 1723 die Brandenburgischen Konzerte.

Vielleicht wäre Potsdam eine kleine, unbedeutende Gemeinde geblieben, wenn nicht Kurfürst Friedrich Wilhelm Potsdam nach Berlin zu seiner zweiten Residenz erwählt hätte. Die wald- und wildreiche Umgebung des Ortes mit der Pirschheide und der Drewitzer Heide war ein ideales Jagdrevier. Von nun an wurde das Schicksal Potsdams dreihundert Jahre lang „durch Genie, Ehrgeiz, Großmut, Eitelkeit und Willkür der Landesherren bestimmt. Es lässt sich an den Bauten der Stadt ablesen". Schlösser und Parks stellen „eine Fundgrube für Mythologen und Historiker dar". Der Kunsthistoriker Paul Ortwin Rave (1893 - 1962) bemerkte: „Berlin hat fast vor seinen Toren das größte und schönste Museum für Kunst und Geschichte: die ehemalige Residenzstadt Potsdam [...] Man hat Berlin nur zur Hälfte gesehen, wenn man nicht gründlich und genau Potsdam gesehen hat".

In der Schlacht bei Fehrbellin, am 18. Juni 1675, besiegten die brandenburgischen Truppen unter der Führung des Kurfürsten die Schweden. Seitdem wurde Friedrich Wilhelm der „Große Kurfürst" genannt. Diesen Sieg des Kurfürsten sehen manche Historiker „als die Geburtsstunde des preußischen Staates". Zu einer siegreichen Schlacht gehört auch ein Denkmal. „Als sich der Tag der Schlacht zum zweihundertsten Male jährte, wurde auf der Hakenberger Flur ein stattlicher Turm errichtet, bekrönt von einer Rauchschen Viktoria, die ihren Siegeskranz mit großer Geste weithin über Kartoffel- und Haferfelder schwingt. So steht sie noch heute".

Der Kurfürst versuchte, der Mark Brandenburg nach der langen Kriegszeit neue Impulse in der Landwirtschaft, der Kultur und der Wissenschaft, im Handel und im Handwerk zu geben. Durch das Edikt von Potsdam, am 29. Oktober 1685, gestattete er den Hugenotten, den französischen Protestanten, die unter Ludwig XIV. im katholischen Frankreich nicht mehr ihre Religion ausüben durften, sich im Brandenburgischen niederzulassen. Eine Tat, die ihm einen Platz in der Geschichtsschreibung verschaffte, die sich aber als eine ebenso große Wohltat für sein Land und auch für Potsdam erwies. Die Refugies gaben der Mark einen großen wirtschaftlichen, kulturellen und wissenschaftlichen Aufschwung.

Nach dem Tod des Kurfürsten übernahm sein Sohn, Kurfürst Friedrich III. (1657 - 1713), die Regentschaft. Er lebe auf „großem Fuß". Die Befriedigung seiner übersteigerten Repräsentations- und Geltungssucht verschlang enorme Summen. Diese kam auch in einer regen Bautätigkeit zum Ausdruck. Es entstanden das Schloss Berlin, das Zeughaus, das Schloss Friedrichsfelde, das Schloss Schönhausen, der Deutsche und der Französische Dom am Gendarmenmarkt in Berlin. Für seine zweite Gemahlin, Sophie Charlotte von Braunschweig, ließ er Schloss Charlottenburg bauen. Friedrich gründete die Akademie der Künste und die Akademie der Wissenschaften. Berlin erhielt den Beinamen „Spree-Athen". Am 18. Januar 1701 krönte er sich in Königsberg zum König Friedrich I. in Preußen. Ebenso wie sein Vater liebte er die zweite Residenz Potsdam. Auch dort führte er einen aufwendigen Hofstaat. Erinnert sei an das Dreikönigstreffen im Juli 1709, als Friedrich I. mit Friedrich IV. von Dänemark und Friedrich August von Sachsen und Polen im prunkvollen Marmorsaal des Stadtschlosses Potsdam rauschende Feste feierte.

Das Medizinaledikt von 1685

Im Jahre 1685 erließ Kurfürst Friedrich Wilhelm eine Medizinalgesetzgebung. Sie regelte vor allem die Schaffung eines Collegii Medici als oberste Medizinalbehörde, bei dem sich das pharmazeutische Personal – Apotheker, Provisoren, Gesellen und Lehrjungen (Discipel) – melden musste. Die Prüfung bzw. die Erteilung der Approbation für diesen Personenkreis erfolgte ebenfalls durch die Medizinalbehörde. Sie veranlasste Visitationen der Apotheken, jährlich oder „so oft es von nöthen ist" durch Mediziner unter Hinzuziehung von Magistratspersonen, gab Arbeitsvorschriften für die Pharmazeuten heraus und verbot den Apothekern bestimmte Tätigkeiten. So war es z.B. den Pharmazeuten bei Androhung hoher Strafen untersagt, Kranke zu heilen und stark wirksame Substanzen ohne Wissen des Arztes zu verkaufen. Die Apotheker wurden zur sorgfältigen Anfertigung der Arzneien unter Beachtung der Gewichte, Maße und Taxe angehalten. Die Medizinalordnung enthielt noch keine Vorschriften über die Ausbildung der Apotheker.

Die Medizinalordnung von 1693

Kurfürst Friedrich III. erließ 1693 die Kurfürstlich-Brandenburgische Medizinalordnung. Sie enthielt für das Apothekenwesen eine umfangreiche Vorschriftensammlung. Die Bestimmungen sind gegenüber dem Gesetz von 1685 wesentlich detaillierter ausgeführt und gehen weit über die Vorschriften von 1685 hinaus. Dem Gesetzgeber kam es darauf an, Recht und Ordnung im Apothekenwesen zu schaffen. Die „Ordnung, wonach sich Apotheker in Unsern Landen zu achten" regelte in 29 Paragraphen die Tätigkeit der Pharmazeuten. Sie schützte die Apotheker durch ein Privilegium vor unliebsamer Konkurrenz, forderte jedoch von ihnen einen vorbildlichen Lebenswandel. Die Herstellung der Composita durfte nur nach approbierten Schriften erfolgen. Besondere Aufmerksamkeit war beim Umgang mit Giften gefordert. Diese durften nur mit eigens dafür vorgesehenen Geräten verarbeitet werden. Die Aufbewahrung der Gifte erfolgte separat, von anderen Arzneimitteln getrennt und unter Verschluss. Die Dienstzeit war erst um 22.00 Uhr in der Apotheke beendet. Ihr schloss sich dann ein Bereitschaftsdienst während der Nacht an, der auch an Sonn- und Feiertagen gefordert war. Die Ausbildungszeit der Lehrjungen betrug mehr als vier Jahre. Materialisten (Drogisten) war der Verkauf von Arzneimitteln verboten.

Die Apotheke zum Schwarzen Bär

Unter der Regierung des Kurfürsten Friedrich Wilhelm wurde in Potsdam die erste Apotheke, die „Apotheke zum Schwarzen Bär", in der Brauerstraße 5, in der Nähe des Alten Marktes, eröffnet. Wie der Name andeutet, existierten in dieser Straße einige Brauereien. Die Verleihung einer Braugerechtigkeit, nicht nur an gewerbetreibende Bürger, sondern auch an Privatpersonen, wie z.B. hohe Beamte und verdienstvolle Offiziere, galt damals als besondere Gunst. Die Braunahrung in Form von Braunbiersuppe war ein wichtiges Nahrungsmittel zu jener Zeit. Apotheke und Straße existieren heute nicht mehr. Sie wurden ein Opfer des Bombenangriffs auf Potsdam in der Nacht des 14. April 1945.
Als nachweislich erster Apotheker erhielt Johann Schönebeck am 26. April 1654 ein Apothekenprivilegium. Dieses allergnädigste Privileg galt nicht nur für die Apotheke, sondern auch zugleich für den Materialisten- und Gewürzhandel. Keinem anderen Bürger oder Handelsmanne war es gestattet, mit Apotheker-, Spezerei- und Gewürzwaren zu handeln. Schönebeck konnte sich nur zwei Jahre an seiner Apotheke erfreuen, denn bereits am 21. April 1656 wurde er begraben.

Die Witwe Schönebeck, Frau Ursula Katharina, nahm sich einen Apothekenverwalter, Hans Heinrich Beyer, den sie 1658 heiratete. Als ihr Mann 1671 starb, heiratete sie ein Jahr später zum dritten Mal, wiederum den Verwalter ihrer Apotheke, Christoph Eckardt. War es die große Liebe oder aber wirtschaftliche Notwendigkeit oder beides? Wir wollen die Frage dahingestellt sein lassen. 1683 starb Frau Eckardt. Ein Jahr später heiratete Apotheker Eckardt Anna Simon, die Tochter eines wohlhabenden Berliner Kaufmannes. Das Glück währte nicht lange, denn drei Jahre später, am 4. März 1687, brach eine große Feuersbrunst in der Brauerstraße aus. Die Apotheke, sechs Brauhäuser und weitere neun Häuser brannten ab. Dank eines finanzkräftigen Schwiegervaters konnte

Abbildung 1: Ehemalige Apotheke zum Schwarzen Bär, Brauerstr. 5

Eckardt die Apotheke recht bald wieder errichten und sie in einen florisanten Zustand bringen. Nach über 30jähriger Tätigkeit als Apotheker in Potsdam starb Eckardt im Jahre 1704. Die Witwe Eckardt wählte den bereits beschriebenen bewährten Weg ihrer Vorgängerin. Sie nahm sich einen Verwalter für die Apotheke, Jacob Vogel, den sie im Jahre 1706 heiratete. Noch im Jahre 1706, am 27. September, wurde Vogel zum Hofapotheker ernannt.

Apothekenräume und Gerätschaften

Wie mag die Apotheke zum Schwarzen Bär räumlich beschaffen gewesen sein? Die Medizinalordnung von 1693 erwähnte die Offizin (den Raum zur Arzneimittelabgabe), den Kräuterboden und das Laboratorium. Spätere Revisionsprotokolle nennen noch die Materialkammer und den Arzneikeller. Der Kräuterboden diente zum sachgemäßen Trocknen der gesammelten Heilkräuter. Im Laboratorium wurden galenische und chemische Präparate hergestellt. Dazu waren Destillierblasen, Mörser, Pistille, Pfannen und Löffel aus Zinn oder Kupfer, Feuerherde und Brennöfen erforderlich. Weitere unbedingt vorhandene Arbeitsgeräte waren Siebe, Reibsteine, Waagen und Gewichte. Bereits 1555 wurde das Nürnberger Apothekergewicht eingeführt, das eine einheitliche Wägung erlaubte. Apothekengefäße bestanden aus Holz und Ton. Ob bereits in der ersten Potsdamer Apotheke Apothekengefäße gehobenerer Art (Fayencen oder Majolika-Gefäße) existierten, konnte nicht nachgewiesen werden. Glas- und Porzellangefäße fanden erst später große Verbreitung.

Die ökonomische Lage

Wie bereits erwähnt, erhielt Apotheker Schönebeck 1654 das Privileg nicht nur für die Apotheke, sondern auch für den Gewürz- und Materialistenhandel. Allein die Abgabe von Arzneien, das Arzneimittelsortiment wurde fast ausschließlich durch Drogen mineralischer, pflanzlicher und tierischer Provenienz repräsentiert, gewährleistete nicht immer das Bestehen einer Apotheke. Dem Gesetzgeber war aber an der Existenz wirtschaftlich stabiler Apotheken sehr gelegen. Deshalb gestattete er darüber hinaus, in der „Freiwahl", den Verkauf nicht apothekenspezifischer Artikel wie z.B. Bier, Branntwein, Gewürze, Spezereien, Tabak, in- und ausländische Weine und Zuckerwaren. Klagen des Hofapothekers, Jacob Vogel, zu Beginn des 18. Jahrhunderts über zu geringen Arzneiabsatz bzw. unliebsame Konkurrenz von Personen, die keine Konzession hatten, zeigen, dass die ökonomische Lage der Apotheken nicht immer befriedigend war und noch immer unbefugte Personen ihr Unwesen im Apothekenwesen trieben.

Das Apothekenpersonal

Zum Personal einer Apotheke gehörten damals neben dem Apotheker selbst die Gesellen und die Lehrlinge. Die Medizinalordnung von 1693 beschreibt ausführlich in mehreren Paragraphen die Aufgaben und Pflichten von Lehrjungen und Gesellen in den Apotheken. Bevor die Lehrlinge eingestellt werden durften, mussten sie der Medizinalbehörde vorgestellt und von dieser examiniert werden. Bedingungen für den Eintritt in die Lehre waren Kenntnisse der lateinischen Sprache, ein „gelehrsamer Kopf" und ein guter Leumund. Die Lehrlinge hatten den Eid auf die Apothekerordnung zu leisten. Das „Saufen", Spielen und Müßiggehen sollten sie gänzlich meiden. In all ihrem Tun hatten sie munter und wachsam zu sein. Morgens mussten sie zur rechten Zeit aufstehen, fleißig beten, im Laboratorium und in der Offizin zeitig nach dem Feuer sehen, die Offizin zur rechten Zeit öffnen, dieselbe nebst Gefäßen und Geschirr sauber und rein halten und jedes an den gebührenden Ort stellen. Dem Apotheker hatten sie Gehorsam und Respekt zu erweisen, den Gesellen mussten sie zur Hand gehen, sich jeder Person gegenüber, besonders der armen, bescheiden zeigen und mit Geld, Ware, Maßen und Gewichten treulich umgehen. In den ersten vier Lehrjahren durften sie nur in Anwesenheit des Apothekers präparieren (Arznei herstellen). Nach ausgestandener Lehrzeit, die Anzahl der Jahre war nicht erwähnt, erfolgte eine Prüfung vor der Medizinalbehörde.

Die Gesellen hatten ihre Aufgaben fleißig, „unverdrossen und geschwind", jedoch bedachtsam zu verrichten. Die Lehrlinge hatten sie sowohl morgens als auch abends zum Gebet anzuhalten und gemeinsam mit den Lehrlingen auf dem Kräuterboden auf die zum Trocknen lagernden Kräuter und Wurzeln zu achten. Die verordneten Rezepturen der Mediziner mussten sie umgehend anfertigen, durften nichts verändern oder substituieren und hatten sich jeder Äußerung gegenüber den Patienten bezüglich der Ordination des Arztes zu enthalten.

Die Apotheke zum Schwarzen Bär blieb bis zum Anfang des 18. Jahrhunderts die einzige Apotheke in Potsdam. Das Bedürfnis zur Errichtung einer zweiten Apotheke bestand offenbar nicht, da die Einwohnerzahl Potsdams bis zu diesem Zeitpunkt ungefähr 1500 betrug, nur ebensoviel wie vor einhundert Jahren, vor Beginn des 30jährigen Krieges. Das änderte sich radikal unter der Regierung des folgenden Königs.

1713 - 1740

Potsdam wird Garnisonstadt

Nach dem Tod König Friedrich I. bestieg sein Sohn, Friedrich Wilhelm I. (1688 - 1740), auch „Soldatenkönig" genannt, den Thron. Er beendete die verschwenderische Hofhaltung seines Vaters und führte ein Regime strenger Sparsamkeit ein, um die zerrütteten Staatsfinanzen zu ordnen. Sparen war bereits damals ebenso eine Tugend wie eine Notwendigkeit, ebenso wie heute. Friedrich Wilhelm I. besaß ein leidenschaftliches, heftiges und jähzorniges Temperament. Er verlangte kompromisslose Pflichterfüllung, Treue, Disziplin, Gehorsam und strenge Zucht. Im Urteil nie mild, nur gerecht. Karg mit Güte und karg mit Geld. Prunk und Luxus hasste er. Am Hofe ging es spartanisch zu. Der König besaß von Jugend auf nur eine Neigung: die zum Militärischen. Die Neigung vieler Väter, die Söhne nach dem eigenen Bild zu formen, steigerte sich bei Friedrich Wilhelm I. zur Besessenheit. Der Konflikt mit seinem Sohn, dem Kronprinzen, er war das vierte von vierzehn Kindern und besaß ausgeprägte geistige und künstlerische Neigungen, führte zur Katastrophe. Der Fluchtversuch des Kronprinzen mit seinem Freund, Hans Hermann von Katte (1704 - 1730), scheiterte. Beide wurden in die Festung Küstrin gebracht. Friedrich Wilhelm I. erließ am 25. August 1730 eine Kabinettsorder an den Kommandanten der Festung, Generalmajor von Lepel, über die Haftbedingungen des Kronprinzen in Küstrin: „Seine Flöte und seine Musikbücher werden ihm abgenommen. An Büchern darf er nur die Bibel, das Gesangbuch und Johann Ahrends „Wahres Christentum" behalten. Er darf mit keinem Menschen weder sprechen noch korrespondieren". Katte wurde am 6. November 1730 vor den Augen des Kronprinzen hingerichtet.

Theodor Fontane (1819 - 1898), ehemaliger Apotheker, der Dichter und Schriftsteller der Mark Brandenburg, schrieb 150 Jahre später in einem Aufsatz: Über das Reisen in der Mark „Wer nach Küstrin oder Fehrbellin kommt, ohne mit der Vergangenheit vertraut zu sein, der wird nur Gleichgültigkeit, Missbehagen oder auch Schläfrigkeit empfinden. Wer aber weiß, dass hier Katte starb und dort der Große Kurfürst die Schweden besiegte, der wird sich aufrichten im Wagen und Luch und Heide plötzlich in wunderbarer Beleuchtung sehen".

Neben den Soldaten hatte Friedrich Wilhelm I. noch eine zweite Leidenschaft: die Jagd. Er ließ 1730 in der Drewitzer Heide, heute Parforceheide, ein Jagdschloss bauen, von dem sternförmig Alleen ausgingen, und begab sich von dort auf die Parforcejagd. Auch das Schloss Wusterhausen, heute Königs Wusterhausen, das er bereits als 10jähriger Kurprinz von seinem Vater geschenkt bekam, war Ausgangspunkt der beliebten Hetzjagd. Jedes Jahr zog er später als König mit seiner Familie von August bis November nach Wusterhausen zur „Herbst-Lust". Aus Wusterhausen gab der Soldatenkönig am 1. November 1730 den Befehl, Katte hinrichten zu lassen.

Friedrich Wilhelm I. wollte Regimenter in Potsdam stationieren, die Stadt war aber viel zu klein. So erfolgte ab 1720 die erste Stadterweiterung bis zur heutigen Charlottenstraße. Im Zuge dieser Baumaßnahmen entstanden 1721 die Garnisonkirche, 1722 die Gewehrfabrik, 1724 das Militärwaisenhaus für Knaben, 1725 das Militärwaisenhaus für Mädchen und 1726 die Heiligengeistkirche. Im Verlauf dieser Stadterweiterung gab es bald das französische Quartier. Nach einer Phase der Ruhe erfolgte die zweite Stadterweiterung. Sie umfasste das Areal von der Charlottenstraße bis zur heutigen Hegel-Allee/Kurfürstenstraße einschließlich des Holländer Viertels. Umgeben wurde die Stadt von einer Mauer, deren Verlauf noch heute das Brandenburger Tor, das Jägertor und das Nauener Tor markieren. Das Neustädter Tor in der Nähe der Havelbucht und das Berliner Tor in Richtung Glienicker Brücke existieren heute nicht mehr. Vor den Toren befanden sich die Vorstädte: die Brandenburger Vorstadt, die Jäger Vorstadt, die Nauener Vorstadt, die Berliner Vorstadt und jenseits der Havel die Teltower Vorstadt. Am Ende der Regierungszeit des Soldatenkönigs betrug die Einwohnerzahl Potsdams 11700.

Das Allgemeine und Neugeschärfte Medizinaledikt von 1725

1725 trat das Allgemeine und Neugeschärfte Medizinaledikt in Kraft. Im Kapitel „Von den Apothekern" enthielt es in 16 Punkten Bestimmungen für die Pharmazeuten. So wurde eine strikte Trennung zwischen Apothekern und Materialisten (Drogisten) gefordert. Das Materialistengeschäft musste durch die Aufschrift „Materialisten-Laden" oder „Gewürz-Krahm" gekennzeichnet sein, während die Apotheke durch die Worte „Privilegierte Apotheke" ausgeschildert war. Apothekergesellen war es unter Androhung empfindlicher Strafen verboten, bei Materialisten zu arbeiten. Einmal bei Materialisten tätig gewesen, durften Apothekergesellen keine Apotheke mehr übernehmen. Die Herstellung der Arzneien hatte nur nach „Unserm Dispensatorio" (Arzneibuch), d.h. nach dem Dispensatorio Brandenburgico von 1698 zu erfolgen. Nur Apotheker durften Apotheken kaufen oder verwalten. Pharmazeutisch unqualifizierten Personen wie Buchhändlern, Buchbindern, Zuckerbäckern, Kaufleuten, Krämern und vielen „Manns- und Frauens-Personen, die das Arzneiwesen nichts angeht", war es verboten, Arzneien herzustellen, zu verschenken oder damit zu handeln. Apothekenvisitationen fanden in einem Rhythmus von drei Jahren und nun bereits unter Hinzuziehung von Apothekern statt. Auf der Grundlage der Medizinalgesetze von 1685, 1693 und 1725 kam es zu einer allmählichen Konsolidierung eines selbständigen Apothekenwesens, wobei der Gesetzgeber unqualifizierte Personen aus der Pharmazie eliminieren und die Bereitung von Arzneien Fachleuten übertragen wollte. „Des Landes Wohlfahrt, der Patienten Leben und Gesundheit, der Mediziner Ehre und Reputation hängen neben anderen von der Apotheker Fleiß, Wissenschaft und Treue ab". – Gedanken aus dem Medizinaledikt von 1725, wer wollte dem damals wie heute widersprechen?

Die Gesetzgebungen der Jahre 1685 und 1693 enthielten noch keine Forderungen über die Ausbildung der Apotheker. Das Medizinaledikt von 1725 brachte diesbezüglich zwei Neuerungen: Erst nach einer mindestens siebenjährigen Servierzeit (Gesellenzeit) konnten die Apothekergesellen das Examen vor einem Prüfungskollegium ablegen, und es forderte erstmals für Brandenburg-Preußen die Teilnahme an einem theoretischen Kursus für Apotheker vor dem Examen beim Ober-Collegio-Medico, wenn sich diese in bestimmten großen Städten niederlassen und dort eine Apotheke übernehmen oder eröffnen wollten. Damit wurde zwischen zwei Arten von Prüfungen unterschieden: Prüfung vor dem Ober-Collegio-Medico nach der Teilnahme an einem „Processus pharmaceutico-chymicos in seinen Lections-Stunden beim Collegio-Medico-Chirurgico" für Apotheker I. Klasse (kursierte Apotheker) bzw. Prüfung der Apotheker in der Provinz ohne theoretischen Kursus beim dort errichteten Provincial-Collegio-Medico für Apotheker II. Klasse (nicht kursierte Apotheker). Potsdam gehörte neben Berlin, Brandenburg, Cleve, Duisburg, Frankfurt/O., Geldern, Halberstadt, Halle, Hamm, Königsberg in Preußen, Küstrin, Krossen, Magdeburg, Minden, Stargard in Pommern, Stettin, Tilsit, Wesel und Züllichau/Niederschlesien zu den zwanzig großen Städten in Preußen, in denen nur Apotheker I. Klasse eine Apotheke besitzen bzw. verwalten durften. Hier bahnte sich eine Entwicklung an, die im folgenden Jahrhundert zur Hochschulausbildung der Pharmazeuten führte.

Ein Beispiel soll die damalige Praxis belegen: Am 12. Februar 1716 bestand der Apotheker Johann Georg Bertholdt, Besitzer der Bären-Apotheke, sein Examen vor dem Königlichen Preußischen Ober-Collegio-Medico. Der Text der Approbationsurkunde hatte folgenden Wortlaut: „Er producirte seinen Lehrbrief und andere Attestata seines Wohlverhaltens dem Collegio. Er wurde ad phamaciam et chimicam gehörigen Stücken genügsam befraget, und er hat in dem examine sehr wohl bestanden. Also haben wir ihm gegenwärtiges documentum examinis et rite prahiti juramenti debita et dicenti forma" (sowohl nach ordnungsgemäß vollzogenen juristischen Vorschriften als auch in der angemessenen Ausdrucksweise) „unter des Königlichen Preußischen Collegii Medici Siegel und Unterschrift erteilet. Berlin, den 12. Februar 1716".

Die Adler-Apotheke; Die Löwen-Apotheke; Die Apotheke zum goldenen Hirsch

Am 30. Juni 1724 richtete der Apotheker Nicolaus Becker aus der fürstlichen hessischen Stadt Borken bei Fritzlar, an den König ein Schreiben mit der Bitte, sich in Potsdam oder Ziesar „etablieren" zu dürfen, „wenn ihm ein Privilegium zur Anlegung einer Apotheke erteilt werden möchte". Der König fragte am 19. Juli 1724 beim Kriegs- und Domänenrat Heydenreich an, ob ein solches Privilegium erteilt werden könne. Heydenreich empfahl dem König zehn Tage später, dass sich der Supplikant nach Ziesar wenden möge, da der hiesige Apotheker, Bertholdt, bereits ein Privileg besäße. Warum Apotheker Becker dennoch nach Potsdam kam, muss verborgen bleiben, jedoch erteilte der König am 15. August 1725 dem Rat Heydenreich den Befehl, dass dieser die „Niederlassung des Apothekers, Becker, in Potsdam nebst Etablissement" regeln solle. So kam Becker im Jahre 1725 mit seiner Frau, Anna Margarete Elisabeth, fünf Söhnen, die übrigens alle Apotheker wurden, und einer Tochter nach Potsdam und durfte hier eine Apotheke, die Adler-Apotheke, eröffnen. In den Visitationsakten des

Abbildung 2: Die Adler-Apotheke nach ihrer Verlegung in die Hohewegstraße 11

Jahres 1797 ist die Lage der Apotheke sehr gut beschrieben: „Die Officin hat zwei Fenster. Das eine zeigt auf die Schlossstraße, das andere auf den Neuen Markt." Die Apotheke befand sich demzufolge in einem Eckhaus hinter dem heutigen Filmmuseum gegenüber dem Kabinettshaus. Nicolaus Becker stand offenbar in der Gunst des Königs. Seine stattliche Körpergröße, sein ruhiges und sicheres Auftreten sowie seine Offenheit sollen das Geheimnis seines Erfolges gewesen sein. Jedenfalls genoss er die Sympathie des Soldatenkönigs und erhielt am 29. Januar 1733 das Privileg zur Errichtung einer weiteren Apotheke, der Löwen-Apotheke, in der Nauener Strasse, der heutigen Friedrich-Ebert-Strasse, für seinen ältesten Sohn, Johann Philipp. Nicolaus Becker erhielt

Abbildung 3: Die Löwen-Apotheke, Nauener Str. 20

schließlich noch die Genehmigung zur Eröffnung einer dritten Apotheke in Potsdam, für seinen Schwiegersohn in spe. Am 20. April 1735 bekam er das Privilegium zur Errichtung einer Apotheke in der Lindenstraße, der Hirsch-Apotheke, ebenfalls im Areal der zweiten Stadterweiterung gelegen, für den

Apotheker Carl Heinrich Harsleben. Wenige Wochen später, am 15. Juni, fand die Hochzeit zwischen Harsleben und Marianna Becker statt. Das Glück blieb dem Ehepaar Harsleben auch weiterhin treu, denn 1739, im Jahr der Geburt ihres zweiten Kindes, schenkte ihm der König das zwischen dem Feldscher Müller und dem Bäcker Müller gelegene Apothekengrundstück.

Abbildung 4: Die Apotheke zum goldenen Hirsch, Lindenstr. 48

Das Arzneimittelsortiment / Die Medizinaltaxe von 1725

1725 erließ König Friedrich Wilhelm I. nicht nur das Allgemeine und Neugeschärfte Medizinaledikt, sondern auch die Königliche Preußische und Churfürstliche Brandenburgische Medicinal-Taxa. Neben einheimischen Drogen wie Beifuss, Dill, Hopfen, Huflattich, Kamille, Kornblume, Majoran, Malve, Melisse, Pfefferminze, Salbei, Schafgarbe und Wermut oder ausländischen Drogen wie Aloe, Arabisches Gummi, Datteln, Feigen, Kampfer, Koloquinthen, Korinthen, Muskatnuss, Myrrhe, Perubalsam, spanische Fliegen und Stinkasant sind in ihr auch Aalleber, gedörrte Kröten, gedörrte Regenwürmer, Hechtzähne, Hirschbrunst, Kellerwürmer, Ochsenzunge, Wolfsleber und Wolfszähne verzeichnet. Ferner Alabaster, Amethyst, Korallen, Kreide, orientalische Perlen, Pimpsstein, Saphir und Smaragd sowie zahlreiche Zubereitungen wie Balsame, Elixiere, Essenzen, Essige, Extrakte, Morsellen, Pflaster, Tinkturen, Salben und Wässer.

Die ökonomische Lage

Ihre ökonomische Basis vergrößerten die vier Potsdamer Apotheker auf unterschiedliche Art und Weise. Die Apotheke zum Schwarzen Bär belieferte das 1697 gegründete Predigerwitwenhaus mit Arzneimitteln. Die Adler-Apotheke versorgte die 1722 gegründete Gewehrfabrik mit Medikamenten. Es wurden dafür jährlich 100 Taler gezahlt. Die Hirsch-Apotheke belieferte das 1724 erbaute Militärwaisenhaus mit Arzneien. Die Apotheke erhielt für diese Lieferungen jährlich 400 Taler. Auf ausdrücklichen Befehl Friedrich Wilhelm I., am 16. November 1737, also bald nach der Errichtung der Hirsch-Apotheke, begann die Arzneiversorgung des Hauses. Die Ernennung zu Hofapothekern brachte den Besitzern der Löwen-Apotheke und der Adler-Apotheke einen jährlichen Gewinn von 500 Talern.

1740 - 1840

Vom Absolutismus zum Beginn der Industriellen Revolution

Im Jahre 1740 trat Friedrich II. (1712 - 1786) die Nachfolge seines Vaters an. Die europäische Aufklärung begrüßte in ihm einen „Friedenskönig", doch bald nach seiner Thronbesteigung führte er die beiden schlesischen Kriege von 1740 bis 1742 und von 1744 bis 1745. Er verzichtete auf eine religiöse Fundierung seiner Herrschaft. Seine Maxime war vielmehr, dass ein jeder nach seiner Fasson selig werden möge. Von 1756 bis 1763 fand der dritte schlesische Krieg statt, der in die Geschichte als der Siebenjährige Krieg einging. Ein erfolgreicher Staatsmann und Feldherr zu sein, brachte Friedrich II. den Titel „Der Große". 1744 beschloss Friedrich II., Potsdam zu seinem ständigen Wohnsitz zu nehmen. Das Stadtschloss, die königliche Winterresidenz, wurde unter Georg Wenzeslaus von Knobelsdorff (1699 - 1755) umgestaltet. Schloss Sanssouci entstand 1745 als Sommerresidenz. Es hat nur 12 Räume. Bekannt sind vor allem das Konzertzimmer, in dem unter anderem auch Philipp Emanuel Bach (1714 - 1788), Johann Joachim Quantz (1697 - 1773), der Flötenlehrer Friedrich II., und der König selbst musizierten. „Um 6 Uhr begann sein kleines Konzert, welches bis 7 Uhr dauerte. Friedrich blies hier die Flöte. Ich habe ihn oft gehört und immer mit Vergnügen; später, als er einige Vorderzähne verloren hatte, wurde sein Ton jedoch minder angenehm". Seine jüngere Schwester, Anna Amalie (1723 - 1787), die selbst komponierte, übersandte ihrem Bruder am 14. Februar 1771 das Flötensolo „Sonata per il Flauto e Basso" mit folgendem Begleitschreiben: „Mein sehr teurer Bruder! Ich nehme mir die Freiheit, mein teurer Bruder, Ihnen ein Solo für die Flöte von meiner Komposition zu übersenden. Gleichviel ob Sie es Ihrer eigenen Ausführung für würdig erachten oder ob Sie es durch andere ausführen lassen, es soll bestimmt sein, die zärtlichsten Gefühle, die ich im Herzen für Ihre Person hege, zum Ausdruck zu bringen. Beglückt würde ich sein, mein teurer Bruder, wenn das kleine Musikstück vor den Augen eines solchen Meisters wie Sie Gnade findet. Auch würde ich mich freuen, von Ihnen Ratschläge zu erhalten, die mich zur weiteren Vervollkommnung in der Komposition anregen. Mit dem Wunsch, daß Ihnen das Solo gefallen möge, habe ich die Ehre, mit größter Hochachtung zu sein, mein sehr teurer Bruder, die sehr demütige und sehr untertänige Schwester und Dienerin Amalie". Im Marmorsaal des Schlosses versammelte sich die „Tafelrunde" des Königs. Im Kreise von Schriftstellern, Philosophen wie Voltaire (1694 - 1778), der von 1750 bis 1753 Gast Friedrich II. war, Künstlern und Wissenschaftlern gab sich der König als „Philosoph von Sanssouci". In seinem Testament vom 8. Januar 1769, sechs Jahre nach Beendigung des Siebenjährigen Krieges, sein erstes Testament hatte er 1752, vier Jahre vor diesem Krieg verfasst, schrieb er unter anderem: „Ich habe als Philosoph gelebt und will als solcher begraben werden, ohne Gepränge, ohne feierlichen Pomp. Ich will weder seziert noch einbalsamiert werden. Man bestatte mich in Sanssouci auf der Höhe der Terrassen in einer Gruft, die ich mir habe herrichten lassen". Der Maler Adolph von Menzel (1813 - 1905) hat die Gemälde „Das Flötenkonzert" und die „Tafelrunde von Sanssouci" geschaffen. Der König besaß acht Bibliotheken vor allem mit Werken griechischer und römischer Schriftsteller in französischer Übersetzung. Neben der Musik und der Literatur liebte der König sehr seine Hunde. Die Windspiele genossen in seinem Zimmer größere Freiheiten, worunter das Mobiliar sehr litt. Zuweilen pflegte er zu sagen: „Wenn ich mir eine Marquise Pompadour halten wollte, würde es mich viel mehr kosten, und sie würde mir nicht so treu und anhänglich sein wie diese Tiere". 1752 begann der Bau der Französischen Kirche für die Potsdamer Hugenottengemeinde. Nach dem Siebenjährigen Krieg entstand das Neue Palais.

Nachfolger des kinderlosen Königs Friedrich II. wurde sein Neffe, Friedrich Wilhelm II. (1744 - 1797), dem eine sittliche Schwäche nachgesagt wird. Die erste Ehe wurde 1769 geschieden. Acht Kinder gingen aus der zweiten Ehe hervor. Aus dem Verhältnis mit seiner Mätresse, Wilhelmine Encke, verheiratete Rietz, der späteren „Gräfin Lichtenau", entsprangen fünf Kinder. Friedrich Wilhelm II. ließ in Potsdam das königliche Schauspielhaus errichten. Am Heiligen See entstand in seinem Auftrag das Marmorpalais mit der Orangerie und dem neuen Garten. In Berlin baute Carl Gotthard Langhans (1732 - 1806) das Brandenburger Tor, und Gottfried Schadow (1764 - 1850) fertigte dazu die Quadriga an, die Siegesgöttin mit den schnaubenden Rossen.

1797 bestieg König Friedrich Wilhelm III. (1770 - 1840), der erste Sohn Friedrich Wilhelm II. aus zweiter Ehe, den Thron. Er hatte 1793 Luise von Mecklenburg-Strelitz (1776 - 1810) geheiratet. Die Königin wurde vom Volk besonders geliebt und verehrt. Eine Apotheke und ein Platz in Potsdam tragen ihren Namen. Viele Bücher sind über sie geschrieben worden. Rechtzeitig zum „Preußenjahr" erschien Günter de Bruyns Buch „Preußens Luise – Vom Entstehen und Vergehen einer Legende". In die 43jährige Regierungszeit Friedrich Wilhelm III. fielen wichtige historische Ereignisse: Die Niederlage der preußischen Truppen in der Schlacht bei Jena und Auerstedt, am 14. Oktober 1806. Wenige Tage später, am 25. Oktober, weilte Napoleon in der Gruft Friedrich II. in der Garnisonkirche. Preußen verlor im Frieden von Tilsit, im Jahre 1807, weite Teile östlich der Oder und westlich der Elbe. Vergeblich hatte Königin Luise in Tilsit Napoleon um mildernde Umstände für ihr Land und ihre Untertanen gebeten. Napoleons Zug nach Russland endete trotz der Eroberung Moskaus mit einem Desaster. In der Völkerschlacht bei Leipzig, im Oktober 1813, wurde das französische Heer entscheidend geschlagen. Die endgültige Niederlage Napoleons erfolgte in der Schlacht bei Waterloo, am 18. Juni 1815, die seine Verbannung auf die Insel St. Helena, im Südatlantik, zur Folge hatte, wo er bis zu seinem Tode, 1821, lebte. In dieser Zeit wurden aber auch die Heeresreform durch Gerhard Johann David von Scharnhorst (1755 - 1813) und August Neidhardt von Gneisenau (1760 - 1831) durchgeführt sowie die Reformen unter den Ministern Karl Freiherr vom und zum Stein (1757 - 1831) und Karl August von Hardenberg (1750 - 1822), so u. a. die Städte-Ordnung vom 19. November 1808, die auch für Potsdam von großer Bedeutung war. Mit der Einführung der kommunalen Selbstverwaltung mussten in Potsdam sechzig Stadtverordnete gewählt werden. Erster Stadtverordnetenvorsteher wurde der Buchhändler Karl Christian Horvath (1752 - 1837). Im März 1809 erfolgte die Wahl von zwölf unbesoldeten und sechs besoldeten Stadträten. Im Park von Sanssouci wurden 1829 das Schloss Charlottenhof und 1834 die Römischen Bäder gebaut.1835 wurde mit dem Bau des Schlosses Babelsberg begonnen. Die erste preußische Eisenbahnlinie ist 1838 zwischen den Residenzstädten Berlin und Potsdam eröffnet worden.

Das „privilegium exclusivum" von 1748

Am 14. August 1748 richteten die vier Apothekenbesitzer in Potsdam, Johann Georg Bertholdt, Johann Franziskus Becker, Jacob Heinrich Becker und Carl Heinrich Harsleben, ein Gesuch an den preußischen König, Friedrich II., er möge keine weiteren Apotheken in Potsdam zulassen, weil sonst ihre Officinen in eine schwierige wirtschaftliche Situation geraten könnten. Das Gutachten der obersten Medizinalbehörde bestätigte, dass Potsdam mit vier Apotheken ausreichend versorgt sei, da die Arzneien für die „allda in Garnison liegenden Regimenter" nicht von den Potsdamer Apotheken, sondern aus der Hofapotheke in Berlin geliefert würden. So erteilte Friedrich II. am 23. November 1748 den Bittstellern ein Privilegium exclusivum, welches besagte, dass außer den bestehenden Apotheken keine Offizin mehr angelegt werden solle, jedoch mit der ausdrücklichen Bedingung, solange die Stadt Potsdam nicht vergrößert würde. Seine Königliche Majestät befahlen dem Ober-Collegio-Medico (der obersten Medizinalbehörde) und dem Magistrat von Potsdam in Gnaden, sich allerunterthänigst danach zu richten und die vier Potsdamer Apotheker zu schützen. Diese königliche Verordnung gewährte den Potsdamer Apothekern genau einhundert Jahre Schutz vor unliebsamer Konkurrenz, obwohl es in den dazwischen liegenden Jahrzehnten, namentlich zu Beginn des 19. Jahrhunderts, verschiedene Gesuche um Anlegung einer fünften Apotheke gab, die jedoch alle abgelehnt wurden. 1782 blieb der Antrag des Apothekers Ihn aus Gera erfolglos. 1827 gab es ähnliche Gesuche des Apothekers Stoll, seinerzeit Verwalter der Bären-

Apotheke zu Potsdam und des Apothekers Schmeißer aus Prenzlau, die abgewiesen wurden. Auch die Anträge des Apothekers Aubert aus Breslau und des Apothekers Bullrich aus Potsdam fanden im Jahre 1830 keine Befürwortung. Die nochmaligen Gesuche der Apotheker Stoll und Bullrich sowie der Witwe Gebhard wurden im Jahre 1831 nicht genehmigt. Selbst das hervorragende Zeugnis für den Apotheker Bullrich, er sei ein gebürtiger Potsdamer, Mitglied einer geachteten Familie, ein Mann von vorzüglicher Qualifikation und unbescholtenem Lebenswandel, ausgestellt vom Polizeipräsidenten, führte nicht zum erhofften Erfolg. Erst nach langem Streit wurde 1848 die fünfte Apotheke in Potsdam eröffnet, allerdings nicht im Zentrum der Stadt, sondern vor dem Brandenburger Tor, in der Brandenburger Vorstadt.

Die ökonomische Lage / Apothekenverkäufe

Die Bären-Apotheke war nach ihrer Gründung im Jahre 1654 stets durch Eheschließung in den Besitz des Apothekers gelangt. Erstmals im Jahre 1717 wurde sie verkauft. Johann Georg Bertholdt sen. kaufte am 23. November die Apotheke von seiner Schwiegermutter für die Summe von 1217 Talern, nachdem er am 11. November 1717 Eleonora Charlotta Eckardt geheiratet hatte. Bertholdt bezahlte von der Kaufsumme 500 Taler in bar. Die restlichen 771 Taler wurden als Hypothek mit fünf Prozent verzinst. Im Kaufvertrag vereinbarte man, dass zu Lebzeiten der Verkäuferin der Käufer die Apotheke und das Privilegium weder verkaufen noch auf andere transferieren durfte.

Am 7. Oktober 1744 kaufte Johann Georg Bertholdt jun. die Bären-Apotheke von seiner Mutter für 3000 Taler. Johann Georg Bertholdt sen. war am 10. August 1733 verstorben, und die Witwe Bertholdt hatte inzwischen den Bürgermeister Boltze geheiratet. Interessant ist hier der Kaufvertrag, der detailliert angibt, was und unter welchen Bedingungen verkauft wurde. Es ist: „das in der Brauerstraße zwischen dem Gastwirt Güldenhaupt und dem Bäcker Reinecken gelegene Wohn- und Brauhaus samt Braupfanne, Braugerät, Hintergebäude, Stallung und übriger Pertinencien mit allem Recht und Gerechtigkeiten und was darinnen wand-, band-, mauer-, niet- und nagelfest ist nebst der im Hause befindlichen Apotheke und sämtlicher Medicamente, Vasis, Destillierblasen, vorrätiger Materialistenwaren und was sonst noch dazu gehört, desgleichen die im Havel-Bruch gelegene Wiese" verkauft worden. Der Käufer zahlte in bar, und es wurde ihm sofort sein Besitz übergeben. Ferner beinhaltete der Vertrag, dass die Verkäuferin unter genauer Angabe der Räume in dem Hause wohnen bleiben durfte gegen die Bezahlung einer jährlichen Miete von zwanzig Talern. Zwischen den Vertragspartnern wurde weiterhin vereinbart, dass, falls der Ehemann der Verkäuferin „nach Gottes Willen" eher das Zeitliche segnen sollte als seine

Frau, diese die so genannte Jägerstube in einem Seitengebäude auf dem Hof „ad dies vitae" unentgeltlich bewohnen dürfte.

Am 26. März 1740 verkaufte Nicolaus Becker, „das Wohnhaus und die Adler-Apotheke mit allen Medicamenten und allem Zubehör" an seinen Sohn, Franziskus Becker, für 2000 Taler. Johann Ferdinand Becker erwarb 1778 die Adler-Apotheke nebst Haus für 6000 Taler. Für das Warenlager und das Inventar hatte er weitere 2758 Taler zu zahlen.

Johann Friedrich Becker kaufte 1770 die Löwen-Apotheke von seinem Vater, Johann Franziskus Becker, für 6280 Taler. Johann Ferdinand Franck erwarb 1797 die Löwen-Apotheke nebst Wohnhaus und vorrätigem Warenlager für 14000 Taler.

Innerhalb von wenigen Jahrzehnten stieg somit der Wert der Apotheken im 18. Jahrhundert beträchtlich. Geschützt vor unliebsamer Konkurrenz seitens der Materialisten, durch Privilegien und Medizinalgesetze und ausgestattet mit Sonderrechten wie z.B. Verkauf von Weinen und Gewürzen sowie einem Schankrecht für Bier und Branntwein, waren die Apotheken eine sichere Erwerbsquelle geworden. Der Ausbau Potsdams zu einer großen Garnison- und bedeutenden Residenzstadt trug dazu bei, dass die Einwohnerzahl beträchtlich zunahm. 1753 betrug sie bereits 23000 und stieg bis zum Jahre 1785 auf 28293.

Apothekenvisitationen ausgangs des 18. Jahrhunderts

Am 14. und 15. Juni 1797 fand eine Revision in der Löwen-Apotheke statt, am 16. und 17. Juni 1797 wurde die Adler-Apotheke visitiert. Zwei Jahre später, am 14. und 15. Mai 1799 und am 15. und 16. Mai 1799 erfolgten gleichfalls Visitationen in der Bären-Apotheke und in der Apotheke zum Goldenen Hirsch. Als Revisoren wirkten der Geheime Rat und Leibmedikus Meyer sowie der Apotheker Martin Heinrich Klaproth (1743 - 1817), der 1797 als „Assessor pharmaciae Professor Klaproth" und 1799 als „Professor Obermedizinalrat Klaproth" im Protokoll aufgeführt wurde, ein Titel, der Klaproth im Jahre 1799 verliehen worden war. Die Visitationskommission vervollständigten der Stadtphysicus Vogel, ein Polizeibeamter als Vertreter des Magistrats und ein Protokollführer. Das Protokoll beschreibt minutiös die Visitationsdurchführung.

Zunächst wurden der Name und das Alter des Apothekenbesitzers festgestellt. Danach hatte dieser den Nachweis des Besitzes durch Kaufkontrakt zu belegen. Der Prinzipal musste seine Approbationsurkunde, das Privilegium und das Schriftstück, das den Titel Hofapotheker bestätigte, vorlegen. Das Medizinaledikt aus dem Jahre 1725, die Medizinaltaxe des Jahres 1749, das Dispensatorium Borusso-Brandenburgicum von 1781, die Verordnungen des Ober-Collegii-Medici und ein Herbarium gehörten zur essentiellen Ausstattung der Apotheke. Ihr Nachweis war unbedingt notwendig. Anschließend erfolgte die Vorstellung des Apothekenpersonals, bestehend aus Gesellen und Lehrlingen (Name, Vorname, Alter, Konfession, Herkunft, Ausbildungszeit und -ort, bei den Gesellen die Länge der Servierzeit, Name der Apotheke und Ort). Der Vorstellung schloss sich ein Examen der Mitarbeiter an. Die Fragen bezogen sich auf die Pharmazie, Chemie und Botanik. Die Kenntnisse der lateinischen Sprache mussten durch Übersetzung einer Stelle aus dem Dispensatorium, die Akkuratesse der Handschrift durch Ausstellung eines Rezeptes nachgewiesen werden.

In der Löwen-Apotheke gehörte der Geselle Carl Friedrich Prochnon, aus Zehdenick gebürtig, 25 Jahre alt und lutherischer Konfession, zum Personal. Er hatte viereinhalb Jahre in Berlin gelernt, anfänglich beim Apotheker Vinzenz und dann beim Apotheker Kunde seine Ausbildung beendet. Sodann ein Jahr beim Apotheker Satorius in Doberlug und anschließend eineinhalb Jahre beim Apotheker Hammer in Krossen konditioniert. Nach ihm wurde der Geselle August Ferdinand Nicks geprüft, aus Belgard in Hinterpommern gebürtig. Er hatte von 1790 bis 1795 beim Apotheker Baeger in Belgard gelernt und hierauf ein Jahr in Werder konditioniert. Während Prochnon den Beifall der Revisoren erhielt, wurde Nicks ermahnt, sich noch genauere Kenntnisse anzueignen. Beider Handschrift war gut und leserlich.

Im Anschluss daran begann die Besichtigung der Apothekenräume (Offizin, Laboratorium, Arzneikeller, Materialkammer und Kräuterboden), wobei besondere Aufmerksamkeit der sorgfältigen Signierung der Standgefäße und Kästen, der einwandfreien Verzinnung der Arbeitsgeräte (Destillierblasen, Tinkturenpressen, Kessel und Pfannen) und der Separierung der Gifte galt. Bei diesem Kontrollgang wurden der Giftschrank, das Giftbuch und die Giftscheine inspiziert. Das Defekturbuch und verschiedene Rezepte mussten vorgezeigt werden. Letztgenannte überprüfte der Revisor auf richtige Taxation. Ferner wurde kontrolliert, ob die bei der letzten Visitation gemachten Monita in der Zwischenzeit abgestellt worden waren.

In der Löwen-Apotheke erwiesen sich die Offizin und das Laboratorium als geräumig und hell und die Standgefäße als ordentlich signiert. Im Labor standen vier Destillierblasen verschiedener Größe. Die Pressen und Mörser waren in gutem Zustand, die Materialkammer gut eingerichtet. Der Kräuterboden ist sehr geräumig gewesen, die zum Trocknen ausgebreiteten Pflanzen von gehöriger Güte. Von den Revisoren wurde beanstandet, dass viele Pflanzen in diesem Frühjahr bereits hätten gesammelt werden müssen. Der Prinzipal entgegnete, dass der viele Regen ihn davon abgehalten hätte. Demnach muss das Frühjahr 1797 ein sehr verregnetes gewesen sein.

Nach der Kontrolle der Apothekenräume und ihrer Gerätschaften erfolgte die Begutachtung der Arzneien, Drogen und Chemikalien in alphabetischer Reihenfolge, die manchmal fast einen ganzen Tag in Anspruch nahm. Der Stadtphysicus Vogel wurde beauftragt, auf die Beseitigung gemachter Monita zu achten. Strafen sind nicht angeordnet worden, da sich die visitierten Apotheken in einem guten, gelegentlich sogar lobenswerten bzw. mittelmäßigen Zustand befanden. Das Protokoll unterschrieben alle Mitglieder des Revisionskollegiums sowie der Apothekenbesitzer.

Das Medizinaledikt von 1725 forderte erstmals die Teilnahme von Pharmazeuten an Revisionen. Dieses Novum in den preußischen Medizinalgesetzen war wichtig, da die Apotheker, wie z.B. Klaproth, die Gewähr für eine exakte Durchführung der Revisionen gewesen sein dürften. Klaproths praktische Erfahrungen, seine theoretischen und analytischen Kenntnisse waren vor allem bei der Untersuchung der vorhandenen Substanzen und Arzneizubereitungen besonders wertvoll. Endlich war ein pharmazeutischer Fachmann in der Revisionskommission vertreten und damit das Primat des Mediziners in dieser Tätigkeit gebrochen, denn sowohl den Ärzten als auch den Magistratspersonen fehlten die Kenntnisse für eine korrekte Kontrolltätigkeit der Apotheken.

Das Arzneimittelsortiment

Den Revisionsprotokollen der Löwen-Apotheke vom 14. und 15. Juni 1797 und der Adler-Apotheke vom 16. und 17. Juni 1797 ist eine mehrere Seiten umfassende Aufstellung der untersuchten Medikamente beigefügt unter der Überschrift:

„Designatio medicamentorum tam simplicium, quam praeparatorum, quae in officinis magnarum urbium semper non solum reperiri, sed etiam genuina, bona et requisiti facultatibus praedita exhiberi debent" (Bezeichnung der Medikamente, sowohl der einfachen als auch der zubereiteten, die in den Offizinen der großen Städte nicht allein ständig, sondern auch in unverfälschter, heilsamer und in einer den Verhältnissen des Überprüften entsprechenden Art hergestellt werden sollen).

Für die Löwen-Apotheke sind 313 Drogen, 378 Arzneizubereitungen und 28 chemische Stoffe aufgeführt. Das Warenlager der Adler-Apotheke umfasste hingegen 322 Drogen, 367 Arzneizubereitungen und 22 chemische Stoffe. Die Warenlager der beiden Apotheken zeigen nur geringfügige quantitative Unterschiede. Auffallend hoch war die Anzahl der Drogen mit ca. 43%, die Zahl der Zubereitungen mit etwa 53%, während der Anteil der chemischen Stoffe nur ungefähr 4% betrug.

Es dominierten einheimische und exotische Drogen, Arzneien pflanzlicher Provenienz – Simplicia und Composita in den mannigfaltigsten Zubereitungen. Der Arzneischatz war noch stark konservativ geprägt. Im Gegensatz zur Arzneitaxe des Jahres 1725, die noch zahlreiche tierische Körperteile und Arzneien animalischer Herkunft enthielt, waren diese aus dem Arzneischatz der vier Potsdamer Apotheken ausgangs des 18. Jahrhunderts weitgehend eliminiert.

Zu Beginn des 19. Jahrhunderts, 1827, wurde vom Apotheker August Wilhelm Bullrich (1802 - 1859) in Berlin das Natriumhydrogencarbonat (Bullrich Salz) auf den Markt gebracht. Diese anorganische Substanz ist bis auf den heutigen Tag ein beliebtes Hausmittel, obwohl bei Überdosierung eine Alkalisierung des Mageninhalts möglich ist.

Die Apothekerordnung von 1801

Zu Beginn des 19. Jahrhunderts, am 11. Oktober 1801, trat die „Revidirte Ordnung, nach welcher die Apotheker in den Königlichen Preußischen Landen ihr Kunstgewerbe betreiben sollen" in Kraft. Sie löste für das Apothekenwesen die gesetzlichen Bestimmungen des Medizinaledikts von 1725 ab. Diese Regelung war u. a. nötig, da im 18. Jahrhundert viele naturwissenschaftliche Kenntnisse den Arzneischatz und die Pharmazie wesentlich verändert hatten. So wurden von Carl Wilhelm Scheele (1742 - 1786) Apfelsäure, Arsenwasserstoff, Blausäure, Chlor, Fluorwasserstoff, Gallensäure, Glycerin, Harnsäure, Milchsäure, Oxalsäure, Sauerstoff, Weinsäure und Zitronensäure entdeckt. Antoine Laurent Lavoisier (1743 - 1794) begründet die Oxydationstheorie und eine neue chemische Nomenklatur, die durch Sigismund Friedrich Hermbstaedt (1760 - 1833) in Deutschland bekannt wurde und ihren Niederschlag in der Pharmakopoe Borussica (Arzneibuch) von 1799 gefunden hatte. Das Gesetz von 1801 forderte zur Ausübung der „Apotheker-Kunst" wiederum eine Genehmigung (Privilegium) und die entsprechende Qualifikation (Approbation), wobei allerdings die Klassifizierung in Apotheker 1. Ordnung (kursierte Apotheker), jetzt aber für 35 Großstädte in Preußen und Apotheker 2. Ordnung (nicht kursierte Apotheker) für die Provinzen beibehalten wurde. Zu den Städten, in denen nur „kursierte Apotheker" eine Offizin eröffnen durften, gehörten neben Potsdam die Städte Aurich, Berlin, Brandenburg, Bialystok, Bromberg, Kleve, Krossen, Küstrin, Kulm, Danzig, Duisburg, Elbing, Emden, Frankfurt, Graudenz, Halberstadt, Halle, Hamm, Kalisch, Königsberg, Lissa, Magdeburg, Marienburg, Marienwerder, Minden, Plock, Posen, Stargard, Stettin, Thorn, Tilsit, Warschau, Wesel und Züllichau. Die Aufzählung dieser 35 großen preußischen Städte verschafft uns einen Überblick der geographischen Lage des Staates Preußen zu dieser Zeit.

Die in den Vorstädten dieser Großstädte sich etablierenden Apotheker waren zwar nur so wie die in den kleinen Städten sich niedergelassenen Apotheker zu prüfen, mussten sich aber alsdann allen Gewerbes in den Großstädten enthalten oder „cursiren".

Einen weiteren Schwerpunkt dieser Ordnung bildeten die Visitationsvorschriften. Der Gesetzgeber war der Meinung, dass „die pharmazeutische Praxis ihrer Natur nach zu denjenigen Gegenständen gehört, welche die strengste Aufsicht erheischen". Revisionen fanden in einem Rhythmus von drei Jahren statt. Ablauf und Inhalt der Visitationen hatten sich nicht verändert. Apotheker, Gesellen und Lehrlinge mussten den Revisoren mit Achtung und Bereitwilligkeit entgegenkommen, deren Belehrung bescheiden annehmen und ihren Anordnungen Folge leisten.

Bei Abwesenheit des Apothekenbesitzers über mehrere Tage oder Wochen war er verpflichtet, die Aufsicht über die Offizin einer qualifizierten Person zu übertragen und dieses dem Ortsphysicus anzuzeigen.

Die Drogen, Chemikalien und zubereiteten Arzneien mussten in bestmöglicher Beschaffenheit und Güte und in einer den Bedürfnissen des Ortes angemessenen Menge vorrätig gehalten werden. Bei der Anfertigung von Rezepturen waren strengste Genauigkeit, Ordnung und Sauberkeit Pflicht. Rezepte, mit „cito" bezeichnet, waren sofort anzufertigen und durch einen Boten zu überbringen. Die Substitution war dem Apotheker nach wie vor untersagt; ebenso wie ärztliche und chirurgische Verrichtungen. Arzneien, die von unqualifizierten Personen verschrieben wurden, die sich trotz Verbot mit dem innerlichen und äußerlichen Kurieren befassten, durfte der Apotheker nicht anfertigen.

Mit der Apothekerordnung von 1801 erschien in Preußen erstmalig eine ausschließlich Bestimmungen für Pharmazeuten enthaltende gesetzliche Regelung. Sie ist indes noch mit dem Gedankengut des 18. Jahrhunderts behaftet gewesen. Die pharmazeutische Tätigkeit wurde als Apothekerkunst bezeichnet. Die Pharmazeuten wurden auf Grund ihres Examens immer noch in zwei Klassen geteilt.

„Es ist uns nicht entgangen, wie sehr das Wohl unserer getreuen Untertanen von einer zweckmäßigen Einrichtung der Apotheken in unseren Landen und von einer sicheren Ausübung der Apothekerkunst selbst abhängt". Gedanken aus der Präambel der Apothekengesetzgebung des Jahres 1801. Sie haben auch nach zweihundert Jahren nicht an Bedeutung verloren und sollten von allen, die Verantwortung im Gesundheitswesen tragen, mehr denn je beachtet werden.

Die Ausbildung des Apothekenpersonals

Die „Revidirte Ordnung" aus dem Jahre 1801 forderte als Voraussetzung zum Eintritt in die Lehre eine „einigermaßen wissenschaftliche Ausbildung und gute sittliche Erziehung", ein Mindestalter des Lehrlings von vierzehn Jahren, Kenntnisse in der lateinischen Sprache, eine deutliche Handschrift und eine Eignungsprüfung durch den Ortsphysicus. Die Lehrzeit betrug mindestens vier Jahre und die anschließende Servierzeit fünf Jahre, wobei den Apothekergesellen ein oder sogar zwei Jahre erlassen wurden, wenn sie den Nachweis von Vorlesungen in den Fächern Chemie, Pharmazie und Botanik an Universitäten bringen konnten. Diese recht allgemein formulierten Bestimmungen über Vorlesungen wurden 1825 präzisiert. Die Universitätsvorlesungen in Chemie, Pharmazie, Botanik, Pharmakologie und Physik mussten mindestens über einen Zeitraum von zwei Semestern gehört werden. Während dieser Zeit hatte sich der Apothekergeselle ausschließlich seinem Universitätsstudium zu widmen und durfte nicht in der Apotheke arbeiten.

Theodor Fontane war Ostern 1836 als Lehrling in die Rosesche Apotheke in Berlin, in der Spandauer Strasse, eingetreten. „Die Lehrzeit war wie herkömmlich auf vier Jahre festgesetzt, so dass ich Ostern 40 damit zu Ende gewesen wäre. Der alte Wilhelm Rose aber, mein Lehr-Prinzipal, erließ mir ein Vierteljahr, so dass ich schon Weihnachten 1839 aus der Stellung eines jungen Herrn in die Stellung eines Herrn avancierte. Der bloße Prinzipalwille reichte jedoch für ein solch Avancement nicht aus, es war auch noch ein Examen nötig, das ich vor einer Behörde, dem Stadt- oder Kreisphysikat, zu bestehen hatte, und bei diesem vorausgehenden Akte möchte ich hier einen Augenblick verweilen. Etwa um die Mitte Dezember teilte mir Wilhelm Rose mit, dass ich angemeldet sei und demgemäß am 19. Dezember selbigen Monats um halb vier nachmittags bei dem Kreisphysikus Dr. Natorp, Alte Jacobstrasse, zu erscheinen hätte. Mir wurde dabei nicht gut zu Mut, weil ich wusste, dass Natorp wegen seiner Grobheit ebenso berühmt wie gefürchtet war. Aber was half es. Ich brach also an genanntem Tag rechtzeitig auf. Das noch aus der friderizianischen Zeit stammende, in einem dünnen Rokoko-Stil gehaltene Häuschen, drin Natorp residierte, glich eher einer Prediger- als einer Stadtphysikuswohnung. Blumenbretter zogen sich herum, und ich fühlte deutlich, wie die Vorstellung, dass ich nunmehr einem Oger gegenüberzutreten hätte, wenigstens auf Augenblicke hinschwand. Oben freilich, wo, auf mein Klingeln, die Gittertür wie durch einen heftigen Schlag, der mich beinah wie mit traf, aufsprang, kehrte mir mein Angstgefühl zurück und wuchs stark, als ich gleich danach dem Gefürchteten in seiner mehr nach Tabak als nach Gelehrsamkeit aussehenden Stube gegenüberstand. Denn ich sah deutlich, dass er von seiner Nachmittagsruhe kam, also zu Grausamkeiten geneigt sein musste; sein Bulldoggenkopf, mit den stark mit Blut unterlaufenen Augen, verriet in der Tat wenig Gutes. Aber wie das so geht, aus mir unbekannt gebliebenen Gründen war er sehr nett, ja geradezu gemütlich. Er nahm zunächst aus einem großen Wandschrank ein Herbarium und ein paar Kästchen mit Steinen heraus und stellte, während er die Herbariumblätter aufschlug, seine Fragen. Eine jede klang, wie wenn er sagen wollte: Sehe schon, du weißt nichts, ich weiß aber auch nichts, und es ist auch ganz gleichgültig. Kurzum, nach kaum zwanzig Minuten war ich in Gnaden entlassen und erhielt nur noch kurz die Weisung, mir am andern Tag mein Zeugnis abzuholen. Damit schieden wir."

Ehrenämter Potsdamer Apotheker

Der Hofapotheker Ludwig Heinrich Ernst Harsleben (1776 - 1846) übernahm 1805 die Apotheke zum Goldenen Hirsch von seinem Vater und leitete sie bis 1831. Im März 1809 wurde er zum Stadtverordneten gewählt und im August 1809 in das Amt eingeführt. Damit „begann die mehr als 100 Jahre währende nebenberufliche Tätigkeit der Inhaber der Hirsch-Apotheke auf dem Gebiet der Kommunalpolitik". Harslebens Schwiegersohn und Nachfolger, der Hofapotheker Carl Ernst Friedrich Ferdinand Schneider, wirkte ebenfalls als Kommunalpolitiker und brachte es sogar zum Stadtverordnetenvorsteher. Dieses Amt übte er noch 1849 aus. Dann wechselte er, nachdem er die Apotheke an Carl Friedrich Lange (1818 - 1881) verkauft hatte, als Bürgermeister nach Sagan in Schlesien. Hofapotheker Lange hat sich als Stadtverordneter und „unbesoldeter Stadtrat viele Jahre um die wohltätigen Stiftungen der Stadt verdient gemacht". Hofapotheker Friedrich Wilhelm Moritz Richard Scheinert (1845 - 1935), zunächst seit 1875 Verwalter und von 1886 bis 1927 Besitzer der Apotheke zum Goldenen Hirsch, war gleichfalls als Stadtrat in der Kommunalpolitik tätig.

Die Franck'sche Stiftung

Johann Ferdinand Franck, Besitzer der Löwen-Apotheke von 1797 bis 1830, verfügte über eine ausgeprägte caritative Gesinnung. Er hatte sich nach Immanuel Kant (1724 - 1804) den Wahlspruch zu eigen gemacht: „Reich ist man nicht durch das, was man besitzt, sondern durch das, was man mit Würde zu entbehren weiß". Die Lage der Bevölkerung von Nowawes, einem Ort vor den Toren Potsdams gelegen, wo, wie die Behörden zugeben mussten, notorische Armut herrschte, veranlasste ihn, den Einwohnern dieser Gemeinde aus seinen Mitteln einen Arzt zu halten und den Kranken die benötigten Medikamente unentgeltlich aus seiner Apotheke abzugeben. Franck starb am 31. Dezember 1830. In seinem Testament hatte er 7700 Taler zur Gründung von Sonntagsschulen in Potsdam gestiftet. In Ausführung dieser letztwilligen Disposition sind zwei Sonntagsschulen errichtet worden, die aber bereits nach drei Jahren wegen Mangels an Schülern geschlossen werden mussten. In Übereinstimmung mit der Witwe des Verstorbenen wurde daraufhin die Errichtung einer Anstalt zur Erziehung und Unterrichtung verwahrloster Kinder beschlossen. Aus verschiedenen Fonds wurde das Stiftungsvermögen erhöht, ein Kuratorium eingesetzt und der Anstalt der Name „Franck'sche Stiftung" verliehen. In der Regel nahm die Anstalt schulpflichtige Kinder auf, die solange in der Anstalt blieben, bis ihre Aufnahme in eine achtbare Familie oder aber nach der Konfirmation ihre Unterbringung in einem gewerblichen oder sonstigen Arbeitsverhältnis gesichert war. Eine Besichtigung der Stiftung am 14. Dezember 1912 durch den Kreisarzt ergab, dass im ersten Schlafsaal mit einer Fläche von 45 qm siebzehn Kinder, im zweiten, kleineren Schlafsaal mit einer Fläche von 28 qm acht Kinder und im dritten, großen Schlafsaal mit einer Fläche von 60 qm einundzwanzig Kinder untergebracht waren. Fast einhundert Jahre existierte die Franck' sche Stiftung. Sie wurde ein Opfer der Inflation nach dem ersten Weltkrieg und im Jahre 1931 aufgelöst.

1840 - 1871

Zwei Brüder - zwei preußische Könige

Mit der Thronbesteigung durch König Friedrich Wilhelm IV. (1795 - 1861) begann in Potsdam wieder eine rege Bautätigkeit. Es entstand 1842 das Dampfmaschinenhaus in Form einer Moschee, das das Wasser aus der Neustädter Havelbucht in das Bassin auf dem Ruinenberg pumpt. Von dort gelangt es in die Fontänen und Wasserspiele der Parkanlagen von Sanssouci. 1844 wurden die Friedenskirche am grünen Gitter und die Heilandskirche in Sacrow gebaut. Für seine Frau, Elisabeth von Bayern (1801 - 1873), ließ der König das Bayrische Haus im Wildpark, das Jagdschloss Moorlake an einer Havelbucht und das Jagdschloss Hubertusstock in der Schorfheide bauen. Unter der Regentschaft Friedrich Wilhelm IV. erhielt ferner die Nicolaikirche am Alten Markt nach Plänen von Schinkel (1781 - 1841) die heutige Kuppel. 1851 wurde die Orangerie und 1859 das Schloss Lindstedt gebaut. 1848 begann der Bau vom Belvedere auf dem Pfingstberg. Dieses Bauwerk, jahrzehntelang dem Verfall und der Verwahrlosung preisgegeben, erstrahlt nach aufwendiger Restaurierung wieder in altem Glanz. Sponsoren und Honoratioren der Landeshauptstadt übergaben im April 2001, kurz vor Eröffnung der Bundesgartenschau, der Öffentlichkeit dieses Kleinod.

Während der Märzrevolution 1848 floh der König von Berlin nach Potsdam. Sein Bruder Wilhelm, für den brutalen Einsatz des Militärs verantwortlich, auch „Kartätschenprinz" genannt, floh nach England. Kammergerichtsrat Wilhelm von Merckel prägte zu dieser Zeit die Worte: „Gegen Demokraten helfen nur Soldaten". 1857, nach der Erkrankung des Königs, übernahm Bruder Wilhelm die Regentschaft und trat die Nachfolge von Friedrich Wilhelm IV. nach dessen Tod, im Jahre 1861, an. Am 24. September 1862 wurde Otto von Bismarck (1815 - 1898) im Babelsberger Schloss zum Ministerpräsident berufen. Der preußisch-dänische Krieg, 1864, führte zur Annexion von Schleswig-Holstein. Als Folge des preußisch-österreichischen Krieges, 1866, wurden Hannover, Kurhessen und Nassau sowie Frankfurt am Main Preußen angeschlossen. Im deutsch-französischen Krieg, 1870 bis 1871, musste Frankreich eine bittere Niederlage einstecken. Am 18. Januar 1871 wurde Wilhelm I. (1797 - 1888) im Spiegelsaal des Versailler Schlosses zum deutschen Kaiser gekrönt.

Die Apotheke vor dem Brandenburger Tor

Die Gründung dieser Apotheke hat eine lange Vorgeschichte. Am 7. Dezember 1726 schenkte der „Soldatenkönig" dem Offizier Gottfried Emanuel von Einsiedel, in den Quellen wird er Hauptmann, Captain bzw. General genannt, das Haus Nr. 8 in der Schlossstraße mit einem Privilegium, das besagte, dass der Herr von Einsiedel in diesem Hause immer und zu allen Zeiten Weiß- und Braunbier brauen, Branntwein brennen, auch eine Apotheke, einen Kram-, Kauf- und Italienerladen sowie eine Boutique anlegen, ferner eine Gastwirtschaft und alle anderen beliebigen bürgerlichen Hantierungen betreiben dürfe.

Hierbei kann es sich mit Sicherheit nicht um ein Apothekenprivilegium im engeren Sinne gehandelt haben, denn erst ein Jahr zuvor, am 27. September 1725, hatte der Soldatenkönig das Allgemeine und Neugeschärfte Medizinaledikt erlassen, in dem er unter anderem unqualifizierte Personen aus der Pharmazie eliminierte und die Bereitung und Abgabe von Arzneien ausschließlich Apothekern übertrug.

Das Haus Nr. 8 in der Schlossstraße, der „Gasthof zum Einsiedler", gelangte Anfang des 19. Jahrhunderts in den Besitz der Witwe Clara Gebhard, geb. Körner. Er hatte zuvor dem Kaufmann Henschel gehört. In einer Quelle heißt es, dass Frau Gebhard das Haus am 11. Mai 1816 geerbt hatte. An anderer Stelle ist zu lesen, dass die Witwe Gebhard das Grundstück aus dem Konkurs des Kaufmanns Henschel am 8. August 1820 für 5010 Taler meistbietend erstanden hatte. Es war im Hypothekenbuch unter der Nr. 230 eingetragen und stand an der Ecke Schloss- und Hohewegstraße. Die Front ist gegen die Schlossstraße gerichtet gewesen. Das Haus war 79,5 Fuß lang und 38,5 Fuß breit. Es war ein Wohn- und Gastwirtschaftshaus mit Seiten- und Hintergebäude, mit der darauf haftenden Brau- und Branntweinbrennereigerechtigkeit, Wein- und Bierschank, Gastwirtschaft und Materialhandlung sowie Apothekengerechtigkeit samt Pertinenzien. In der Erzählung Theodor Fontanes „Schach von Wuthenow" reist Frau von Carayon in einer Equipage von Berlin nach Potsdam, um sich in „delikater Mission" über den Generaladjudanten von Köckeritz dem König nähern zu können. „Als Dame von Stand steigt sie natürlich im Hotel Zum Einsiedler ab". Als sie im Schloss erfährt, dass der König in Paretz weilt, muss sie eine Übernachtung in Kauf nehmen. Um sich abzulenken, fährt sie von der sechsten bis zur neunten Stunde „in einer mittelegenten Mietchaise" durch den neuen Garten. „Es schlug neun, als man auf der Rückfahrt an der Garnisonkirche vorüberkam, und noch ehe das Glockenspiel seinen Choral ausgespielt hatte, hielt der Wagen wieder vor dem Einsiedler".

Abbildung 5: Die Apotheke vor dem Brandenburger Tor, Luisenplatz 5

Auch in seinen „Wanderungen durch die Mark Brandenburg" geht Fontane, als er Potsdam und Umgebung beschreibt, auf den Herrn von Einsiedel ein. „Gottfried Emanuel von Einsiedel wurde 1690, wahrscheinlich im Herzogtum Sachsen-Weißenfels, geboren. Er trat 1707 in die preußische Armee, wurde ‚seiner ansehnlichen Körperlänge wegen' ein Liebling Friedrich Wilhelms I., trat in das rote Leib-Bataillon (die spätere Riesen-Garde) und machte den Feldzug gegen die Schweden mit. Er avancierte, vermählte sich mit Margarethe von Rochow aus dem Hause Reckahn, und erhielt, neben anderen Donationen, im Jahre 1726 das ehemalige Wartenbergsche Haus in Potsdam, nebst angrenzenden Wohngebäuden, zum Geschenk. Auf dieser Stelle errichtete er das Einsiedelsche Haus, das noch existiert und als „Hotel Einsiedler" jedem Potsdam-Besucher bekannt geworden ist. Das Allianz-Wappen der Familien von Einsiedel und von Rochow über der Tür erinnert noch an den Erbauer.

Die Huld, die von Einsiedel unter Friedrich Wilhelm I. erfahren hatte, verblieb ihm auch unter dessen Nachfolger. Friedrich II. ernannte ihn zum General-

Major und zum Chef des neu formierten Grenadier-Garde-Bataillons. Mit diesem nahm er an dem zweiten schlesischen Kriege teil und erhielt nach der Einnahme Prags den Befehl über sämtliche, die Garnison dieser Hauptstadt bildende Truppen. Es war ein höchst schwieriges Kommando, die Besatzung zu schwach, um sich auf die Dauer zu halten, dazu völlig unzuverlässig. In der Nacht vor dem Abzuge, der endlich stattfinden musste, desertierten fünfhundert Mann von den Wachen, während die nicht im Dienst befindlichen Mannschaften der Sicherheit wegen in ihre Quartiere eingeschlossen wurden. Während des Abzuges selbst steigerte sich das Übel; jede Minute brachte Verluste, die Geschütze blieben in den grundlosen Wegen stecken, ganze Bataillone lösten sich auf.

General von Einsiedel, als er mit den Überresten seines Korps in Schlesien angekommen war, wurde vor ein Kriegsgericht gestellt. Schuldlos, wie er war, konnte seine Freisprechung kam ausbleiben. Aber die Gnade des Königs war verscherzt. An dem Feldzuge des nächsten Jahres durfte er nicht teilnehmen; er blieb in Potsdam, wo er am 14. Oktober 1745 starb".

Am 9. November 1829 bat Frau Gebhard die Behörden, da der Gasthof nicht die gewünschten Einkünfte brachte, das Grundstück mit dem darauf haftenden Apothekenprivilegium verkaufen und in dem Haus eine Apotheke errichten zu dürfen. Das Gesuch der Witwe Gebhard wurde abgelehnt und darauf verwiesen, dass seit über einhundert Jahren in diesem Hause keine Apotheke existiere, das Privilegium exclusivum für die vier Potsdamer Apotheker aus dem Jahre 1748 nach wie vor seine Gültigkeit habe und ferner die Bedingungen der Verordnung aus dem Jahre 1811 nicht erfüllt seien. Da es bei der Errichtung neuer Apotheken immer wieder zu Unstimmigkeiten gekommen war, vor allem aber die bestehenden Gesetze für „unzulänglich und mangelhaft befunden wurden, unter welchen Umständen die Anlegung neuer Apotheken zu gestatten oder zu versagen sei", hatte König Friedrich Wilhelm III. die Königliche Verordnung wegen Anlegung neuer Apotheken am 24. Oktober 1811 erlassen. Sie besagte, dass die Eröffnung neuer Apotheken in Städten, Dörfern und Flecken nur stattfinden durfte, „wenn das Bedürfnis einer Vermehrung derselben erwiesen ist". Als zutreffende Gründe wurden angenommen: Eine bedeutende Vermehrung der Volksmenge sowie eine bedeutende Erhöhung ihres Wohlstandes. Schienen die genannten Gründe hinreichend und klar, so erteilte die zuständige Behörde die Erlaubnis zur Anlage einer Apotheke in Orten, in denen sich noch keine Apotheke befand. Waren indessen bereits ein oder mehrere Apotheker etabliert, so konnten diese nach Aufforderung Einspruch erheben. Widersprachen die Apotheker nicht oder war ihr Widerspruch nicht ausreichend begründet, so wurde die Genehmigung zur Errichtung einer Apotheke erteilt. Die Behörden kamen der Bitte von Frau Gebhard nicht nur nicht nach, sondern das Königliche Stadtgericht untersagte der Witwe Gebhard jede Disposition über das Apothekenprivileg unter Androhung von Strafe wegen Betruges.

Frau Gebhard verkaufte am 31. Dezember 1833 den „Gasthof zum Einsiedler" an den Gastwirt Wendlass für 18000 Taler. Im § 4 des Kaufvertrages war folgende Klausel formuliert worden: „Der Käufer muß das Grundstück wieder hergeben, wenn die Behörden verlangen, daß die Apothekengerechtigkeit nur allein in diesem Hause ausgeübt werden darf".

Die Witwe Gebhard war sehr hartnäckig und wandte sich an höhere Instanzen. Sie erreichte, dass die oberste Justizbehörde im Jahre 1834 die Rechtsgültigkeit des Privilegs des Grundstückes in der Schlossstraße Nr. 8 anerkannte. Durch allerhöchste Kabinettsorder vom 11. September 1834 wurde das Apothekenprivileg bestätigt, jedoch mit der Einschränkung, dass die Errichtung einer fünften Apotheke erst stattfinden dürfte, wenn die Bedingungen der Verordnung aus dem Jahre 1811 erfüllt seien. Gestärkt durch diesen Erfolg reichte Frau Gebhard am 2. Dezember 1834 einen weiteren Antrag auf Eröffnung einer Apotheke im Haus Schlossstraße Nr. 8 ein, der aber nach achtzehn Tagen abgelehnt wurde. „Es soll dabei verbleiben, da das Bedürfnis einer fünften Apotheke allda in Potsdam nicht erwiesen ist", hieß es in einem Schreiben des Oberpräsidenten der Provinz Brandenburg. Auch die Argumente, dass die Einwohnerzahl Potsdams und der Wohlstand seiner Bevölkerung in den letzten Jahren beträchtlich zugenommen hätten und damit die Bedingungen der Verordnung aus dem Jahre 1811 erfüllt seien, wurden ungerechterweise nicht anerkannt, denn die Einwohnerzahl Potsdams des Jahres 1834 war gegenüber dem Jahre 1801 um 8577 Seelen und gegenüber dem Jahre 1811 um 10958 Seelen gestiegen. Ein Vergleich der Einwohnerzahl Potsdams des Jahres 1748, dem Jahr der Erteilung des Exclusivprivilegs, von ca. 12000, mit der Einwohnerzahl von 1834, von ungefähr 33000, zeigte, dass die Bedingungen der Verordnung des Jahres 1811 zur Errichtung einer fünften Apotheke in Potsdam längst erfüllt waren und das Exclusivprivileg des Jahres 1748 nicht mehr den Gegebenheiten entsprach.

Stadtphysicus Dr. Philippi stellte in einem Gutachten am 21. April 1835 schließlich fest, dass eine Apotheke in Potsdam etwas über 8000 Einwohner zu versorgen hätte, nach langen Friedensjahren der Wohlstand der Bevölkerung gestiegen sei und das Bedürfnis zur Eröffnung einer fünften Apotheke vorläge.

Im Mai 1835 erwog der Polizeipräsident Fleschen erstmalig, das Privilegium des Hauses Nr. 8 in der Schlossstraße extra zu verkaufen und die Apotheke in einem anderen Gebäude zu eröffnen, da in unmittelbarer Nähe die Adler-Apotheke ihr Domizil hatte. Der Wohlstrand der Bevölkerung sei zwar gestiegen, teilte er mit, es gäbe aber noch viele Arme. Eine Apotheke könne aber nicht in einer Vorstadt existieren, da die fünf Potsdamer Vorstädte insgesamt nur 2651 Einwohner zählten.

Am 24. Juli 1835 hielten die vier Potsdamer Hofapotheker in einer Erklärung die Eröffnung einer fünften Apotheke für ganz unnötig. Oberpräsident von Bassewitz gab der Witwe Gebhard auf deren Antrag abermals einen abschlägigen Bescheid und verwies auf seine Gründe in früheren Schreiben.

Am 18. April 1837 teilte der Minister für Medizinalangelegenheiten Frau Gebhard mit, dass das Bedürfnis zur Anlegung einer fünften Apotheke in Potsdam nicht bestehe.

In einem Schreiben an die Polizeidirektion in Potsdam bezüglich der Anlage einer fünften Apotheke bemerkten die vier Hofapotheker am 29. Januar 1839, dass das Exclusivprivileg des Jahres 1748 nach wie vor Gültigkeit habe, die Einwohnerzahl Potsdams in den letzten Jahren nur unwesentlich gestiegen sei und der Wohlstand der Bevölkerung durch die Eröffnung der neuen Eisenbahnlinie von Berlin nach Potsdam nicht zugenommen habe, sondern im Gegenteil die Ausgaben der Armenkasse gestiegen seien.

Oberpräsident von Bassewitz teilte Frau Gebhard am 2. November 1839 mit, dass trotz der Errichtung der Eisenbahnlinie Berlin-Potsdam nicht die erhoffte Ansiedlung wohlhabender Berliner Bürger in Potsdam eingetreten sei und zur Anlegung einer fünften Apotheke kein Bedürfnis vorläge.

Am 12. September 1842 kaufte der Apotheker 1. Klasse, Dr. August Müller aus Berlin, das auf dem „Gasthof zum Einsiedler" haftende und der Witwe Gebhard gehörende Apothekenprivilegium vom 7. Dezember 1726 für 15000 Taler. Es lag nun an der Geschicklichkeit des Apothekers Müller, den Behörden zu beweisen, dass die Einwohnerzahl Potsdams und der Wohlstand seiner Bevölkerung so bedeutend zugenommen hätten, dass das Bedürfnis einer fünften Apotheke für notwendig erachtet würde. Die Situation war günstig. Die ökonomischen Bedingungen hatten sich sehr positiv verändert. Potsdams Einwohnerzahl betrug:

1748	12000	Einwohner
1801	22902	„
1811	22521	„
1830	33450	„
1839	35327	„
1842	36537	„

Hinzu kamen 3087 Einwohner von Nowawes.

Mehrere königliche Direktionen waren nach Potsdam verlegt worden. Der Hof hielt sich häufiger und länger hier auf. Der König und die königlichen Prinzen hatten in Potsdam und Umgebung eine rege Bautätigkeit eingeleitet. Durch die

Eisenbahnlinie Berlin-Potsdam konnten die ländlichen Produkte nach Berlin transportiert und dort abgesetzt werden.

Apotheker Müller bat die Behörden um Übertragung des Privilegs auf ein von ihm anzukaufendes Grundstück und Eröffnung einer fünften Apotheke in Potsdam. Aber sowohl das Polizeipräsidium als auch der Oberpräsident der Provinz Brandenburg und selbstverständlich auch die vier Potsdamer Apothekenbesitzer wiesen die Notwendigkeit einer fünften Apotheke erneut zurück. In seiner ausweglosen Lage wandte sich Apotheker Müller schließlich an den preußischen König Friedrich Wilhelm IV. und erreichte, dass durch Allerhöchste Kabinettsorder vom 22. November 1845 die Errichtung einer fünften Apotheke in Potsdam zwar nicht im Innern der Stadt, sondern in einer der Vorstädte, außerhalb der Stadtmauern, genehmigt wurde. Von den fünf Potsdamer Vorstädten standen nun die Teltower und die Brandenburger Vorstadt zur Auswahl, da die Berliner, die Nauener und die Jägervorstadt noch zu dünn besiedelt waren. Eine Apotheke in der Brandenburger Vorstadt konnte mit folgenden Einwohnerzahlen rechnen:

Brandenburger Vorstadt	1482 Seelen
Jäger Vorstadt	400 „
Bornstedt, Bornim, Lindstedt und und Satzkorn	1797 „
	4194 Seelen

Für eine Apotheke in der Teltower Vorstadt wurde folgende Rechnung aufgestellt:

Teltower Vorstadt	1481 Seelen
Nowawes	3128 „
Drewitz	350 „
Philippsthal	262 „
Nudow	242 „
Neuendorf	230 „
Kohlhasenbrück	29 „
Ortschaften des Kreises Zauch-Belzig	2427 „
	8149 Seelen

Apotheker Müller entschied sich dennoch zur Anlegung einer Apotheke in der Brandenburger Vorstadt am Luisen-Platz, „da sie einzig und allein von den übrigen Vorstädten Potsdams sich durch Etablissements auszeichnete, welche schon äußerlich auf einen größeren Wohlstand ihrer Bewohner schließen ließen". Ferner schien Apotheker Müller gerade diese Vorstadt für den Bau von weiteren Häusern wohlhabender Leute geeignet. Die „Nobilität" der Brandenburger Vorstadt sprach in jeder Beziehung für die Errichtung der fünften Apotheke. Weiterhin bezog Müller in seine Überlegungen ein: „Der Luisenplatz dürfte die geeignetste Stelle zur Anlegung einer Apotheke sein, weil derselbe den Kulminationspunkt der dort sich vereinigenden fünf Straßen dieser Vorstadt bildet". So verlieh der preußische König am 30. September 1848 Apotheker Dr. Müller das Privileg zur Errichtung der „Apotheke vor dem Brandenburger Tor" am Luisen-Platz Nr. 5.

Nur wenige Jahre arbeitete Dr. Müller in seiner Apotheke. Bald wurde ihm unbefugtes Kurieren, ungesetzliches Rabattieren und Absprache mit einem Arzt, der die Patienten aufforderte, nur in die Apotheke von Dr. Müller zu gehen, vorgeworfen. Zur Rede gestellt gab Apotheker Müller vor dem Kreisphysikus Dr. von Pochhammer zu Protokoll, dass nur Humanität, nicht aber Gewinnsucht ihn zu diesem Verhalten veranlasst hätte.

Am 15. Juli 1852 übernahm Friedrich Krauske die Apotheke. Er legte, der Vorschrift entsprechend, vor dem Kreisphysicus den Apothekereid ab:

„Ich, Friedrich Krauske, schwöre zu Gott dem Allmächtigen und Allwissenden, daß, nachdem ich als Apotheker 1. Klasse in den Königlichen Landen approbiert wurde, Seiner Königlichen Majestät von Preußen, meinem allergnädigsten Herrn, ich untertänig, treu und gehorsam sein und alle mir vermöge meines Amtes obliegenden Pflichten nach bestem Wissen und Gewissen genau erfüllen will, so wahr mir Gott helfe durch Jesum Christum seinen Sohn zur ewigen Seligkeit. Amen".

Apotheker Dr. phil. Carl Eduard Wilhelm Leschbrand, am 15. April 1863 in Rostock zum Doktor der Philosophie und der freien Künste ernannt, übernahm die Apotheke am 1. Oktober 1885. Er erhielt am 12. Februar 1886 von den Behörden, nach vorgetragener Bitte, die Genehmigung, die Apotheke vor dem Brandenburger Tor ab sofort „Luisen-Apotheke" nennen zu dürfen.

Es war sicherlich kein Zufall, dass Dr. Leschbrand seine Apotheke umbenannte. Am 10. März 1886 jährte sich der 110. Geburtstag der ehemaligen preußischen Königin. Die Verehrung der Königin Luise erlangte in der Kaiserzeit eine hohe Blüte. Es gab den Luise-Orden, ein Luise-Stift, eine Luise-Stiftung, Schulen und Gymnasien, Plätze und Straßen wurden nach der Königin benannt. Dichter, Schriftsteller, Maler und Bildhauer verehrten in ihren Werken die Königin. Der Mythos Luise erreichte seinen Höhepunkt. Luise die Mutter des ersten deutschen Kaisers, Luise die Schutzheilige, Luise die „preußische Madonna".

Das Postleitzahlenbuch der Deutschen Bundespost vom Mai 1993, gültig ab 1. Juli 1993, verzeichnet für Berlin einen Königin-Luise-Platz und eine Königin-Luise-Straße in Dahlem, Luisen-Gärten in Schöneberg, einen Luisen-Platz in Charlottenburg, Luisen Strassen in Köpenick, Konradshöhe, Lichterfelde und Mitte und einen Luisen-Weg in Reinickendorf. Es ist wohl kein Zufall, dass der Name siebenmal im westlichen und zweimal im östlichen Teil der Stadt verzeichnet ist. Potsdam besitzt einen Luisen-Platz.

Friedhelm Reinhardt zählt in seinem Buch „Apotheken in Berlin" eine Königin-Luise-Apotheke und sechs Luisen-Apotheken. Die Real- bzw. Personalkonzessionen wurden erteilt:

Für die Königin-Luise-Apotheke		1886
„ „ Luisen-Apotheke (Mitte)		1847
„ „ „ „ (Wedding)		1891
„ „ „ „ (Britz)		1899
„ „ „ „ (Südende)		1904
„ „ „ „ (Charlottenburg)		1906
„ „ „ „ (Blankenburg)		1950

Im Land Brandenburg gibt es in den Orten Gransee, Oranienburg, Potsdam und Zepernick gleichfalls Luisen-Apotheken. Während von den sieben Berliner Luisen-Apotheken sechs unter einem preußischen König und fünf wiederum davon im deutschen Kaiserreich gegründet wurden, war die Situation in Brandenburg eine andere. Die Potsdamer Luisen-Apotheke wurde, wie bereits erwähnt, unter dem preußischen König Friedrich Wilhelm IV. gegründet. Die Luisen-Apotheke in Zepernick existiert seit 1938. Die Oranienburger Luisen-Apotheke wurde am 2. Mai 1996 eröffnet. Die Inhaberin wählte jedoch als „Patronin" der Apotheke nicht die Königin Luise, sondern Louise-Henriette, die erste Gemahlin des Großen Kurfürsten. Thomas Faber gründete die Luisen-Apotheke in Gransee am 28. Oktober 1997. Er nahm Bezug auf die preußische Königin. Die Stadt Gransee hat eine besondere Beziehung zur Königin Luise. Nachdem die Königin am 19. Juli 1810 in Hohenzieritz bei Neustrelitz gestorben war, wurde ihr Leichnam nach Berlin überführt. Der Trauerzug kam nur langsam voran. In der Nacht vom 25. zum 26. Juli wurde der Sarg in Gransee aufgebahrt. An dieser Stelle steht nach einem Entwurf von Schinkel das Luisen-Denkmal. „Als Denkmal für eine Königin wäre es Mitte des 20. Jahrhunderts beinahe Opfer radikaler Bilderstürmerei geworden, nur der Umstand, daß es der hochgeschätzte Schinkel entworfen hatte, rettete es vor dem Abriß".

Die Kronen-Apotheke

Im Oktober 1863 erwogen die Behörden die Errichtung einer Apotheke in der Teltower Vorstadt, um den Bewohnern dieses Stadtteils und den Einwohnern der nächstgelegenen ländlichen Ortschaften eine bessere pharmazeutische Versorgung zukommen zu lassen. Unter Berücksichtigung der Volkszählung von 1861 setzte sich das Einzugsgebiet der neuen Apotheke folgendermaßen zusammen:

1.	Teltower Vorstadt	2236	Einwohner
2.	Nowawes	4142	„
3.	Caputh	1262	„
4.	Neuendorf	640	„
5.	Saarmund	600	„
6.	Langerwisch	579	„
7.	Drewitz	474	„
8.	Bergholz	376	„
9.	Fresdorf	290	„
10.	Nudow	286	„
11.	Philippsthal	278	„
12.	Ferch	277	„
13.	Seddin	251	„
14.	Michendorf	241	„
15.	Wildenbruch	222	„
16.	Tremsdorf	214	„
17.	Leest	114	„
18.	Templin und Tornow	91	„
19.	Kohlhasenbrück mit Steinstücken	80	„
20.	Albrechtsteerofen	54	„
21.	Cunersdorf	54	„
		12761	Einwohner

Die Einwohnerzahl der 21 Ortschaften war gegenüber der Zählung von 1843 demnach um ungefähr 3000 Seelen gestiegen. Generell sei, so behaupteten die Behörden, die Wohlhabenheit in der Monarchie gewachsen, auch in den erwähnten Landgemeinden. „Speziell die Teltower Vorstadt ist jetzt von einer sehr bedeutenden Zahl von gut besoldeten Eisenbahnbeamten und Arbeitern bewohnt. Die großen Etablissements der Wagen-Werkstatt, der Hoen'schen und Hoffmann'schen Brauerei sowie des Königlichen Proviantamtes haben dort eine gut situierte Bevölkerung sesshaft gemacht. Nowawes hat nicht mehr ausschließlich arme Weber, sondern auch Gewerbetreibende und zum Teil wohlhabende Fabrikanten".

Einwände und Bedenken kamen vom Kreisphysicus Dr. Birkner in einem Schreiben vom 22. November 1863 an die Königliche Regierung, Abt. des Innern. Er nahm eine stärkere Differenzierung vor:

1. In der Teltower Vorstadt wohnen nur etwa 50 wohlhabende Familien.
2. Wenngleich die Einwohnerzahl von Nowawes sehr zugenommen hat und einige Fabrikbesitzer dort wohnen, so besteht der größte Teil der Einwohner nach wie vor aus armen Leuten.

3. In Kohlhasenbrück gibt es nur zwei wohlhabende Familien: den Gastwirt und den Förster.
4. Albrechtsteerofen ist nur von armen Leuten bewohnt
5. Michendorf liegt näher an Beelitz als an Potsdam. In Beelitz gibt es einen Arzt und eine Apotheke.
6. Die Ortschaften Cunersdorf, Ferch, Fresdorf, Leest, Seddin, Tremsdorf und Wildenbruch mit insgesamt 1422 Einwohnern können nicht zum Bereich der Potsdamer Apotheken gezählt werden.

Abbildung 6: Die Kronen-Apotheke, Schützenplatz 1

Dr. Birkner wusste ferner zu berichten, dass in allen oben erwähnten Dörfern nicht selten mehrere Wochen vergehen, ohne dass ein Arzt gerufen werde, weil die Leute die Kosten scheuten. Er ging in seinem Gutachten davon aus, dass ein dringendes Bedürfnis zur Errichtung einer Apotheke in der Teltower Vorstadt nicht vorhanden sei und eine Apotheke in dieser Vorstadt nicht existieren könne. Interessant in diesem Zusammenhang waren die Stellungnahmen der Apotheker Krumbholz, Besitzer der Löwen-Apotheke und Lange, Besitzer der Apotheke zum Goldenen Hirsch. Beide verwiesen auf die Armut der Nowaweser Bevölkerung und auf die Genügsamkeit und Sparsamkeit der Landbevölkerung, die nur in allerdringendsten Fällen den Arzt riefe und in die Apotheke ginge.

Krumbholz und Lange erwähnten die in ihren Apotheken zurückgegangenen Umsätze, weil die Drogenhandlungen viele Artikel so sehr im Preis gesenkt hätten, dass an ihnen nur noch sehr wenig zu verdienen sei und die Bürger diese dort kaufen würden, obgleich sie in der Apotheke in viel besserer Qualität zur Verfügung stünden, die Herren Doktoren nur noch in dringenden Fällen die notwendigen Arzneien verordneten und dann die billigste Form. (Sind uns diese Argumente nicht aus der Gegenwart bekannt?) Jedenfalls baten beide Apotheker die Königliche Regierung, die Eröffnung einer sechsten Apotheke in Potsdam nicht zu genehmigen, da diese Offizin nicht lebensfähig sei.

Demgegenüber war der Königliche Landrat des angrenzenden Kreises Zauch-Belzig, in dem die genannten Dörfer lagen, von der Apothekengründung in der Teltower Vorstadt sehr angetan und gab das auch in einem Schreiben an den Königlichen Polizeipräsidenten von Potsdam, Engelken, zum Ausdruck: „daher ich meinerseits für die seitens Euer Hochwohlgeboren angeregten Absicht mich nur lebhaft interessieren kann".

Ungeachtet der Einwände seitens des Kreisphysicus und der Potsdamer Apothekenbesitzer erteilte der Oberpräsident der Provinz Brandenburg, Geheimer Rat von Jagow, am 14. März 1864 der Königlichen Regierung die Erlaubnis, das Bewerbungsverfahren einzuleiten. Im Amtsblatt der Königlichen Regierung zu Potsdam und der Stadt Berlin vom 1. April 1864 wurden Apotheker, die sich um die Konzession zu bewerben gedachten, aufgefordert, innerhalb von vier Wochen ihre Bewerbung schriftlich einzureichen unter Hinzufügung der Qualifikationspapiere und des Nachweises über den Besitz der zum Geschäftsbetrieb erforderlichen Mittel.

Es bewarben sich neun Apotheker, von denen Siegmund Heinrich Bogislav von Glasenapp am 30. Juni 1864 die Genehmigung zur Errichtung der Kronen-Apotheke in der Teltower Vorstadt erhielt. Von Glasenapp hatte am 15. August 1844 das Staatsexamen 1. Klasse abgelegt und 1851 die Apotheke in Schivelbein, dem heutigen Swidwin, nordöstlich von Stargard gelegen, gekauft. Er war Vater von drei Söhnen. Da diese in der kleinen Provinzstadt keine standesgemäße Ausbildung erhalten konnten, die Kosten der Ausbildung auf auswärtigen Anstalten trotz aller Anstrengungen nicht bezahlbar waren, verkaufte er die Apotheke in der Hoffnung, in Berlin, wohin er 1862 gezogen war, eine Apotheke kaufen zu können. Zum Zeitpunkt der Bewerbung war von Glasenapp 44 Jahre alt und imstande, über 31000 Taler disponieren zu können. Die erteilte Konzession war bereits keine „Real-Apotheken-Berechtigung", sondern eine persönliche und konnte daher auf keinen anderen übertragen werden. Die Eröffnungsbesichtigung fand am 11. Juli 1865 statt.

Die Kronen-Apotheke lief nicht sehr gut; der Umsatz blieb gering. Das hatte mehrere Ursachen. Die Einwohner der umliegenden Dörfer benötigten, wie vom Kreisphysicus bereits richtig eingeschätzt, nur wenig Arzneimittel. Die Landbevölkerung beschränkte sich auf billige Hausmittel und rief nur in seltenen Fällen den Arzt herbei. Aus dem Zentrum der Stadt kamen über die Havelbrücke, namentlich bei rauer Witterung, keine Patienten in die Kronen-Apotheke. Hinzu kam die ungünstige Lage der Apotheke. Sie befand sich an der etwas abschüssigen Schützenstraße. Die Bauern konnten mit den Pferdefuhrwerken, wenn sie ihre landwirtschaftlichen Produkte auf den Potsdamer Markt brachten, nur unter Schwierigkeiten halten, fuhren demzufolge gleich ins Zentrum der Stadt und spannten dort die Pferde aus. Wie bereits der Name der Straße andeutete, lag der Schützenplatz in der Nähe. Das fast tägliche Schiessen störte die Ruhe. Ebenso „das häufige lästige Ruhestörung verursachende Zusammenströmen des Proletariats aus Nowawes und Neuendorf in den Tanzlokalen der Teltower Vorstadt". Strassen und Entwässerungsanlagen waren in mangelhaftem Zustand. Letztendlich ließen die zahlreich passierenden Leichenkondukte zum Friedhof das Wohnen in der Teltower Vorstadt nicht sehr verlockend erscheinen. Schon in dieser Zeit zeigten sich Ansätze für Entwicklungen, die für das späte 20. Jahrhundert typisch wurden. So gilt heute die Jugend als Idol. Die Gesellschaft versucht, Alter und Tod zu verdrängen. Sterben stört. Alles, was daran erinnert, wird beiseite geschafft, dabei sind Geburt und Tod Takte einer ewig wiederkehrenden Musik, wie Eugen Drewermann (geb. 1940) sagt. Zu einer Ouvertüre gehört auch ein Finale. Im Buch Kohelet heißt es: „Alles hat seine Stunde. Für jedes Geschehen unter dem Himmel gibt es eine bestimmte Zeit. Eine Zeit zum Gebären und eine Zeit zum Sterben". Der Kampf zwischen Leben und Tod wird in den Krankenhäusern, oft auf den Intensivstationen, ausgetragen. Ist der Tod Sieger, wird sein Sieg in Isolierräume verbannt. Bestattungsfahrzeuge unterscheiden sich oft kaum noch von anderen Autos. Bestattungsinstitute haben rund um die Uhr Dienst. Der Konkurrenzkampf ist groß. Das letzte Geleit gibt man dem Verstorbenen nur noch von der Friedhofskapelle bis zum Grab. Ganz anders war die Bestattungskultur im 19. Jahrhundert, die ich aber auch noch als Kind, nach dem Zweiten Weltkrieg, in einer märkischen Kleinstadt im Havelland erlebte.

In der Regel starb man damals zu Hause. Der Tote wurde im Wohnzimmer aufgebahrt. Die Familie, die Verwandtschaft und die Bekannten nahmen Abschied und hielten Totenwache. Nach dieser Zeremonie kam der Leichenwagen vorgefahren. Er bestand aus einem Plattenwagen, auf dem vier Säulen einen hölzernen Baldachin, alles in schwarz gehalten, trugen. Gezogen wurde der Wagen von zwei oder vier Pferden. Standen keine Rappen zur Verfügung, waren die Pferde mit Decken aus schwarzem Stoff behängt. Der Kutscher trug einen schwarzen Anzug und einen Zylinder als Kopfbedeckung. Die Trauergesellschaft geleitete das Gefährt zum Friedhof. Straßenpassanten blieben stehen und wandten sich ehrfurchtsvoll dem Trauerzug zu. Herren, die eine Kopfbedeckung trugen, entblößten ihr Haupt und erwiesen dem Verstorbenen somit die letzte Ehre.

Als von Glasenapp die Kronen-Apotheke 1883 verkaufte, erhielt er 174000 Mark. Für das Immobiliar nur 99000 Mark, obwohl die Immobilie aus zwei Grundstücken bestand. Ein größeres, unbebautes Grundstück von 1730 qm und ein etwas kleineres von 1300 qm, auf dem das Gebäude stand. Im Erdgeschoß befand sich die Apotheke, in der ersten Etage die Wohnung des Apothekers und im zweiten Stock eine Mietwohnung. Für die Konzession erhielt von Glasenapp ebenfalls nur 45000 Mark und für das Mobiliar 30000 Mark. Zum Vergleich: Beim Verkauf der Adler-Apotheke 1894 hatte der Käufer für das Privileg 150000 Mark zu zahlen. Als die Luisen-Apotheke 1897 verkauft wurde, musste der Käufer für das Privileg 200000 Mark zahlen. Den Käufer der Bären-Apotheke kostete 1900 das Privileg 210000 Mark.

Das Arzneimittelsortiment

Mitte des 19. Jahrhunderts trat ein Wandel in der Pharmazie ein. Der Einfluss der naturwissenschaftlichen Erkenntnisse und die Anfänge einer pharmazeutischen Industrie prägten den Arzneischatz. Das Arzneibuch von 1862 beachtete bereits den „mächtigen Einfluß der chemischen Fabriken auf den pharmazeutischen Geschäftsbetrieb". Es hob die begrenzte Zahl der Chemikalien, die die Apotheker kaufen konnten, seit 1846 vierzehn Substanzen, auf. Die Pharmazeuten durften nun „diejenigen chemischen Präparate, welche sie selbst zweckmäßig anzufertigen behindert sind", sowohl in inländischen Apotheken als auch von chemischen Fabriken und Drogenhandlungen beziehen. Sie blieben aber für die vorschriftsmäßige Reinheit der Präparate verantwortlich. In das Arzneibuch 1862 (Preußische Pharmakopoe, 7. Ausgabe) wurden nur solche Arzneistoffe und pharmazeutischen Präparate aufgenommen, „deren wesentliche Eigenschaften durch Hilfsmittel der Wissenschaft mit Sicherheit festgestellt werden können und deren Wirkungsweise auf den animalischen Organismus sich nach den Lehrsätzen der Physiologie und nach geläuterter ärztlicher Erfahrung mit möglichster Zuverlässigkeit beurteilen läßt".

Ein Vergleich des Arzneischatzes des Jahres 1797 (Designatio medicamentorum) mit dem des Jahres 1865 (Series medicaminum) zeigt, dass die Zahl der Drogen und Arzneizubereitungen abnahm, die Anzahl der chemischen Stoffe anstieg.

Bei der Eröffnungsbesichtigung der Kronen-Apotheke im Jahre 1865 wurden z.b. folgende Arzneimittel begutachtet:

Alkaloide wie Atropinsulfat, Chininhydrochlorid, Koffein und Strychninnitrat
3 Balsame (z.b. Perubalsam - Balsamum peruvianum)
23 Blattdrogen (z.b. Bärentraubenblätter - Folia Uvae Ursi, Huflattichblätter - Folia Farfarae, Pfefferminzblätter - Folia Menthae piperitae, Salbeiblätter - Folia Salviae)
4 Bleiverbindungen (z.B. Bleiacetat)
11 Blütendrogen (z.b. Arnikablüten - Flores Arnicae, Holunderblüten - Flores Sambuci, Kamillenblüten - Flores Chamomillae, Königskerzenblüten - Flores Verbasci)
9 Eisenverbindungen (z.b. Eisensulfat)
5 Essige (z.b. Himbeeressig - Acetum Rubi Idaei)
38 Extrakte (z.b. Rhabarberextrakt - Extractum Rhei, Tollkirschenextrakt - Extractum Belladonnae)
20 Fruchtdrogen (z.B. Fenchel - Fructus Foeniculi, Kümmel - Fructus Carvi, Wacholder - Fructus Juniperi)
20 Kaliumverbindungen (z.b. Kaliumbikarbonat, Kaliumsulfat)
10 Kräuterdrogen (z.b. Thymiankraut - Herba Thymi, Wermutkraut - Herba Absinthii)
13 Natriumverbindungen (z.b. Natriumnitrat, Natriumsulfat)
38 Öle (z.b. Anisöl - Oleum Anisi, Lavendelöl - Oleum Lavandulae, Rosmarinöl - Oleum Rosmarini, Lebertran - Oleum Jecoris Aselli, Olivenöl - Oleum Olivarum, Rizinusöl - Oleum Ricini)
organische Flüssigkeiten (z.b. Chloroform, Ether)
12 Pflaster (z.b. Bleipflaster - Emplastrum Lithargyri, Spanischfliegenpflaster - Emplastrum Cantharidum)
10 Quecksilberverbindungen (z.b. rotes Quecksilberoxid)
15 Rindendrogen (z.b. Eichenrinde - Cortex Quercus, Faulbaumrinde - Cortex Frangulae)
13 Salben (z.B. Zinksalbe)
11 Samendrogen (z.b. Leinsamen - Semen Lini, Senfsamen - Semen Sinapis)
10 Säuren (z.B. Essigsäure, Phosphorsäure, Salzsäure, Gerbsäure, Weinsäure)
11 Sirupe (z.b. Eibischsirup - Sirupus Althaeae, Himbeersirup - Sirupus Rubi Idaei)
11 Spiritusse (z.b. Kampherspiritus - Spiritus camphoratus, Lavendelspiritus - Spiritus Lavandulae, Wacholderspiritus - Spiritus Juniperi)
39 Tinkturen (z.b. Baldriantinktur - Tinctura Valerianae, Enziantinktur - Tinctura Gentianae, Kalmustinktur - Tinctura Calami, wässrige Rhabarbertinktur - Tinctura Rhei aquosa)

12 Wässer (z.B. Pfefferminzwasser - Aqua Menthae piperitae, Rosenwasser - Aqua Rosae)
25 Wurzeldrogen (z.B. Baldrianwurzel - Radix Valerianae, Eibischwurzel - Radix Althaeae, Enzianwurzel - Radix Gentianae)
6 Zinkverbindungen (z.b. Zinkoxid, Zinksulfat)

Die Ausbildung des Apothekenpersonals

Im Jahre 1854 wurde die Differenzierung der Apotheker in erster und zweiter Klasse, durch das Medizinaledikt des Soldatenkönigs 1725 eingeführt, aufgehoben. „Des Königs Majestät haben mittels Allerhöchster Ordre vom 26. vorigen Monats auf meinen Antrag die gegenwärtig bestehende Einteilung der Apotheker in zwei Klassen aufzuheben und zu genehmigen geruht, daß die Approbation zum selbständigen Betriebe der Apothekerkunst und zum eigentümlichen Erwerb einer Apotheke künftig nur solchen Pharmazeuten erteilt werde, welche die bis jetzt für Apotheker erster Klasse vorgeschriebenen Staatsprüfungen zurückgelegt haben. Ich veranlasse die Königliche Regierung, obige Bestimmung durch das Amtsblatt zur öffentlichen Kenntnis zu bringen und vom 1. kommenden Monats und Jahres ab keinen Pharmazeuten zu den Prüfungen als Apotheker 2. Klasse mehr zu verstatten. Berlin, 15. Dezember 1853, der Minister der geistlichen, Unterrichts- und Medizinalangelegenheiten. Karl Otto von Raumer".

1864 wurden für die Lehr- und Servierzeit neue Bestimmungen erlassen, da die Vorschriften der Apothekerordnung von 1801 nicht mehr dem Entwicklungsstand der Naturwissenschaften entsprachen. Die Lehr- und Servierzeit wurde auf je drei Jahre verkürzt. Die Aufsicht über die Ausbildung der Lehrlinge führte der Kreisphysicus, der einmal jährlich den Lehrling in den Fächern Botanik, Physik, Chemie und pharmazeutische Technik prüfte und das Herbarium und das Laboratoriumsjournal des Lehrlings kontrollierte. Die Gehilfenprüfung, aus einem praktischen und einem mündlichen Abschnitt bestehend, musste vor einer Prüfungskommission, bestehend aus dem Kreisphysicus, dem Lehrherren und einem zweiten Apotheker, der selbst Lehrlinge ausbildete, abgelegt werden. In der praktischen Prüfung hatte der Prüfling u. a. drei Rezepte zu verschiedenen Arzneiformen zu lesen, anzufertigen und zu taxieren. Die mündliche Prüfung, die die Zeit von drei Stunden nicht überschreiten durfte, begann mit der Bestimmung von Drogen, frischen Pflanzen und chemischen Präparaten, setzte sich fort mit Fragen zur Botanik, Physik und pharmazeutischen Chemie, dem Übersetzen von zwei Artikeln der Landespharmakopoe und endete mit dem Fach „Gesetzeskunde". (Bestimmungen, welche für das Verhalten und die Wirksamkeit des Gehilfen in der Apotheke maßgebend sind)

Die vorgeschriebenen drei Semester Universitätsstudium konnten allerdings noch durch je ein Jahr weiterer Servierzeit ersetzt werden. Das Herstellen von Arzneimitteln in der Offizin (Rezeptieren) und die Anfertigung von pharmazeutischen Präparaten im Labor (Defektieren) durfte der Apothekenbesitzer dem Gehilfen selbständig überlassen, war aber für die Arbeit seines Mitarbeiters verantwortlich.

1867 wurden neue Bestimmungen für die pharmazeutische Staatsprüfung erlassen, da es notwendig erschien, innerhalb des erweiterten Staatsgebietes „für den Umfang der Monarchie" überall gleiche Anforderungen an die wissenschaftliche und praktische Befähigung zum selbständigen Betrieb der Apotheke zu stellen.

Die Prüfung bestand aus zwei Abschnitten: einer Kursus-Prüfung und einer Schluss-Prüfung. In der Kursus-Prüfung fertigte der Kandidat zunächst eine schriftliche Hausarbeit zu zwei Themen aus der allgemeinen und analytischen Chemie an. Danach mussten in der praktischen Prüfung zwei chemisch-pharmazeutische Präparate angefertigt, zwei chemische Analysen durchgeführt und einige schwer zu bereitende Arzneiformen ex tempore (aus dem Stegreif) hergestellt werden und zwar stets unter Anfertigung von Protokollen. Ferner waren zwei Abschnitte des Arzneibuches mündlich aus dem Lateinischen ins Deutsche zu übersetzen. Im mündlichen Teil der Kursus-Prüfung hatte der Kandidat einige frische Pflanzen, zehn Drogen und mehrere chemische Präparate zu bestimmen und pharmazeutisch zu erklären.

Die Schlussprüfung wurde mündlich und öffentlich durchgeführt. Der Prüfling musste seine chemischen, physikalischen und naturhistorischen Kenntnisse unter Beweis stellen, sich in der Giftlehre und in den gesetzlichen Bestimmungen des Apothekerwesens auskennen.

Die Gebühren für die Staatsprüfung als Apotheker betrugen 46 Taler. Diese Bestimmungen wurden zwei Jahre später, 1869, für den Norddeutschen Bund übernommen, wobei die schriftliche Hausarbeit durch eine Klausur ohne Benutzung von Hilfsmitteln ersetzt wurde.

1871 - 1918

Das Deutsche Kaiserreich

Durch den gewonnenen Krieg gegen Frankreich kam viel Geld als Kriegsentschädigung nach Deutschland und bewirkte einen erheblichen konjunkturellen Aufschwung. Es begann die Zeit der sogenannten Gründerjahre. Reichskanzler von Bismarck (1815 - 1898), auch „eiserner Kanzler" genannt, leitete die Innenpolitik mit harter Hand. Gegen die römisch-katholische Kirche führte er den „Kulturkampf", gegen die Sozialdemokratie erließ er am 21. Oktober 1878 das Sozialistengesetz (Gesetz gegen die gemeingefährlichen Bestrebungen der Sozialdemokratie). Vereine, Versammlungen und Druckschriften konnten polizeilich verboten werden, wenn die sittlichen, religiösen und politischen Grundlagen von Staat und Gesellschaft untergraben würden. In diese Zeit fiel auch die Gründung der Sozialversicherung (Kranken-, Unfall-, Invaliden- und Altersversicherung). 1888 war das Jahr der drei Kaiser. Hochbetagt starb Kaiser Wilhelm I. am 9. März. Sein Sohn Friedrich III. (1831 - 1888) regierte nur 99 Tage. Nach seinem Tode, am 15. Juni, wurde dessen Sohn, Wilhelm II. (1859 - 1941), letzter deutscher Kaiser. Er entließ von Bismarck am 20. März 1890. Zugleich wurde von Bismarck zum Herzog von Lauenburg und zum Generaloberst ernannt. Bismarcks Warnung, gleichzeitig eine Maxime preußischer Politik, „den Draht nach St. Petersburg nicht abreißen lassen", wurde im 20. Jahrhundert nicht befolgt und hatte für das deutsche Volk bis in die jüngste Vergangenheit schwere Folgen. „Der Krieg mit Rußland war der Kardinalfehler unserer Politik", schrieb Großadmiral Alfred von Tirpitz (1849 - 1930) in seinen „Erinnerungen". Die Flottenpolitik des deutschen Kaiserreiches sollte England als herrschende Seemacht ablösen. Die Begeisterung bei Ausbruch des 1. Weltkrieges war groß. Die Propaganda lief auf Hochtouren. „Mit Gott für Kaiser und Vaterland". „Jeder Schuß ein Russ, jeder Stoß ein Franzos, jeder Tritt ein Brit". Der Erste Weltkrieg endete für Deutschland militärisch, ökonomisch und politisch mit einer Niederlage. Der deutsche Kaiser dankte am 28. November 1918 ab.

In Potsdam fand während des deutschen Kaiserreiches ein großer wirtschaftlicher Aufschwung statt. Es wurden einige repräsentative Gebäude errichtet wie z.B. das Gebäude für die Königliche Regierung der Provinz Brandenburg (heute Rathaus), das Amtsgericht, die Hauptpost, die Kadettenanstalt in der heutigen Heinrich-Mann-Allee, das Rathaus in Nowawes und das Schloss Cecilienhof, benannt nach der Kronprinzessin, im Neuen Garten, das nach Beendigung des Zweiten Weltkrieges Tagungsort der Potsdamer Konferenz der Siegermächte des Krieges wurde. In der Brandenburger, der Nauener und der Jägervorstadt entstanden Wohnhäuser für Offiziere, mittlere und höhere Beamte. Der kaiserliche Hof, das Heer und die Verwaltung bestimmten den Charakter der Stadt. Potsdam blieb weiterhin Residenz-, Garnison- und Beamtenstadt. Mehr und mehr trat neben Schloss Sanssouci, Schloss Babelsberg und dem Marmorpalais das Neue Palais in den Vordergrund und bildete mit dem Berliner Schloss die Hauptresidenz des deutschen Kaisers. War bis 1879 die Pferdedroschke das wichtigste Verkehrsmittel, so fuhr ab diesem Zeitpunkt die Pferdebahn in drei Linien. Am 2. September 1907 fand die Inbetriebnahme der elektrischen Straßenbahn statt. Von 1886 bis 1888 erfolgte der Neubau der Langen Brücke, um dem wachsenden Verkehr zum Stadtbahnhof, zur Teltower Vorstadt und nach Nowawes gerecht zu werden. Ende des 19. Jahrhunderts wurde der Telegraphenberg Heimstatt für mehrere wissenschaftliche Institute. Das Astrophysikalische Observatorium, das Geodätische Institut und das Meteorologische Institut nahmen den Betrieb auf.

Die hygienischen Verhältnisse der Stadt konnten in dieser Zeit entscheidend verbessert werden. Potsdam geriet im 19. Jahrhundert in den Ruf, eine ungesunde, daher gefürchtete Garnisonstadt zu sein. Ursache dieser üblen Nachrede ist das gehäufte Auftreten von Wechselfieber sowohl unter der Zivilbevölkerung als auch den Militärangehörigen gewesen, bedingt durch den Mangel an einwandfreiem Trinkwasser, die „Gegenwart von Malarialuft" und die ungenügende Abwasserbeseitigung. Auch Theodor Fontane waren diese Zustände bekannt. In einem Brief an Mathilde von Rohr schrieb er im Jahre 1885: „Wenn Potsdam nur gesünder wäre; es ist gesundheitlich ein erbärmliches Nest". Potsdam wurde teilweise auf sumpfigem Boden auf- und ausgebaut. Das umliegende Land war oft mehrere Monate des Jahres überflutet. Die Trockenlegung z.B. des Golmer Bruchs und des Parks von Sanssouci, die Verbreiterung und Vertiefung vorhandener Wasserstraßen, die wiederholte Aufschüttung verschiedener Plätze sowie die mehrfach vorgenommene Ausbaggerung des Stadtkanals trugen zur Beseitigung der Ursachen der Malaria bei. Besonders dringend war die Beseitigung der Abwässer. Schmutz- und Regenwasser liefen in Rinnsteinen ab. Die erste Kläranlage wurde 1887 in der Holzmarktstraße erbaut. 1895 entstand die Kläranlage in der Zeppelinstraße. Bis zum Jahre 1876 entnahmen die Einwohner das Trinkwasser nur hygienisch unvollkommen aus Brunnen, welche an den Straßen oder auf den Höfen standen und Grundwasser aus oberflächlichen oder tieferen Schichten lieferten, das ganz erheblich äußeren Einflüssen ausgesetzt und somit in seiner Qualität Schwankungen unterworfen war. 1875 wurde das Wasserwerk in der Berliner Straße und 1898 das in der Leipziger Straße errichtet.

Der Potsdamer Apothekerverein

Im Gefolge der Reichsgründung wurde 1872 der Deutsche Apotheker Verein gegründet. Ein Jahr später, im Dezember 1873, gründeten die Potsdamer Apothekenbesitzer (Potsdam hatte zu dieser Zeit etwa 39000 Einwohner und sechs Apotheken) den Potsdamer Apothekerverein. Zu Beginn eines jeden Jahres wählte man den Vorsitzenden und den Protokollführer per Akklamation. Die Prinzipale versprachen, treue und ehrenwerte Kollegen zu sein. Sie beschlossen, jeden zweiten Dienstag im Monat, abwechselnd in alphabetischer Reihenfolge, bei den Kollegen zu tagen. Diese Regelmäßigkeit wurde in den Jahren 1874 und 1875 eingehalten. In den darauffolgenden Jahren fanden nur fünf bis acht Zusammenkünfte pro Jahr statt. Im letzten Jahrzehnt des 19. Jahrhunderts erfolgten nur noch zwei bis fünf Versammlungen im Jahr, und zu Beginn des 20. Jahrhunderts erloschen dann sämtliche Aktivitäten des Vereins.

Im Herbst des Jahres 1920, nach jahrelanger Unterbrechung, begannen wieder regelmäßige Zusammenkünfte der Potsdamer Apothekenbesitzer. Am 21. Mai 1921 erfolgte die Gründung des Apothekervereins für Potsdam und Umgebung, dem vierzehn Mitglieder angehörten (sieben Apotheker aus Potsdam, drei Pharmazeuten aus Nowawes sowie die Apothekenbesitzer aus den Ortschaften Werder, Michendorf, Bornstedt und Wustermark). Es wurden der Vorsitzende, sein Stellvertreter, der Schriftführer und der Kassenführer gewählt. Die Versammlungen fanden in jeder zweiten Woche des Monats zunächst in der Löwen-Apotheke bzw. in der Kronen-Apotheke in Potsdam statt. Später wählte man als Versammlungsort das Café Rabien. Im Jahre 1921 fanden sieben, im Jahre 1922 zehn Konferenzen statt. Mit den Protokollen des Jahres 1922 enden die Aufzeichnungen im Protokollbuch. Der Verein existierte mit Sicherheit noch im Jahre 1932. Im Adressbuch für dieses Jahr heißt es: Apothekerverein für Potsdam und Umgebung (e.V.), Vorsitzender Apothekenbesitzer P. Wegner, Neuendorfer Apotheke, Nowawes, Großbeeren-, Ecke Blücher-Str., T. 7352. Unter dem Nationalsozialismus ging der Verein in der Standesgemeinschaft Deutscher Apotheker (St.D.A.), 1933 gegründet, auf.

Es ist interessant zu erfahren, welche Themen und Probleme auf der Tagesordnung der Versammlungen des Vereins in den ersten drei Jahrzehnten seines Bestehens standen bzw. mit welchen Sorgen und Nöten die Apothekenbesitzer in den schwierigen Jahren nach dem Ende des Ersten Weltkrieges zu kämpfen hatten.

Im Dezember 1873 wurde beschlossen, zum Weihnachtsfest keinem Arzt Geschenke irgendwelcher Art zu übergeben, ebensowenig sollte dies beim Publikum geschehen. Auch den Gehilfen wollte man keine finanziellen Geschenke überreichen. Im Frühjahr des Jahres 1874 erklärte sich der Besitzer der Löwen-Apotheke bereit, den Lehrlingen der hiesigen Apotheken dienstags und freitags von 15 bis 16 Uhr ein Repetitorium in der Botanik zu erteilen und zwar für zwanzig Mark pro Lehrling und Semester. Der Besitzer der Adler-Apotheke übernahm zu gleichen Bedingungen das Colloquium in Pharmazeutischer Chemie und Pharmakognosie. Im Herbst des Jahres 1875 wurde der Ladenschluss der Apotheken für das Winterhalbjahr (1. November bis 1. März) auf 21 Uhr festgelegt. Die Prinzipale kamen überein, den Lehrlingen nicht nach 19 Uhr Ausgang zu gewähren.

Erste Anzeichen von Unstimmigkeiten im Verein gab es auf der Sitzung am 27. Januar 1880. Wilhelm Hoffmann, Besitzer der Adler-Apotheke, wurde wiederum, wie in den Jahren zuvor, zum Vorsitzenden gewählt. Er nahm das ihm übertragene Amt jedoch nur unter der Bedingung an, dass sich alle Mitglieder des Vereins strikt an die Statuten und an die protokollarischen Verabredungen halten sollten, ansonsten würde er sofort aus dem Verein scheiden. Ursache dieser mahnenden Worte war das Verhalten zweier Ärzte, die bereits seit zwei Jahren ihre Patienten aufforderten, Rezepte nur in der Luisen-Apotheke einzulösen. Die Rechtfertigung des angesprochenen Kollegen genügte den Anwesenden jedoch nicht. Im Herbst des Jahres 1880 berichtete der Prinzipal der Adler-Apotheke, dass ihm zum 1. April 1881 ein Lehrling aus Berlin offeriert worden sei, er ihn aber nur gegen Bezahlung von 600 Mark pro Jahr bei freier Kost, Unterkunft und Unterricht nehmen wolle. Am 30. Januar 1883 machte Wilhelm Hoffmann seine bereits vor drei Jahren ausgesprochene Drohung wahr und trat wegen unlauterer Konkurrenz seitens der Kollegen aus dem Verein aus.

Erst nach längerer Pause, veranlasst durch Meinungsdifferenzen zwischen den Kollegen, wurden die Vorstände der Apotheken am 8. September 1885 in das Hotel Stadt Königsberg eingeladen, um einen neuen Verein zu gründen. Zum Vorsitzenden wählten die Anwesenden den Besitzer der Löwen-Apotheke, Krumbholz, zum Schriftführer den Verwalter der Apotheke zum Goldenen Hirsch, Scheinert. „Die darauffolgenden Konferenzen und Versammlungen entziehen sich einer getreuen Wiedergabe", da es erneut zu Mißhelligkeiten zwischen den Kollegen gekommen war, so daß offizielle Versammlungen nicht mehr stattfanden.

1888 fanden wieder regelmäßige Zusammenkünfte mit unterschiedlicher Beteiligung statt. „Der eingetretene Besitzerwechsel machte es den Kollegen in einer neuen Sphäre nicht leicht. Jeder mußte sich mehr oder weniger voll und ganz seinen Geschäften widmen, so daß allgemeine Interessen in den Hintergrund traten". Deshalb kam es manchmal auch nur zu einem „gemütlichen Colloquium".

Im Jahre 1897 gab es Kontroversen zwischen den Besitzern der Löwen-Apotheke und der Adler-Apotheke. Der Besitzer der Löwen-Apotheke erklärte, wegen dieser Differenzen nicht mehr an den Versammlungen teilnehmen zu wollen und verließ am 14. Dezember den Versammlungsraum. In den Jahren 1898, 1899 und 1900 fanden regelmäßige Konferenzen wegen vielfältiger Behinderung der einzelnen Kollegen nicht statt. Im Herbst des Jahres 1902 traten die Krankenkassenvorstände mit einer Rabattforderung von zwanzig Prozent an die Potsdamer Apothekenbesitzer heran. Diesen gelang es, zunächst einen Aufschub bis nach Neujahr zu erlangen. Am 9. Februar 1903 wurden dann die Verhandlungen fortgesetzt. Sie führten zu dem Ergebnis, dass den Krankenkassen ein Rabatt von zehn Prozent zugestanden wurde.

Wie bereits erwähnt, trat zu Beginn des 20. Jahrhunderts eine Pause im Vereinsleben ein, das erst wieder nach dem Ersten Weltkrieg auflebte. „Infolge der sich immer schwieriger gestaltenden geschäftlichen und allgemeinen wirtschaftlichen Verhältnisse erschien auch der Potsdam-Nowaweser Kollegenschaft engster Zusammenschluß dringend notwendig, und demzufolge gab man den bisherigen Zusammenkünften ein festes Gefüge durch die am 21. Mai 1921 erfolgte Gründung des Apothekervereins Potsdam und Umgebung". So beschloss der Verein, ein Schreiben an den Magistrat von Potsdam zu richten, um die auf die Apotheken hinweisenden Plakate von der Plakatsteuer zu befreien. Ferner wurde festgelegt, für die quantitative Bestimmung von Eiweiß oder Zucker fünfzehn Mark und für eine Bestimmung von Zucker und Eiweiß zwanzig Mark zu nehmen. Im Sommer wurde der Verein bei der Allgemeinen Ortskrankenkasse in Potsdam vorstellig, um zu erwirken, dass die Apotheken wieder zur Lieferung von Verbandstoffen herangezogen werden. Ferner sollte bei der Kasse ersucht werden, die Rechnungen pünktlich zu bezahlen, da die Apotheker infolge der fortschreitenden Geldentwertung auf prompten Eingang der Außenstände angewiesen seien. Die Arzneitaxe wurde einer scharfen Kritik unterzogen, weil sie in keiner Weise den damaligen Verhältnissen Rechnung trug. Wenige Monate später, im November, beschloss der Verein, an die Orts- und Betriebskrankenkassen des Bezirkes, mit denen er in regem Verkehr stand (AOK von Potsdam, Nowawes, Caputh, Zehlendorf, Wannsee und die Eisenbahnbetriebskrankenkasse) heranzutreten, mit dem Ersuchen, Vorschüsse auf die Lieferungen des laufenden Monats in Höhe der Rechnung des letzten Monats zu leisten, da nur so die Apotheken zahlungsfähig wären. Am 15. November sollte allen Angestellten zum 31. Dezember 1922 gekündigt und sie nur unter Vereinbarung einer einwöchigen Kündigungsfrist wieder eingestellt werden. „Dieser Beschluß wurde nur aus Gründen der Selbsterhaltung gefaßt".

Zusammenfassend kann festgestellt werden, dass der 1873 gegründete Potsdamer Apothekerverein ökonomische Interessen verfolgte. Diese in guter Absicht von den Potsdamer Apothekenbesitzern geschaffene Organisation, die zunächst regelmäßig tagte, wurde im Verlauf der nächsten Jahre und Jahrzehnte mehr und mehr zu einem Podium heftiger Streitgespräche der Kollegen, die schließlich zu

Disharmonien und zum Boykott der Versammlungen führten, so dass der Verein im Jahre 1903 seine Existenzberechtigung verlor und erst nach jahrelanger Pause im Jahre 1921 seine Tätigkeit wieder aufnahm, ohne jedoch seinen Charakter einer gewerblichen Interessenvertretung zu verlieren. Im 3. Reich ging der Verein in der Standesgemeinschaft Deutscher Apotheker auf.

Die Apothekenbetriebsordnung von 1902

Am 18. Februar 1902 trat die Apothekenbetriebsordnung nebst Anweisung für die amtliche Besichtigung der Apotheken in Kraft. Im Kapitel A wurden die erforderlichen Apothekenräume – Offizin, Material- und Kräuterkammer nebst Giftkammer oder Giftverschlag, Arzneikeller, Laboratorium und Stoßkammer – mit ihrer Ausstattung beschrieben.

Die Offizin musste mit einem Handverkaufs- und Rezeptiertisch zum Anfertigen von Arzneien, einer Waage mit einer Tragkraft von einem Kilogramm, vier Handwaagen, den zugehörigen Gewichten und den erforderlichen Arbeitsgeräten (einem Emulsionsmörser von Porzellan oder Marmor, vier Porzellanmörsern, zwei eisernen Pillenmörsern, zwei Porzellansalbenmörsern, je einem Porzellanmörser für Gifte, Morphin und Jodoform mit den entsprechend gekennzeichneten Löffeln und Waagen, einer eisernen und einer aus Holz hergestellten Pillenmaschine, einer Tablettenmaschine, einem Handdampfkocher, Pulverschiffchen, Spatel und Löffel aus Horn, Holz oder Metall) und den erforderlichen Gefäßen und Kästen zur Aufnahme der Substanzen und zubereiteten Arzneien ausgestattet sein. Die Arzneimittel waren in Behältnissen von Glas, Porzellan, Steingut, verzinntem Blech, geruchlosem Holz oder sonst geeignetem Material aufzubewahren bei dauerhafter und deutlicher Beschriftung. Die Gifte mussten doppelt verschlossen in der Giftkammer oder dem Giftverschlag vorrätig gehalten werden. Hier befanden sich auch die mit Gift bezeichneten Geräte: Waage, Löffel und Mörser. Ebenfalls besondere Aufmerksamkeit galt dem Morphin, seinen Salzen und Zubereitungen. Auch sie mussten gesondert und unter Verschluss sowie in Aufbewahrungsbehältnissen (Standgefäßen) von dreieckiger Form gelagert werden. Dazu muss bemerkt werden: Ausgangs des 19. Jahrhunderts war es bedauerlicherweise in Apotheken vorgekommen, dass bei der Zubereitung ärztlicher Verordnungen Morphinum hydrochloricum mit Hydrargyrum chloratum (Calomel) verwechselt worden war, was wiederholt Todesfälle nach sich gezogen hatte. Zur Verhütung derartiger Zwischenfälle ordnete der zuständige Minister am 31. Dezember 1891 an, dass Morphium und dessen Salze, sowie für die Rezeptur vorrätige Zubereitungen derselben (Verreibung, Lösung) in der Offizin in einem besonderen, lediglich für diesen Zweck bestimmten, verschließbaren, Tab. C bezeichneten Schränkchen, aufzubewahren sind und als Standgefäße nur dreieckige, weiße Gläser verwendet werden dürfen, die an einer Seite die vorschriftsmäßige Bezeichnung des Inhalts in eingebrannter roter Schrift auf weißem Schild tragen müssen. Jodoform und die bezeichneten Geräte mussten in einem besondere Schrank oder Kasten untergebracht werden. Die Lagerung von Phosphor erfolgte im Arzneikeller unter Beachtung mehrerer Vorschriften und Hinweise.

Die Material- und Kräuterkammer ist der Vorratsraum für die trocken aufzubewahrenden Mittel gewesen. Sie musste mit den erforderlichen Waagen und Gewichten ausgestattet sein. Der Trockenboden war nicht mehr Pflicht. Die kühl aufzubewahrenden Arzneimittel lagerten im Arzneikeller, dessen Fußboden gepflastert, zementiert, asphaltiert oder gedielt sein musste. Das Laboratorium sollte feuersicher, mit wasserdichtem Fußboden und feuerfester Decke versehen sein. Eine Destillationsanlage, ein Trockenschrank, die erforderlichen Waagen und Gewichte, eine „Einrichtung für freie Feuerung", eine Presse mit Zinn oder verzinnten Einsätzen und ein mit Luftlöchern versehener Schrank zur Aufbewahrung der Kolier- und Presstücher (Beutel) gehörten zur essentiellen Ausstattung sowie die genau vorgeschriebenen Reagenzien und maßanalytischen Lösungen nebst den dazu gehörigen Geräten. In der Stoßkammer wurden Drogen zerkleinert. Die erforderlichen Werkzeuge (Metallmörser, Wiege-, Schneide- oder Stampfmesser mit Brett oder Kasten) sowie ein Arbeitstisch gehörten zur Ausstattung.

Das Kapitel B beinhaltete Vorschriften für den täglichen Arbeitsablauf. Der Apotheker war für die Güte aller Medikamente verantwortlich. Die hergestellten Arzneien mussten in einem Arbeitstagebuch notiert werden. Die gekauften Substanzen waren sorgfältig auf Identität und Reinheit zu prüfen. Die Signatur der hergestellten Arzneien erfolgte in deutscher Sprache deutlich und leserlich. Ärztliches Kurieren war dem Apotheker weiterhin untersagt. Nur in lebensbedrohlichen Fällen konnte er mangels rechtzeitiger ärztlicher Hilfe die von ihm zutreffend erachteten Mittel abgeben.

Das Kapitel C enthielt Vorschriften für das Personal. Jeder Apothekenvorstand durfte nur soviel Lehrlinge als er Gehilfen hatte zur Ausbildung annehmen. Der Eintritt in die Lehre bedurfte der Zulassung durch den zuständigen Kreisarzt. Der Apothekenbesitzer war für die ordnungsgemäße Ausbildung des Lehrlings in Theorie und Praxis verantwortlich. Jeder Personalwechsel unterlag der Meldepflicht beim zuständigen Kreisarzt.

Das Kapitel D umfasste gesetzliche Regelungen für Zweig-, Krankenhaus- und ärztliche Hausapotheken. Sowohl für eine Zweig- als auch eine Krankenhausapotheke genügte eine Offizin mit einem Vorratsraum. Alle Arzneimittel einer Zweigapotheke mussten aus der Stammapotheke bezogen werden. Das galt auch für Krankenhausapotheken ohne approbierten Apotheker und ärztliche Hausapotheken.

Für eine ärztliche Hausapotheke genügte ein Raum mit vorgeschriebenem Inventar.

Im Kapitel E folgten Bestimmungen für homöopathische Apotheken und ärztliche homöopathische Hausapotheken. Beide mussten in einem lediglich diesem Zwecke dienenden, gut belichteten Raum eingerichtet werden.

Diesen fünf Kapiteln schloss sich eine 31 Paragraphen umfassende Anweisung für die amtliche Besichtigung der Apotheken nebst Revisionsprotokoll an.

Die Linden-Apotheke

Die Ortschaften Neuendorf, erstmalig 1375 erwähnt, und Nowawes, auf Befehl des preußischen Königs Friedrich II. 1751 als Weberkolonie gegründet, waren die „Armenhäuser" vor den Toren der königlichen Residenzstadt Potsdam, im Kreis Teltow gelegen. Sie bildeten einen traurigen Kontrast zum Glanz und Reichtum des königlichen Hofstaates. 1752 gab es in Nowawes (tschechische Bezeichnung für Neuendorf) 100 Häuser, in denen überwiegend böhmische Spinner und Weber wohnten. Absatzschwierigkeiten führten in den folgenden Jahrzehnten zu Arbeitslosigkeit und Armut. Im Verlauf des 19. Jahrhunderts vergrößerte sich die Einwohnerzahl dieser beiden Orte wesentlich. Die Statistik verzeichnete 1864 für Nowawes 4142 Einwohner und für Neuendorf 640 Einwohner. Die Einwohnerzahlen stiegen bis zum Jahre 1885 auf 7772 für Nowawes und 2735 für Neuendorf. Die Vereinigung der beiden Gemeinden (Nowawes nunmehr 12148 Einwohner und Neuendorf 6877 Einwohner) zur Ortschaft Nowawes fand am 1. April 1907 statt. Nowawes (26625 Einwohner) erhielt am 13. Dezember 1924 Stadtrecht. Die Stadt Nowawes und die Villenkolonie Neubabelsberg wurden am 1. April 1938 zur Stadt Babelsberg mit insgesamt 34445 Einwohnern zusammengeschlossen. Bestimmend in der Wirtschaftsstruktur dieser Stadt waren die Universum-Film-Aktiengesellschaft (UFA), die metallverarbeitende Industrie und die Textilindustrie. Die Eingemeindung der Stadt Babelsberg nach Potsdam erfolgte am 1. April 1939.

Am 16. März 1876 wies die Gemeindevertretung von Nowawes in einem Schreiben an den zuständigen Landrat des Kreises Teltow auf die ungenügende medizinisch-pharmazeutische Versorgung der Bevölkerung der Gemeinde hin. Nowawes und Neuendorf hatten seinerzeit eine Einwohnerzahl von ungefähr 9000, jedoch praktizierte dort weder ein Arzt noch existierte eine Apotheke. Wenn in dringenden Fällen medizinische und pharmazeutische Hilfe benötigt wurde, musste ein Bote zu einem Arzt nach Potsdam geschickt werden, wozu in damaliger Zeit ungefähr 45 Minuten erforderlich waren. Bedenkt man, dass der Arzt ebenfalls diese Zeit brauchte, um zu dem Patienten zu gelangen, der Bote dann nach erfolgter Untersuchung mit einem Rezept wiederum nach Potsdam in die nächstgelegene Apotheke eilte, dort auf die Anfertigung der Ordination wartete und anschließend den Weg nach Nowawes zurücklegte, die Arznei praktisch erst nach mehreren Stunden zum Patienten gelangte, „so dürfte es unzweifelhaft sein, daß durch die Concessionierung und Anlegung einer Apotheke in Nowawes, der größeren der beiden Ortschaften, einem sehr nahe gelegenen Notstand abgeholfen und vielen Unglücksfällen durch schleunigere Verabreichung eines Hilfsmittels entgegengetreten werden könnte [...] Durchlaucht bitten wir deshalb ganz gehorsamst, im Interesse der Ortschaften Nowawes und Neuendorf, sich geneigtest für die Concessionierung einer Apotheke höheren Ortes verwenden zu wollen". Die zuständige Behörde, die Abteilung des Innern der Königlichen Regierung, lehnte jedoch dieses Gesuch mit der Begründung ab, dass auf Grund der sehr dürftigen Vermögenslage des überwiegenden Teils der Bevölkerung von Nowawes und Neuendorf weder ein Arzt noch ein Apotheker sein Auskommen finden könnte. Darüber hinaus wurden bei der Konzessionierung der Kronen-Apotheke in der Teltower Vorstadt von Potsdam vor elf Jahren die Beziehungen, welche Nowawes und Neuendorf zu dieser Apotheke haben würden, berücksichtigt, d. h. die Kronen-Apotheke war stets auf die umliegenden Ortschaften, u. a. Nowawes und Neuendorf, angewiesen.

Fünf Jahre später, am 14. Februar 1881, wurde der Amts- und Gemeindevorsteher von Nowawes, Mücke, bei der Königlichen Regierung in Potsdam ebenfalls in dieser Angelegenheit vorstellig. Er konnte darauf verweisen, dass die Einwohnerzahl beider Orte bereits auf 10000 angewachsen war und die Anlegung einer Apotheke in einer der beiden Gemeinden immer dringender würde. Aber auch Herr Mücke erhielt einen abschlägigen Bescheid. Wiederum wurde darauf hingewiesen, dass die Kronen-Apotheke die Arzneibedürfnisse der Einwohner von Nowawes und Neuendorf angemessen befriedigen könnte. Ferner seien keine Fälle bekannt, in denen durch eine Verzögerung pharmazeutischer Hilfe Gefahr für den Kranken bestanden hätte. Es wurde ebenfalls darauf hingewiesen, dass die Kronen-Apotheke auf das finanzielle Potential der Nowaweser und Neuendorfer angewiesen sei. In der Tat war die wirtschaftliche Lage der Kronen-Apotheke in der Teltower Vorstadt von Potsdam nicht sehr günstig. Der Jahresumsatz belief sich auf:

16528,43 Mark   im Jahre 1881
15203,32 Mark   „   „   1882
18311,78 Mark   „   „   1883
21185,60 Mark   „   „   1884

Am 25. März 1884, die Einwohnerzahl von Nowawes und Neuendorf betrug inzwischen bereits über 10000, übergab Pastor Koller aus Nowawes dem Königlichen Regierungspräsidenten, Herrn von Neefe, in Potsdam im Namen der Vorstände, Korporationen, Gewerbetreibenden und weiterer 44 namhafter Personen aus Nowawes und Neuendorf eine Petition bezüglich der Anlegung einer Apotheke für beide Gemeinden. Pastor Koller konnte darauf verweisen, dass seit Beginn des Jahres ein Arzt in Neuendorf praktiziere und das Fehlen einer Apotheke immer unerträglicher würde. Er behauptete sogar, dass es wohl in Preußen keinen Ortskomplex mit einer so zahlreichen Bevölkerung gäbe, welcher einer Apotheke entbehrte. Aber sowohl der Regierungspräsident als auch der Oberpräsident der Provinz Brandenburg lehnten die Bittschrift aus folgenden Gründen ab:

1. Die Etablierung eines Arztes muss nicht die Errichtung einer Apotheke rechtfertigen.
2. Die derzeitige Bruttoeinnahme der Kronen-Apotheke ist gerade ausreichend und erforderlich, um eine Apotheke in gutem Zustand zu halten.
3. Ene Apotheke in Nowawes-Neuendorf richtet die Kronen-Apotheke zugrunde.

Die Behörden in Potsdam hatten ein wichtiges kommunalpolitisches Interesse an der Existenz der Kronen-Apotheke. Der Bestand dieser Apotheke war für das Wohl der Teltower Vorstadt, deren Ruf, wie bereits erwähnt, zur damaligen Zeit nicht der allerbeste war, von großer Bedeutung. Eine Schließung der Apotheke hätte noch mehr Unannehmlichkeiten für die Bevölkerung der Teltower Vorstadt gebracht.

In dieser Zeit der Auseinandersetzung um die Errichtung einer Apotheke in Nowawes-Neuendorf hatte die Kronen-Apotheke zweimal den Besitzer gewechselt. Am 29. Juli 1883 verkaufte ihr Gründer, Siegmund Heinrich Bogislav von Glasenapp, die Apotheke an Paul Friedrich Karpe. Drei Jahre später, am 19. August 1886, erwarb Carl Friedrich Hartung die Kronen-Apotheke. Am 7. Dezember 1886 stellte Hartung den Antrag, in Nowawes, in der Priesterstraße, heute Karl-Liebknecht-Straße, ganz in der Nähe des Bahnhofs, „damit mir unter Benutzung der häufigen Zugverbindung ein leichter Verkehr zwischen der Filiale und dem in der Nähe des Bahnhofs Potsdam gelegenen Hauptgeschäftes ermöglicht wird", eine Filialapotheke errichten zu dürfen und bat um eine Konzession für mindestens zehn bis fünfzehn Jahre. Hartung erhielt die Konzession am 17. April 1887, allerdings nur für die Dauer von drei Jahren und unter der Maßgabe, die Apotheke innerhalb der nächsten sechs Monate zu eröffnen. Am 4. Oktober 1887 eröffnete Hartung die Filialapotheke in der Priesterstraße 1a. Da keine Beschwerden über die Apotheke vorlagen und der Amtsvorsteher von Nowawes erklärte, dass „der Fortbestand derselben als ein dringendes Bedürfnis zu verstehen sei", wurde die

Konzession am 27. Februar 1890 um weitere drei Jahre verlängert. Als Hartung am 28. Dezember 1892 um eine abermalige Verlängerung der Konzession für seine Filialapotheke bat, wurde er von den Behörden aufgefordert, die Erträge seiner beiden Apotheken, getrennt nach Rezeptur und Handverkauf, darzulegen. Der Durchschnittsumsatz der letzten fünf Jahre betrug für die Kronen-Apotheke:

Rezeptur-Einnahmen	7713,00 Mark
Einnahmen des Handverkaufs	9976,50 Mark
	17689,50 Mark

Für die Filialapotheke in Nowawes lagen folgende Zahlen vor:

Rezeptur-Einnahmen	11991,40 Mark
Einnahmen des Handverkaufs	9498,40 Mark
	21489,80 Mark

Da der Umsatz der Filialapotheke mittlerweile höher war als der der Stammapotheke, die Einwohnerzahl von Nowawes und Neuendorf auf mehr als 12 000 angewachsen war und sich dort mehrere Ärzte niedergelassen hatten, erschien es den Behörden „mehr und mehr ungewöhnlich, dass die Einwohner dieser Ortschaften ihr Arzneibedürfnis aus der Filiale einer Potsdamer Apotheke befriedigen" mussten. Sie drängten Hartung auf Umwandlung der Filialapotheke in eine Vollapotheke. Deshalb schlug Hartung den Behörden vor, die Kronen-Apotheke zu verkaufen und in Nowawes, auf dem Grundstück Priesterstraße 1, Ecke Lindenstraße (heute Karl-Liebknecht-Straße, Ecke Rudolf-Breitscheid-Straße), gleich neben seiner Filialapotheke gelegen, eine Apotheke zu errichten. Am 6. Juni 1893 musste Hartung jedoch um Verlegung seiner Filialapotheke vom Haus Priesterstraße 1a in das Haus Priesterstraße 2 bitten, weil der Hausbesitzer die Apothekenräume unbedingt nur für weitere fünf Jahre vermieten wollte. Dieser Forderung konnte Hartung natürlich nicht nachkommen, und die Potsdamer Behörde entsprach der Bitte Hartungs zur Verlegung der Filialapotheke bis zur Errichtung der Vollapotheke. Am 22. August 1894 erteilte der Oberpräsident der Provinz Brandenburg Hartung die Konzession zur Anlegung einer Vollapotheke in Nowawes: „Dem Apotheker F. C. Hartung wird hiermit die Genehmigung erteilt, in Nowawes-Neuendorf eine neue Apotheke anzulegen. Diese Konzession begründet keine Realapothekenberechtigung, sondern eine persönliche und kann auf keinen anderen übertragen werden. Insbesondere ist dem Inhaber in Gemäßheit der Allerhöchsten Ordre vom 30. Juni 1894 die Präsentation eines Geschäftsnachfolgers nicht gestattet". Der Wortlaut der Konzession wurde mit Wirkung vom 20. September 1894 folgendermaßen geändert: „Durch Erlaß vom 20. September 1894 hat sich der Minister der geistlichen, Unterrichts- und Medizinalangelegenheiten damit einverstanden erklärt, daß auf die Neukonzessionierung der Apotheke in Nowawes-Neuendorf der Allerhöchste Erlaß vom 30. Juni 1894 ausnahmsweise keine Anwendung findet".

Die Neuendorfer Apotheke

Im Jahre 1904 erwogen die Behörden die Errichtung einer zweiten Apotheke in Nowawes-Neuendorf. Sowohl die Einwohnerzahl als auch der Wohlstand der Bevölkerung erschienen den Behörden hinreichend zur Eröffnung einer zweiten Apotheke ohne Schädigung der Existenzfähigkeit der Linden-Apotheke. Die neue Apotheke sollte in der Ortschaft Neuendorf, zwischen den Bahnhöfen Nowawes-Neuendorf und Drewitz, in der Großbeerenstraße, in der Nähe des Neuendorfer Kirchhofes errichtet werden. Einspruch erhob der Besitzer der Linden-Apotheke. Er hatte 1904 die Apotheke für 430000 Mark gekauft und bat die Regierung, von der Errichtung einer zweiten Apotheke abzusehen. „Bei der heutigen Verschreibungsweise der Kassenärzte ist überdies die Arzneiverordnung für den Apotheker wenig günstig". Ungeachtet des Einspruchs ermächtigte der Oberpräsident der Provinz Brandenburg den Regierungspräsidenten in Potsdam am 26. Oktober 1906, das Bewerbungsverfahren um die Genehmigung zur Errichtung einer Apotheke in Neuendorf, in der Nähe des Bahnhofes, im östlich des Lutherplatzes gelegenen Ortsteil einzuleiten. Im

Abbildung 7: Paul Wegner und seine Frau Helene geb. Zischank, als Brautpaar am 11. Juni 1903

Amtsblatt der Königlichen Regierung zu Potsdam und der Stadt Berlin vom 9. November 1906 wurden geeignete Bewerber aufgefordert, ihr Gesuch bis zum 25. November einzureichen. Es meldeten sich 38 Apotheker, von denen Friedrich Bacmeister aus Himmelpforten, Kreis Stade, die Genehmigung am 21. Dezember 1906 erhielt. Da Bacmeister in dem bezeichneten Terrain keine Räume für einen annehmbaren Preis erwerben konnte, kaufte er das Grundstück Großbeerenstraße/Ecke Blücher-Straße (heute Fulton-Straße) und ließ darauf ein Haus errichten. Die Eröffnungsbesichtigung fand am 23. November 1907 statt. Nur wenige Jahre blieb Bacmeister Besitzer der Neuendorfer Apotheke. Bereits im Jahre 1911 forderte der Regierungspräsident im Amtsblatt geeignete Bewerber auf, ihr Gesuch zur Verleihung der Konzession für die Bacmeistersche Apotheke einzureichen. Es meldeten sich 26 Apotheker, von denen Paul Wegner aus Dresden am 1. Oktober 1911 die Genehmigung zur Übernahme der Apotheke erhielt. Wegner leitete die Neuendorfer Apotheke fast 47 Jahre.

Die Kaiser Friedrich Apotheke in Bornstedt

Im ersten Dezennium des 20. Jahrhunderts hielten die Behörden die Gründung einer Apotheke in den Orten Bornstedt oder Bornim für erforderlich. Beide Orte, vor den Toren der Residenzstadt Potsdam gelegen, gehörten damals noch zum Kreis Osthavelland. Die Eingemeindung nach Potsdam erfolgte erst im Jahre 1935. Die Einwohnerzahl beider Ortschaften betrug seinerzeit 4061. Eine Apotheke in einer dieser beiden Gemeinden, so kalkulierten die Verantwortlichen, würde auch die umliegenden Dörfer Eiche, Golm, Grube, Nathwerder, Marquardt, Alt-Töplitz und Leest mit insgesamt 3527 Einwohnern pharmazeutisch versorgen. Die neu zu gründende Apotheke hätte demzufolge 7588 Personen in ihrem Einzugsbereich. Allein diese Zahl rechtfertigte die Errichtung einer Apotheke. Unstimmigkeiten traten bei der Standortwahl auf. Sowohl Bornstedt als auch Bornim wollten die Apotheke haben. Da aber Bornstedt näher an Potsdam liegt und der gesamte Verkehr aus diesem Territorium nach Potsdam Bornstedt passieren muss, entschloss man sich, die Apotheke in Bornstedt, in der Friedrich-Wilhelm-Straße (der heutigen Potsdamer Straße) zu errichten. Im Amtsblatt der Königlichen Regierung zu Potsdam und der Stadt Berlin vom 3. Juli 1908 wurden geeignete Bewerber aufgefordert, ihr Gesuch bis zum 25. Juli 1908 schriftlich beim Regierungspräsidenten in Potsdam einzureichen. Achtzehn Apotheker bewarben sich, von denen Arthur Scheiwe aus Oranienburg die Genehmigung am 19. Oktober 1908 erhielt. Die Approbation zum selbständigen Betrieb einer Apotheke im Gebiet des Deutschen Reiches war Scheiwe am 24. November 1885 vom Minister der geistlichen, Unterrichts- und Medizinalangelegenheiten erteilt worden. Vom Bürgermeister der Stadt Oranienburg ist Scheiwe in einem Schreiben vom 24. Juli 1908 folgendermaßen beurteilt worden: „Der Apotheker Scheiwe ist ein stiller, solide lebender und ordentlicher Mensch, dem es zu gönnen wäre, wenn er, nachdem er sich seit Jahr und Tag in der bescheiden besoldeten Stellung als Provisor der hiesigen Apotheke als verheirateter Mann und Familienvater schlecht und recht durchs Leben gebracht hat, durch Verleihung einer Apotheke wieder in bessere Erwerbsverhältnisse und eine gehobenere soziale Position gelangen könnte. Sein Charakter und seine moralische Persönlichkeit sind völlig einwandfrei. Politisch ist er in keiner Weise bemerkbar geworden". Im Oktober 1908 teilte Scheiwe den Behörden mit, dass er die Apotheke in der Friedrich-Wilhelm-Straße 46 errichten werde. Am 11. Januar 1909 zeigte Scheiwe dem Regierungspräsidenten in Potsdam an, dass die neue Apotheke eingerichtet sei und er um die Genehmigung ersuche, dieselbe nunmehr eröffnen zu dürfen.

Die Cecilien-Apotheke

Im Jahre 1908 erwogen die Behörden die Errichtung einer Apotheke in der Nauener Vorstadt, in der Nähe des Schnittpunktes Behlert Straße/Spandauer Straße (heute Friedrich-Ebert-Straße). Potsdam hatte zu dieser Zeit etwas mehr als 50000 Einwohner. Wenn seinerzeit die Anlage einer Apotheke geplant wurde, veranlassten die Behörden eine Bedürfnisprüfung und erörterten dabei folgende drei Fragen:
1. Liegt das Bedürfnis für eine neue Apotheke vor?
2. Kann die neue Apotheke existieren?
3. Wird eine bestehende Apotheke durch die Neuanlage in ihrer Existenz bedroht?

Abbildung 8: Die Cecilienapotheke, Spandauer Str. 3

Die Nauener Vorstadt hatte zu Beginn des 20. Jahrhunderts eine Einwohnerzahl von 3691. Die Behörden kalkulierten, dass die Bewohner der umliegenden Ortschaften Fahrland, Krampnitz, Nedlitz und Satzkorn die Apotheke in der Nauener Vorstadt frequentieren würden. Am 21. Mai 1908 ermächtigte der Oberpräsident der Provinz Brandenburg den Regierungspräsidenten von Potsdam, das Bewerbungsverfahren zur Errichtung einer Apotheke in der Nauener Vorstadt einzuleiten. Ebenfalls im Amtsblatt vom 3. Juli 1908, also zeitgleich mit dem Bewerbungsverfahren der Apotheke in Bornstedt, wurden geeignete Bewerber aufgefordert, ihr Gesuch schriftlich einzureichen. Es bewarben sich 27 Apotheker, von denen August Bramstedt am 9. Oktober 1908 die Genehmigung erhielt. Bramstedt wurde am 30. Oktober 1862 in Ehrenburg, Kreis Diepholz, geboren. Die Approbation war ihm am 30. Mai 1890 erteilt worden. Im Amtsblatt vom 19. Februar 1909 wurde mitgeteilt, dass nach stattgefundener amtlicher Besichtigung August Bramstedt seine Apotheke in der Spandauer Straße eröffnet hat.

Die ökonomische Lage/Apothekenverkäufe

Ausgangs des 19. Jahrhunderts und in den ersten Jahren des 20. Jahrhunderts, bis zum Beginn des ersten Weltkrieges, fand in Potsdam ein reger Verkauf von Apotheken statt. Diese auch in anderen Teilen Deutschlands aufgetretene Spekulation mit Apotheken, in der Pharmaziegeschichte als „Apothekenschacher" bezeichnet, erreichte ebenfalls in der königlichen Residenzstadt Exzesse. Es wurden zum Teil unwirtschaftliche Überpreise gezahlt, weil der großen Nachfrage nach käuflichen Apotheken nur ein geringes Angebot, bedingt durch die strenge Konzessionierung, gegenüberstand, so dass den Besitzern verkäuflicher Apotheken auch die höchsten Preise bewilligt wurden. Es war damals üblich, das Achtfache des Umsatzes als Kaufpreis festzusetzen. In Potsdam sind davon die Bären-Apotheke, die Adler-Apotheke und auch die Luisen-Apotheke betroffen gewesen. Die Bären-Apotheke wurde zwischen 1888 und 1910 sechsmal verkauft. Zwischen 1890 und 1914 ist die Adler-Apotheke siebenmal veräußert worden. Von 1885 bis 1913, also innerhalb von 28 Jahren, wechselte der Besitzer der Luisen-Apotheke sechsmal.

Die Arzneifertigware / Spezialität

Während in der Mitte des 19. Jahrhunderts chemische Fabriken entstanden, z.T. aus Apotheken, die sich mit der Synthese und Produktion chemischer Substanzen beschäftigten, begann gegen Ende des 19. Jahrhunderts der Siegeszug der Arzneifertigware. Stellvertretend für die vielen Spezialitäten, die damals auf dem Arzneimittelmarkt erschienen, sollen, zeitlich geordnet, die folgenden genannt werden, ohne eine Wertung vornehmen zu wollen.

1884 brachte die Firma Hoechst das Phenyldimethylpyrazolon unter dem Namen „Antipyrin" als Analgetikum und Antipyretikum in den Handel.

1886 folgte das Acetanilid unter dem Namen „Antifebrin", ebenfalls als Analgetikum und Antipyretikum, von der Firma Kalle & Co.

1895 wurde das Dimethylaminophenyldimethylpyrazolon synthetisiert und unter dem Namen „Pyramidon" als Analgetikum und Antipyretikum von der Firma Hoechst angeboten.

Abbildung 9: Pyramidon und Salipyrin. Originalverpackungen um 1900

1895 bot die Firma Schering das Hexamethylentetramin unter dem Namen „Urotropin" bei Blasen- und Nierenleiden an.

1898 konnte die Firma Riedel das salicylsaure Antipyrin unter dem Namen „Salipyrin" als Analgetikum und Antipyretikum herstellen.

1899 begann der Siegeszug der Acetylsalicylsäure. Die Firma Bayer brachte die Substanz unter dem Namen „Aspirin" als Analgetikum und Antipyretikum auf den Arzneimittelmarkt. Am 6. März 1999 wurde das 100jährige Bestehen gefeiert. Die Substanz hat nach wie vor ihre Bedeutung in der Therapie, zumal seit 1971 ihre Wirkung in der Thrombozytenaggregationshemmung bekannt ist.

1903 wurde Acidum diaethylbarbituricum von Emil Fischer entwickelt und von der Firma Merck unter dem Namen „Veronal" als Schlafmittel in den Handel gebracht.

Die neuen Arzneiformen bedeuteten eine Revolution in der Medizin und Pharmazie. Verordneten die Ärzte bis zu diesem Zeitpunkt Rezepturen, die anschließend in der Apotheke hergestellt wurden, so standen nun fertige Arzneimittel zur Verfügung. Im Verlauf der folgenden Jahrzehnte bis in die Gegenwart dominierte immer mehr die Spezialität, während die individuelle Rezeptur ständig an Bedeutung verlor.

Auf dem neuen Markt „Spezialitäten" entstanden viele pharmazeutische Firmen und pharmazeutische Großhandlungen. Auch von diesen, chronologisch geordnet, einige Vertreter.

Abbildung 10: Aspirin und Eu-Med. Originalverpackungen

Franz Ludwig Gehe (1810 - 1882) gründete 1834 eine Drogenhandlung. Seit 1865 arbeitete Gehe & Co in Dresden auch als Fabrikant. Die Firma gab seit der Wende vom 19. zum 20. Jahrhundert das „Verzeichnis neuer Arzneimittel, ihrer Synonyme und wissenschaftlichen Bezeichnungen" heraus, das seit 1910 den Namen „Gehe-Codex" trägt.

1892 nannte Albert Boehringer seine chemische Fabrik, die er 1885 gekauft hatte, nach dem Namen seines Vaters, Christoph Heinrich, „C. H. Boehringer Sohn", seit 1921 wurde in der Firma das Alkaloid Lobelin hergestellt.

1898 wurde das Sanatogenwerk Bauer & Co in Berlin gegründet. Das Eiweißpräparat „Sanatogen", als Stärkungsmittel deklariert, gehörte lange Zeit zur Palette der Firma.

1914 kam es zu einer Kooperation zwischen den Firmen Merck Darmstadt, Boehringer Mannheim und Knoll Ludwigshafen.

Von Berliner Apothekern wurde 1902 eine „Einkaufsvereinigung der Apotheker Berlins mbH" gegründet, die sich ab 1922 Handelsgesellschaft Deutscher Apotheker Aktiengesellschaft „Hageda A. G." nannte.

Der Berliner Apotheker Ernst Tell stellte zunächst in seiner Ostend-Apotheke, die er 1909 übernommen hatte, die Hausspezialität „Eu-Med" als Analgetikum her. 1923 gründete er zusammen mit dem Arzt Ludwig Tell und dem Kaufmann Erich Tell die Firma „Med", die 1938 J. C. Pflüger übernahm. Die Schachtel mit der Ortsbezeichnung Berlin-West weist auf eine Nachkriegsproduktion hin.

Nebentätigkeiten Potsdamer Apotheker

Der Apotheker Friedrich Adolph August Struve (1781 - 1840) eröffnete 1818 in Dresden eine Mineralwasseranstalt. Theodor Fontane begann am 1. Juli 1842 seinen Dienst als Geselle in der Struveschen Apotheke. „Dieser Eintritt erfolgte denn auch und wurde von mir als Gewinn des Großen Loses angesehen. Nicht ganz mit Unrecht. Struve galt für absolute Nummer eins in Deutschland, ich möchte fast sagen in der Welt, und verdiente diesen Ruf auch. Ich verbrachte da ein glückliches Jahr, wenn auch nicht ganz so vergnüglich wie das in Leipzig. Es war alles vornehmer, aber zugleich auch steifer […] Der Sommer 42 war sehr heiß, und weil Struve eben Struve war, so hatten wir natürlich so was wie freie Verfügung über die Struveschen Mineralwässer oder bildeten uns wenigstens ein, diese freie Verfügung zu haben. Alles musste herhalten und wurde tagtäglich vertilgt – unter reichlicher Zutat von Himbeer- und Erdbeer- oder gar von Berberitzensaft, den wir als eine besondere Delikatesse herausgeprobt hatten. Eines Tages beschlossen wir, so wenigstens in Pausch und Bogen herauszubekommen, wie hoch sich wohl all das belaufen möchte, was von uns sechs Gehülfen und drei Lehrlingen im Laufe des Jahres an Fruchtsaft und Mineralwasser ausgetrunken würde. Die Summe war ein kleines Vermögen. Wir empfanden aber durchaus keine Reue darüber, lachten vielmehr bloß und sagten: Ja, nach Apothekertaxe". Die Ministerialverfügung vom 23. November 1844 gestattete den Apothekern in den Königlichen Preußischen Staaten die Bereitung künstlicher Mineralwässer, wenn zum Verkauf nur etikettierte Kruken und Flaschen kamen, die den Namen des Mineralwassers und des Herstellers trugen.

Am 1. Oktober 1869 kaufte Ernst Hugo Ferdinand Heinicke die Apotheke vor dem Brandenburger Tor. Er begann mit der Produktion von Mineralwasser. Der Allgemeine Wohnungsanzeiger von 1883 erwähnte Heinicke als Apothekenbesitzer und Mineralwasserfabrikanten. Heinickes Nachfolger, Dr. Carl Eduard Wilhelm Leschbrand, zahlte, als er die Apotheke am 1. Oktober 1885 übernahm, für das Mineralwassergeschäft extra 30000 Mark. Noch im Jahre 1905 bat der nunmehrige Apothekenbesitzer Paul Merrem, die Behörden um Genehmigung zum Betreiben der zur Apotheke gehörenden Mineralwasserfabrik. 1911 existierte die Mineralwasserfabrik noch. Bald darauf muss die Produktion des Mineralwassers eingestellt worden sein, was möglicherweise eine Ursache dafür gewesen ist, weshalb Merrem 1913 unter hohen Verlusten die Apotheke verkaufen musste. Zu Beginn des 20. Jahrhunderts warf eine Strafsache Schatten auf die Historie der Luisen-Apotheke. Die 1. Strafkammer des Königlichen Landgerichts in Potsdam verurteilte den ehemaligen Besitzer der Luisen-Apotheke, Hugo Becker, in der Sitzung vom 10. Dezember 1902 wegen Vergehens gegen das Gesetz zum Schutze der Warenbezeichnungen mit 1000 Mark Geldstrafe, im Unvermögensfalle für je 10 Mark mit einem Tag Gefängnis. Das Urteil hatte folgenden Wortlaut: „Der Angeklagte war früher Besitzer der Luisen-Apotheke in Potsdam. Bei seiner Apotheke hatte er auch eine Selterswasserfabrik. In der Apotheke verkaufte er auch das bekannte Selterswasser von der Berliner Firma Dr. Struve und Soltmann. Es befand sich in den durch ein Warenzeichen besonders gekennzeichneten Flaschen der Firma, um durch von ihr fabriziertes Selterswasser von dem Selterswasser anderer zu unterscheiden. Dieses Zeichen hat die Firma in die Zeichenrolle 1894 und 1896 eintragen lassen. Es steht daher unter dem Schutz des Gesetzes vom 12. Mai 1894. Von ihm selbst fabriziertes Selterswasser verkaufte der Angeklagte mit zehn Pf pro Flasche. Häufig musste jedoch der Zeuge Grunow im Jahre 1901, welcher die Herstellung des Selterswassers und die Füllung der Flaschen bei dem Angeklagten zu besorgen hatte, auf dessen Geheiß die Dr. Struve und Soltmann-Flaschen, welche leer von den Kunden zurückgenommen waren, mit dem beim Angeklagten fabrizierten Selterswasser füllen. Diese so gefüllten Flaschen wurden dann auf Geheiß des Angeklagten zu fünfzehn Pf das Stück und nicht zu zehn Pf verkauft. Bei der chemischen Untersuchung des Inhalts dieser Flaschen stellte sich heraus, daß die Flaschen Selterswasser von minderem Wert enthielten. Das Gericht hat den Tatbestand des § 14 des Gesetzes zum Schutze der Warenbezeichnung vom 12. Mai 1894 als vorliegend erachtet. Der § 14 insbesondere bedroht denjenigen mit Strafe, der wissentlich Waren mit dem Warenzeichen eines anderen widerrechtlich versieht und sie dann in den Verkehr bringt. Bei der Strafzuweisung ist einerseits in Betracht gezogen worden, daß der Angeklagte bisher unbestraft ist, andererseits aber, daß er das Vertrauen, welches vom Publicum in einen Apotheker gesetzt wird, in bedenklicher Weise mißbraucht hat."

Eine weitere Erwerbsquelle eines Potsdamer Apothekers war eine Badeanstalt (Wannenbäder). Sie dürfte von Wilhelm Hoffmann, Besitzer der Adler-Apotheke von 1864 bis 1885, in Betrieb genommen worden sein. Im Allgemeinen Wohnungsanzeiger von 1869 wird Hoffmann als Hofapotheker und Badeanstaltbesitzer genannt. Wohnungen und Häuser hatten zu dieser Zeit, aber auch bis in die Mitte des vergangenen Jahrhunderts, noch nicht den heutigen sanitären Komfort. Auch der Autor hat nach dem Zweiten Weltkrieg in einer märkischen Kleinstadt noch Badeanstalten für Wannebäder besucht. Wer in seiner Wohnung bzw. seinem Haus kein Bad besaß, nahm gegen ein kleines Entgelt, in der Regel am Wochenende, ein Wannenbad. Als die Adler-Apotheke 1894 bzw.

1899 verkauft wurde, mussten für die Badeanstalt jeweils 35000 Mark extra bezahlt werden. Diese Summe erhöhte sich im Jahre 1902 auf 40000 Mark. Im Adressbuch des Jahres 1903 ist die Badeanstalt noch aufgeführt. Im Adressbuch des Jahres 1906 fehlt sie jedoch.

Eine dritte nebenberufliche Tätigkeit eines Potsdamer Apothekers betraf das Betreiben einer Posthilfsstelle. Der Verwalter der Bornstedter Apotheke, Robert Fischer, erhielt auf ein entsprechendes Gesuch am 1. Oktober 1924 vom Regierungspräsidenten eine diesbezügliche Genehmigung. Die Apothekenbetriebsordnung von 1902 gestattete nämlich den Apothekern mit Zustimmung des Regierungspräsidenten das Betreiben von Nebengeschäften „und zwar in besonderen, von den Apothekenräumen getrennten und mit eigenem Eingang versehenen Gelassen". Diese Nebentätigkeit von Apothekern erlebt in der Gegenwart eine Renaissance. Ob sie dem Ansehen des Berufsstandes dient, sei dahingestellt. 1931 wurde die Apotheke von der Friedrich-Wilhelm-Straße 15 zur Nummer 27 verlegt. Es konnte nicht festgestellt werden, ob Fischer diese Nebentätigkeit in seinem neuen Domizil noch ausübte.

Eine weitere Erwerbsquelle außerhalb der Apotheke bot sich für alle Potsdamer Apothekenbesitzer. Der Magistrat der Stadt Potsdam war im Jahre 1880 mit der Bitte an sie herangetreten, das Trinkwasser der ungefähr 150 öffentlichen Brunnen zweimal im Jahr zu untersuchen. Im Interesse der Kommune wollten die Apothekenbesitzer diesen Auftrag übernehmen, da sich ansonsten keine „Experten" gefunden hätten. Das gesamte Trink- und Gebrauchswasser der Stadt wurde damals, wie bereits erwähnt, aus Brunnen entnommen, die „an den Straßen oder auf den Höfen der Häuser lagen und Grundwasser aus oberflächlichen oder tieferen Schichten lieferten, das ganz erheblichen äußeren Einflüssen ausgesetzt und somit in seiner Beschaffenheit starken Schwankungen unterworfen war". Die Verhandlungen zwischen den Apothekenbesitzern und dem Magistrat der Stadt zogen sich bis ins Jahr 1881 hinein. Es war nicht zu ermitteln, ob sie jemals zum Abschluss kamen.

Aus- und Fortbildung der Pharmazeuten

1875 trat eine neue Prüfungsordnung für Apotheker in Kraft. Ein mindestens dreisemestriges Universitätsstudium für Pharmazeuten wurde obligatorisch. Die Prüfung bestand aus fünf Abschnitten. In der Vorprüfung erhielt der Kandidat eine Aufgabe aus der anorganischen Chemie, eine aus der organischen Chemie und eine aus der Botanik oder Pharmakognosie. Die Bearbeitung der Aufgaben erfolgte in Klausur ohne Benutzung von Hilfsmitteln. In der pharmazeutisch-technischen Prüfung hatte der Kandidat zwei galenische Präparate zu bereiten und zwei chemisch-pharmazeutische Präparate im Labor anzufertigen. In der analytisch-chemischen Prüfung war eine besonders zusammengesetzte Mischung qualitativ und quantitativ zu analysieren und in einer vergifteten Substanz (eine Arzneimischung oder ein Nahrungsmittel) das Gift zu ermitteln und über das Gift eine zuverlässige Auskunft zu geben. Die pharmazeutisch-wissenschaftliche Prüfung war mündlich. Der Prüfling musste zehn frische Pflanzen, zehn Drogen und mehrere chemisch-pharmazeutische Präparate erkennen und erläutern. Die Schlussprüfung war wie 1867 mündlich und öffentlich. Der Examinand hatte Fragen aus der Chemie, Physik, Botanik und Gesetzeskunde zu beantworten. Die Prüfungsgebühr betrug 140 Mark.

Knapp dreißig Jahre später, 1904, erschien wiederum eine neue Prüfungsordnung für Pharmazeuten. Die Lehrzeit betrug nach wie vor drei Jahre. Die pharmazeutische Vorprüfung bestand aus einem schriftlichen, einem praktischen und einem mündlichen Teil. Die Servierzeit dauerte nur noch ein Jahr. Das Hochschulstudium verlängerte sich auf vier Semester. Nach bestandenem Examen, das dem von 1875 sehr ähnlich war, hatte der Kandidat eine zweijährige Gehilfenzeit in einer Apotheke zu absolvieren, bevor ihm die Approbation erteilt wurde.

Eine geregelte Fortbildung der Pharmazeuten bestand bis zum Beginn des 20. Jahrhunderts nicht. Zur Organisation des Fortbildungswesens wurde im Jahre 1912 der „Hauptausschuß für Fortbildungskurse der Apotheker in Preußen" gegründet. Er hatte die Aufgabe, die wissenschaftliche Fortbildung der Apotheker durch Vorträge und durch Kurse zu fördern. Den Pharmazeuten sollte dadurch fortgesetzt die Gelegenheit geboten werden, ihre „Kenntnisse nach dem jeweiligen Stand der Wissenschaft und der pharmazeutischen Praxis zu ergänzen." Zum Vorsitzenden wurde der damalige Direktor des pharmazeutischen Instituts der Universität Berlin, Hermann Thoms (1859 - 1931), gewählt.

1918 - 1933

Die Weimarer Republik

Der Versailler Vertrag vom 28. Juni 1919 diktierte Deutschland hohe Reparationen. Das Deutsche Reich verlor seine Kolonien und musste u. a. 269 Milliarden Goldmark an die Siegermächte des 1. Weltkrieges bezahlen. Die Preissteigerungen der damaligen Zeit überstiegen unsere heutigen Vorstellungen. Ein Ei kostete 800 Mark, ein Kilogramm Rindfleisch 20000 Mark. Aber auch die Arzneimittelpreise waren davon betroffen. Für eine Einreibung (Mixtura antirheumatica 250,0) mussten am 3. August 1923 in der Kaiser-Friedrich-Apotheke in Bornstedt 57000 Mark bezahlt werden. Mit der Einführung der Rentenmark am 13. Oktober 1923 wurde der Inflation ein Ende gesetzt. Vom 20. November 1923 an galt ein festes Austauschverhältnis von einer Rentenmark = einer Billion Mark. Die Rentenmark diente jedoch nur als Übergangswährung zwischen der entwerteten Mark und der Reichsmark, die am 30. August 1924 eingeführt wurde und bis zur Währungsunion von 1948 Bestand hatte.

Am 19. Januar 1919 fanden Wahlen zur Nationalversammlung statt, die am 6. Februar 1919 in Weimar einberufen wurde. Friedrich Ebert (1871 - 1925) wurde erster Reichspräsident der Weimarer Republik und Philipp Scheidemann (1865 - 1939) Reichskanzler. Die Reichsverfassung vom 31. Juli 1919 „brachte dem Deutschen Reich ein freiheitliches, demokratisches und parlamentarisches Regierungssystem, das den Bürgern viele Grundrechte sicherte". 1920 kam es zum Kapp-Putsch, der dank eines Generalstreiks in ganz Deutschland scheiterte. Am 24. Juni 1922 wurde Außenminister Walther Rathenau (1867 - 1922) ermordet. Gustav Stresemann (1878 - 1929) wurde am 13. August 1923 Reichskanzler. Er bemühte sich um eine Annäherung an Frankreich. Dennoch gelang ihm zunächst nicht die Räumung des Rheinlandes durch die Franzosen. Diese erfolgte erst im Jahre 1930. Nach dem Tod von Friedrich Ebert wurde am 26. April 1925 Generalfeldmarschall a.D. Paul von Hindenburg (1847 - 1934) zum Reichskanzler gewählt. Im September 1926 trat das Deutsche Reich in den Völkerbund ein und fand damit acht Jahre nach Kriegsende wieder Aufnahme in die internationale Staatengemeinschaft.

Der „schwarze Freitag", der 2. Oktober 1929, führte an der New Yorker Börse zum Aktienkrach, in dessen Folge es zur Weltwirtschaftskrise und Massenarbeitslosigkeit kam. Die Parlamentswahlen im September 1930 brachten große Gewinne für die NSDAP. Unter den Bedingungen der wirtschaftlichen Krise gelang dieser Partei der Durchbruch zu einer Massenpartei. Am 30. Januar 1933 ernannte Hindenburg Adolf Hitler (1889 - 1945) zum dreizehnten und letzten

Reichskanzler in der Weimarer Republik Die Eröffnung des Reichstages in der Potsdamer Garnisonkirche, am 21. März 1933, ging als der „Tag von Potsdam" in die Geschichte ein. Die Jahre der Weimarer Republik waren durch außenpolitische Erfolge und innenpolitische Instabilität gekennzeichnet. Die sozialen Gegensätze verschärften sich durch Inflation, Weltwirtschaftskrise und Massenarbeitslosigkeit und ebneten den Weg zur Errichtung der nationalsozialistischen Diktatur in Deutschland.

Potsdam blieb eine Stadt des Militärs, der Beamten und Beamten in Ruhestand. Die Beisetzungsfeierlichkeiten der Kaiserin Auguste Viktoria 1921 fanden unter großer Beteiligung des Militärs statt. Die Forderung von Karl Liebknecht (1871 - 1919) nach der Reichstagswahl im Jahre 1912 „Potsdam ist schwarz, doch Potsdam muß rot werden", ging indessen erst einige Jahrzehnte später in Erfüllung.

Die Plantagen-Apotheke

Im Jahre 1919 erwogen die Behörden, in Nowawes eine dritte Apotheke zu konzessionieren. Sie vertraten die Meinung, dass eine weitere Apotheke in dieser Ortschaft existenzfähig sein könnte und für die bestehenden Apotheken keine „ungebührliche" Benachteilung bedeuten würde. Die Errichtung einer dritten Apotheke schien in Anbetracht der Einwohnerzahl gerechtfertigt. Die Besitzer der bestehenden Apotheken, Baron und Wegner, konnten grundsätzliche Bedenken nicht vorlegen.

Im Amtsblatt der Regierung zu Potsdam und der Stadt Berlin vom 10. April 1920 wurden geeignete Bewerber aufgefordert, bis zum 15. Mai ihr Gesuch schriftlich beim Regierungspräsidenten einzureichen. Dem Gesuch mussten beigefügt werden: der Lebenslauf, die Approbationsurkunde, sämtliche Zeugnisse über bisherige Beschäftigungen, polizeiliche Führungszeugnisse, der amtliche, aus neuester Zeit herrührende Nachweis des zur Errichtung einer Apotheke erforderlichen Vermögens und die eidesstattliche Versicherung, ob der Bewerber eine Apotheke bisher besessen hatte. Es folgte der Hinweis, dass Bewerber, die erst nach 1900 die Approbation erlangt hätten, nicht Berücksichtigung finden könnten.

Die neue Apotheke sollte mit Rücksicht auf die beiden bestehenden Apotheken im nordöstlichen Teil der Gemeinde, in der Nähe des Goetheplatzes und des Plantagenplatzes errichtet werden. Es gingen 36 Bewerbungen ein. Nach eingehender Prüfung entschieden sich die Behörden für Bruno Aschner aus Berlin. Entgegen allen Erwartungen teilte jedoch Aschner dem Regierungspräsidenten am 19. September 1920 mit, dass er in der vorgeschriebenen Gegend keine geeigneten Räume finden konnte und deshalb von der erteilten Genehmigung keinen Gebrauch machen könne. Auch sechs weitere Anwärter zogen ihre Bewerbung zurück. Nur Otto Teetzen aus Potsdam hielt seine Bewerbung aufrecht. Ihm erteilte der Oberpräsident der Provinz Brandenburg am 22. Dezember 1920 die Genehmigung zur Anlegung einer Apotheke in Nowawes.

Teetzen wurde am 29. Oktober 1872 in Wollin/Pommern geboren. Er besuchte das Realgymnasium bis einschließlich Obersekunda. Am 1. April 1889 trat er seine Lehre in der Apotheke in Ückermünde an. Im April 1892 legte er die pharmazeutische Vorprüfung in Stettin ab. Anschließend konditionierte (arbeitete) er in Plathe, Dramburg und Wollin. Daraufhin besuchte er die Universität in Berlin und bestand im November 1898 das Staatsexamen mit der Note „sehr gut". Die Firma Franz Witte & Co GmbH in Stettin stellte Teetzen zur Errichtung der Apotheke ein Kapital in Höhe von 150000 Mark darlehnsweise zur Verfügung. Die Eröffnungsbesichtigung fand am 21. Juli 1921 statt.

Die Charlottenhof-Apotheke

Bereits im Jahre 1911 hatten die Behörden erwogen, die Errichtung einer zweiten Apotheke in der Brandenburger Vorstadt zu genehmigen, da die Einwohnerzahl auf 13245 angestiegen war. Man nahm dann aber wieder aufgrund der wirtschaftlichen Lage der Luisen-Apotheke davon Abstand. Paul Merrem hatte 1905 die Luisen-Apotheke für 470000 Mark gekauft. Die Apotheke war mit einer Hypothek im Wert von 390000 Mark belastet. Der Umsatz der Luisen-Apotheke war durch die Eröffnung der Kaiser-Friedrich-Apotheke in Bornstedt von 58909 Mark im Jahre 1908 auf 50824 Mark im Jahre 1911 gesunken. Die Eröffnung einer zweiten Apotheke in dieser Potsdamer Vorstadt zu diesem Zeitpunkt hätte die Existenz der Luisen-Apotheke infrage gestellt und den Besitzer in den Konkurs getrieben.

Zehn Jahre später, 1921, war die Einwohnerzahl der Brandenburger Vorstadt auf 20000 gestiegen, und die Behörden erörterten erneut die Errichtung einer zweiten Apotheke in diesem Stadtteil. Der Besitzer der königlich privilegierten Hofapotheke zum Goldenen Hirsch, Richard Scheinert, Hofapotheker Seiner Majestät des Kaisers und Königs bat in einem Schreiben vom 30. November 1921 die Behörden, diesen Plan zunächst nicht weiter zu verfolgen. „Die Umwälzungen in Reich und Staat haben auch die Apotheken in ihrer Lebensfähigkeit tief erschüttert". Dennoch leitete der Regierungspräsident von Potsdam das Bewerbungsverfahren zur Errichtung einer zweiten Apotheke in der Brandenburger Vorstadt, in der Nähe des Bahnhofes Charlottenhof, ein. Im Amtsblatt der Regierung zu Potsdam und der Stadt Berlin vom 4. Februar 1922 wurden geeignete Bewerber aufgefordert, ihr Gesuch schriftlich bis um 15. März 1922 einzureichen. Es bewarben sich 54 Apotheker, von denen Bernhard Albers die Konzession am 1. Juni 1922 verliehen bekam.

Albers wurde am 6. November 1874 in Barmen, Rheinprovinz in Preußen, geboren. Er war katholischer Konfession. Das Gymnasium in Barmen besuchte er bis Obersekunda. Die Lehre begann er im April 1891 und bestand das Gehilfenexamen im März 1894. Er studierte in Berlin und legte das Staatsexamen am 8. November 1898 mit dem Prädikat „gut" ab. Am 28. Juni 1902 heiratete er. Seine Kinder waren zum Zeitpunkt der Bewerbung achtzehn und fünfzehn Jahre alt. Seit dem 1. Juni 1916 verwaltete er die Rote Apotheke in Berlin. Zur Errichtung der Apotheke standen ihm 50000 Mark zur Verfügung. Die Eröffnung der Apotheke erfolgte am 21. Dezember 1922.

Das Arzneimittelsortiment

Einen Einblick in das Arzneimittelsortiment zu Beginn des 20. Jahrhunderts erlauben die erhalten gebliebenen Revisionsprotokolle (Beanstandungen) sowie das Deutsche Arzneibuch 6. Ausgabe von 1926 (DAB 6).

Bei den Revisionen in diesem Zeitraum wurde stets geprüft, ob Ether pro narcosi, Chloroform pro narcosi und physiologische Kochsalzlösung in Ampullen vorrätig waren.

Folgende Drogen wurden wegen falscher Lagerung, Wurmbefall oder anderer Qualitätsmängel beanstandet:

Flores Arnicae - Arnikablüten, Flores Verbasci - Königskerzenblüten, Folia Digitalis concisus und pulvis - Fingerhutbätter geschnitten und gepulvert, Folia Menthae piperitae - Pfefferminzblätter, Folia Menthae crispae - Krauseminzblätter, Folia Salviae - Salbeiblätter, Folia Sennae - Sennesblätter, Fructus Juniperi - Wacholderbeeren, Radix Althaeae - Eibischwurzel, Radix Angelicae - Engelwurzel, Radix Bardanae - Klettenwurzel, Radix Ipecacuanhae - Brechwurzel, Rhizoma Filicis - Farnwurzel, Rhizoma Iridis - Veilchenwurzel, Rhizoma Rhei - Rhabarberwurzel, Secale cornutum - Mutterkorn, Semen Coriandri - Koriandersamen, Species diureticae - harntreibender Tee, Species pectorales - Brusttee,

Bemängelt wurden folgende Substanzen: Alumen ustum, Aminophenazon, Antipyrin, Bismutum subsalicylicum, Ferrum lacticum, Hexamethylentetramin, Jodum, Natrium salicylicum, Salvarsan,

Bei den Zubereitungen wurden nachstehende Monita erwähnt: Acetum Sabadillae - Sabadillessig, Aqua amygdalarum amararum - Bittermandelwasser, Aqua Calcariae - Kalkwasser. Decocte - Abkochungen und Infuse-Aufgüsse wurden oft vorrätig gehalten, obwohl sie stets frisch hätten zubereitet werden müssen. Electuarium Theriac sine opio - Theriak ohne Opium, Emplastrum Lithargyri - Bleipflaster, Extractum Colocynthidis - Koloquinthenextrakt, Extractum Hyoscyami-Bilsenkrautextrakt, Extractum Opii - Opiumextrakt, Extractum Rhei compositum - zusammengesetzter Rhabarberextrakt, Extractum Strychni - Brechnussextrakt, Linimentum ammoniatum - Flüchtiges Liniment, Liquor Aluminii acetici - essigsaure Tonerdelösung, Liquor Ammonii caustici - Ätzammoniakflüssigkeit (Salmiakgeist), Liquor Kalii arsenicosi - Kaliumarsenitlösung (Fowlersche Lösung), Liquor Plumbi subacetici - Bleiessig, Oleum camphoratum - Kampferöl, Mixtura nervina - auf die Nerven einwirkende Mischung (Nervenmixtur), Sapo medicatus - medizinische Seife, Sirupus simplex - einfacher Sirup, Sirupus Ipecacuanhae - Brechwurzelsirup, Sirupus Papaveris - Mohnsirup, Solutio Acidi borici - Borsäurelösung (Borwasser), Spiritus aethereus - Etherweingeist (Hoffmannstropfen), Tinctura Arnicae-Arnikatinktur, Tinctura Capsici - Spanischpfeffertinktur, Tinctura Croci - Safrantinktur, Tinctura Digitalis - Fingerhuttinktur, Tinctura Jodi - Jodtinktur, Unguentum diachylon - Bleipflastersalbe, Unguentum leniens - Kühlsalbe, Unguentum ophthalmicum - Augensalbe, Vinum Colchici - Herbstzeitlosenwein, Vinum Ipeca cuanhae - Brechwurzelwein,

Das DAB 6 enthielt 730 Monographien, darunter 90 pflanzliche Drogen ca. 13%, 99 anorganische Substanzen ca. 13%, 151 organische Verbindungen ca. 21% und 165 Arzneizubereitungen ca. 23% der Gesamtzahl. Ein Vergleich mit dem Arzneimittelsortiment in der zweiten Hälfte des 19. Jahrhunderts (Series medicaminum der Kronen-Apotheke aus dem Jahre 1865: 555 Arzneimittel davon 136 pflanzliche Drogen ca. 25%, 95 anorganische Substanzen ca. 17%, 29 organische Verbindungen ca. 5% und 138 Arzneizubereitungen ca. 25% der Gesamtzahl), zeigt, dass der Anteil der pflanzlichen Drogen gesunken war, der Anteil der anorganischen Substanzen und Zubereitungen ein annähernd gleiches Niveau hatte, bei den organischen Verbindungen jedoch ein steiler Anstieg zu verzeichnen gewesen ist. Zahlreiche Organica, die am Ende des 19. Jahrhunderts und vor allem zu Beginn des 20. Jahrhunderts synthetisiert und in den Arzneischatz eingeführt wurden, verdrängten zunehmend die bisherigen klassischen Arzneimittel: Drogen, Anorganica und Arzneizubereitungen. Mehr und mehr wurde zudem die individuelle Rezeptur, die traditionelle Arzneiherstellung, durch Spezialitäten (Fertigarzneimittel) verdrängt, wie bereits in den Jahren 1920 und 1922 der Revisor Dr. Rathmann, in seinen Jahresberichten an den Regierungspräsidenten in Potsdam feststellte.

1920: „Hier ist der Besitzer häufig auch nicht mehr Apotheker, sondern mehr und mehr Spezialitätenhändler".

1922: „Zu bedauern ist weiterhin, daß immer mehr der wissenschaftliche Typus des Apothekers verschwindet und an seine Stelle der Kaufmann tritt".

Wie in anderen Teilen Deutschlands, so versuchten auch die Potsdamer Apotheker, diese Entwicklung aufzuhalten. Noch im Jahre 1921 wurde im Potsdamer Apothekerverein nach Mitteln und Wegen gesucht, „um zu erwirken, daß die Herstellung von Spezialitäten wieder in die Apotheke zurückverlegt wird". Dieser Versuch war indes zum Scheitern verurteilt. Die Arzneimittelherstellung hatte sich längst in eine andere Richtung entwickelt. Von der Industrie hergestellte Spezialitäten eroberten in zunehmendem Maße den Arzneimittelmarkt. Der Siegeszug der Arzneifertigware war nicht mehr aufzuhalten. Neue wissenschaftliche Erkenntnisse und rationelle Herstellungsverfahren, die nur noch industriell realisiert werden konnten, führten zu einem kontinuierlichen Aufschwung der Arzneimittelindustrie. Die zunehmende Bedeutung der Arzneifertigware wurde auch dadurch unter Beweis gestellt, dass 1933 erstmals das Reichsverzeichnis deutscher pharmazeutischer Spezialitäten erschien. Dieses Arzneimittelverzeichnis wurde seit der zweiten Auflage, die 1935 herausgegeben worden war, wegen seines Einbandes Rote Liste genannt.

Die Apothekenbetriebsordnung von 1902 forderte, dass homöopathische Arzneimittel in einem lediglich diesem Zwecke dienenden, gut belichteten Raum aufzubewahren waren. Bei der Eröffnungsbesichtigung der Charlottenhof-Apotheke am 21. Dezember 1922 stellte der Revisor fest: „Die homöopathische Apotheke befindet sich in einem gesonderten Raum. Geführt werden Präparate der Firmen Hageda, Schwabe und Madaus". Die Handelsgesellschaft deutscher Apotheker (Hageda) war, wie bereits erwähnt, 1902 in Berlin entstanden, die Firma Dr. Madaus 1919 in Bonn, die Homöopathische Central-Offizin Dr. Wilmar Schwabe bereits 1886 in Leipzig gegründet worden.

Noch einmal sei der Revisor Dr. Rathmann aus seinem Jahresbericht 1920 zitiert: „Auffallend ist die bedeutende Zunahme des Hungers nach homöopathischen Arzneimitteln".

Das Apothekenpersonal

Die personelle Struktur der Apotheken erwies sich als recht unterschiedlich. Die Neugründungen (Plantagen-Apotheke und Charlottenhof-Apotheke) mussten zunächst eine schwierige ökonomische Anfangsphase überstehen, so dass die Besitzer überwiegend allein in ihren Apotheken tätig waren. Diese Situation blieb in der Kaiser Friedrich Apotheke in Bornstedt fast die Regel. Dort arbeiteten neben dem Apothekenbesitzer 1912 nur ein Lehrling und 1920 eine Helferin. Die Plantagen-Apotheke und die Charlottenhof-Apotheke waren erst im

Verlauf von mehreren Jahren wirtschaftlich so gestärkt, dass ihre Besitzer einen oder mehrere Mitarbeiter beschäftigen konnten. Otto Teetzen, Besitzer der Plantagen-Apotheke, beschäftigte 1930 einen Assistenten. Ähnlich erging es Bernhard Albers, Besitzer der Charlottenhof-Apotheke. 1929 waren bei ihm ein Assistent und zwei Praktikanten tätig. In der Bären-Apotheke, der Kronen-Apotheke und der Neuendorfer Apotheke arbeiteten die Besitzer bzw. Verwalter 1920 nur mit einer angestellten Kraft. In der Luisen-Apotheke waren 1932 ein Vorexaminierter und ein Praktikant tätig. Die Cecilien-Apotheke hatte von 1920 bis 1931 stets zwei Assistenten und einen Praktikanten eingestellt. In der Linden-Apotheke bildeten 1929 drei Apotheker, ein Kandidat und zwei Praktikanten das Personal. In der Löwen-Apotheke beschäftigte der Besitzer 1922 drei Assistenten, einen Praktikanten und zwei Helferinnen.

Wie in allen Handwerken hieß in der Pharmazie der Auszubildende Lehrjunge, ab 19. Jahrhundert Lehrling, so bis 1921. In diesem Jahr wurde die Reifeprüfung (Abitur) zur Voraussetzung des Eintritts in die Apothekerlehre gemacht und die Bezeichnung Praktikant eingeführt. Nach bestandener Vorprüfung, auch Vorexamen genannt, war man nicht mehr Gehilfe, sondern Assistent.

Die Apothekenhelferinnen, während des ersten Weltkrieges auf Grund des Personalmangels als „Schreibhilfen und Abfaßmädchen" eingestellt, eine Berufsgruppe zunächst ohne Ausbildung, die in den Potsdamer Apotheken nur vereinzelt tätig war, erhielt dann während des zweiten Weltkrieges, im Jahre 1940, eine gesetzlich geregelte Qualifikationsmöglichkeit. Übrigens gehörte zur theoretischen Ausbildung auch das Fach Staatsbürgerkunde, in dem neben Arbeitsrecht und Unfallverhütung während der nationalsozialistischen Zeit auch Rassenkunde gelehrt wurde.

1920 waren in der Hirsch-Apotheke, in der Luisen-Apotheke und in der Kaiser-Friedrich-Apotheke je eine Helferin beschäftigt. In der Kronen-Apotheke sowie in der Linden-Apotheke sind 1921 je eine Helferin tätig gewesen. Zum Personal der Löwen-Apotheke gehörten 1922 zwei Helferinnen.

Regierungs- und Medizinalrat Dr. Rathmann, schrieb in seinem Bericht über die Apothekenbesichtigungen im Jahre 1920 an den Regierungspräsidenten in Potsdam: „Die Ergebnisse waren im allgemeinen besser als im Vorjahr. Die Apotheken stellen sich offenbar mehr und mehr wieder auf Friedensbetrieb ein, haben mehr pharmazeutisches Personal zur Verfügung, und die Helferinnen werden nicht mehr so ausschließlich wie früher in der Kriegszeit in der Offizin beschäftigt. Sie dienen jetzt mehr als Schreibhilfen und Abfaßmädchen". 1922 war der Bericht bezüglich der personellen Situation allerdings wieder etwas kritischer: „Mit dem Personal wird wegen der hohen Tariflöhne in allen Apotheken merkbar gespart. An die Stelle des pharmazeutischen Personals tritt wieder mehr und mehr die Helferin. Ebenso hat die Zahl der Lehrlinge (Praktikanten) abgenommen. Diese Erscheinung beruht auf dem geringen Zudrang zum Apothekenfach seit Einführung des Maturums".

Apothekenvisitationen

In der ersten Hälfte des 20. Jahrhunderts wurden die Revisionen auf der Grundlage der Apothekenbetriebsordnung nebst Anweisung für die amtliche Besichtigung der Apotheken vom 18. Februar 1902 vorgenommen: „Jede Apotheke, Zweig-, Krankenhaus- wie ärztliche Hausapotheke ist innerhalb dreier Jahre mindestens einer amtlichen, vorher geheim zu haltenden Besichtigung in unregelmäßigen Zwischenfristen, jede neu errichtete Apotheke vor, jede verlegte nach der Eröffnung des Betriebes möglichst bald, nachdem die Fertigstellung der Einrichtung dem Regierungspräsidenten angezeigt ist, einer amtlichen Besichtigung zu unterziehen.

Die Besichtigung wird von dem Bevollmächtigten des Regierungspräsidenten, nämlich dem zuständigen Regierungs- und Medizinalrath, welcher ausnahmsweise durch einen Physicus (Kreisarzt) vertreten werden kann, und mindestens einem für diesen Zweck, insbesondere (und) auch auf die Geheimhaltung des Besichtigungstermins, verpflichteten Apothekenbesitzer ausgeführt".

Magistratspersonen und Protokollführer, die im 18. Jahrhundert noch zur Revisionskommission gehörten, waren nicht mehr zugegen. Die Aufgaben der Revisoren waren genau definiert. Sie überprüften zunächst die Vollständigkeit verschiedener Apothekenunterlagen und Fachbücher. Der Apothekenvorstand musste das Privilegium bzw. die Konzession, den Kaufvertrag, seine Approbationsurkunde und den Nachweis seiner Vereidigung vorzeigen. Danach hatte er Geschäftsbücher, Lehr- und Unterrichtsmaterial vorzulegen wie z.B. die Apothekenbetriebsordnung, das geltende Arzneibuch, die gültige Arzneitaxe, die auf die Apotheken bezüglichen neuesten behördlichen Verfügungen, die bisherigen Besichtigungsbescheide, das Giftbuch nebst Giftscheinen, den Nachweis über Empfang und Abgabe von tierischem Impfstoff, das Arbeitstagebuch, eine Pflanzensammlung und mehrere zur Fortbildung von Gehilfen und Lehrlingen geeignete wissenschaftliche Werke. Anschließend erfolgte die Vorstellung des Personals. Die Lehrlinge hatten die wissenschaftliche Befähigung zum Eintritt in die Lehre und die Zulassung durch den Kreisarzt vorzuzeigen. Sie mussten ihr Arbeitstagebuch und ihr Herbarium vorlegen. Ihre Handschrift wurde auf Leserlichkeit überprüft. Sie mussten Fragen aus der pharmazeutischen Chemie, Physik, Botanik und Warenkunde beantworten. Bei der Besichtigung der Cecilien-Apotheke am 25. Mai 1912 wurde der Lehrling Carl Schliebener, neunzehn Jahre alt, den Revisoren vorgestellt. „Er führte den Nachweis der vorgeschriebenen wissenschaftlichen Befähigung durch Vorlage des von dem Victoria Gymnasium zu Potsdam ausgestellten Zeugnisses der Reife für Prima. Er ist vom Kreisarzt, Dr. Hocke, am 25. März 1911 als Apothekenlehrling zugelassen und seit dem 1. April 1911 in hiesiger Apotheke dauernd tätig gewesen. Er besitzt ein Arbeitstagebuch und Anfänge eines von ihm gesammelten Herbariums. Er zeigte in der pharmazeutischen Chemie und Physik, in der Botanik und Warenkunde zufriedenstellende Kenntnisse. Seine Handschrift ist gut leserlich". Diesem Examen schloss sich eine Überprüfung der Rezepte an. Sie mussten richtig taxiert und mit dem Namen des Rezeptars versehen sein. Bei der Besichtigung der Apothekenräume wurde der Beschaffenheit und Vollständigkeit der Arbeitsgeräte, der regelmäßigen Eichung der Waagen und Gewichte, den Standgefäßen und ihrer Signierung sowie der ordnungsgemäßen Aufbewahrung der Separanda und Venena besondere Aufmerksamkeit geschenkt. Dieser umfassenden Besichtigung folgte die Prüfung der Arzneimittel, der Reagenzien und volumetrischen Lösungen. Beanstandungen wurden protokolliert. Die Kosten der Besichtigungen gingen zu Lasten der Behörde. Nachbesichtigungen hatte der Apothekenbesitzer zu bezahlen. Zuwiderhandlungen wurden nach den bestehenden Bestimmungen bestraft.

Die Ergebnisse der Revisionen in den ersten drei Jahrzehnten des 20. Jahrhunderts waren sehr unterschiedlich. Die Neuendorfer Apotheke ist zwischen 1907 und 1930 achtmal, die Adler-Apotheke zwischen 1904 und 1929 neunmal, die Bären-Apotheke im Zeitraum von 1901 bis 1928 ebenfalls neunmal, die Hirsch-Apotheke zwischen 1899 und 1928 auch neunmal und die Kronen-Apotheke zwischen 1903 und 1930 neunmal visitiert worden. Ebenfalls neunmal wurde die Luisen-Apotheke vom Revisor kontrolliert und zwar zwischen 1903 und 1932. Die Ergebnisse der Kontrollen fielen gut bis zufriedenstellend aus. Zwölfmal ist die Löwen-Apotheke zwischen 1894 und 1929 einer Visitation unterzogen worden. Die Beanstandungen waren geringfügig. Die Cecilien-Apotheke, eine sehr gut geleitete Apotheke, wurde zwischen 1912 und 1931 siebenmal besichtigt, wobei der Revisor nur unbedeutende Monita protokollierte. Im Jahre 1920 schrieb der Regierungspräsident an den Apothekenbesitzer Bramstedt: „Im übrigen ließ der Zustand Ihrer Apotheke erkennen, dass Sie bemüht sind, dieselbe in musterhafter Ordnung zu erhalten und in vorschriftsmäßiger Weise zu führen. Ich spreche Ihnen dafür meine volle Anerkennung aus."

Eine ähnliche Situation gab es in der Charlottenhof-Apotheke. Der Regierungspräsident teilte dem Apothekenbesitzer Albers am 18. September 1929, einen Tag nach der Revision, mit: „Ich nehme gern Veranlassung, Ihnen für die einwandfreie Führung Ihrer Apotheke meine Anerkennung und meinen Dank anzuzeigen". Diesen vorbildlich geführten Apotheken standen Apotheken mit weniger guten Revisionsergebnissen gegenüber. Die Linden-Apotheke wurde zwischen 1894 und 1929 zwölfmal visitiert. Verliefen die ersten Revisionen ohne Beanstandungen bzw. mussten nur geringfügige Beanstandungen protokolliert werden, so nannte das Protokoll vom 6. November 1919 insgesamt 27 Beanstandungen und bei der Kontrolle vom 17. September 1929 26 Monita. Der Revisor schrieb als Postskriptum: „Ich ersuche ergebenst, sich für den Rest der Lehrzeit besonders ernst der Ausbildung der Praktikanten anzunehmen, da deren fachliches Wissen durchaus nicht dem Stand der Lehrzeit entsprach. Für die Abstellung der Mängel ist alsbald Sorge zu tragen. Dem Bericht über die Abstellung der einzelnen Beanstandungen sehe ich innerhalb sechs Wochen durch die Hand des Herrn Kreisarztes entgegen".

In der Kaiser-Friedrich-Apotheke in Bornstedt fand zwischen 1909 und 1929 neunmal eine Revision statt. Auf Grund des Todes des Besitzers, zweimaliger Verlegung der Apotheke, vorübergehender Schließung und häufigen Wechsels der Verwalter ergaben sich viele Mängel. Bereits neun Jahre nach der Eröffnung musste die Apotheke von der Friedrich Wilhelm Straße 46 nach der Nummer 15 verlegt werden. „Die Lokalverhältnisse sind seit längerer Zeit derartig schlecht geworden, daß ein weiterer Betrieb in diesem Hause unmöglich geworden ist. Die zum Keller führende Treppe ist so vom Schwamm zerfressen, daß sie nur noch unter Lebensgefahr betreten werden kann. Auch findet sich in den zum Apothekenbetrieb gehörenden Räumen Schwammbildung". Nach dem Tod des Besitzers Scheiwe wurde die Apotheke fünfzehn Monate von Fritz Gast verwaltet. Im September 1920 übernahm Curt Ludwig Heinrich die Verwaltung. Der Revisor war am 5. November 1920 mit der Beschaffenheit der Arzneimittel und dem Zustand der Offizin zufrieden. Die Vorrats- und Arbeitsräume befanden sich wiederum in einem sehr schlechten Zustand, so dass der Revisor eine Nachrevision beabsichtigte. Die Revision im Juni 1923 wies wiederum auf Schwammbildung in den Räumen hin. Der Besitzer des Hauses weigerte sich jedoch, Verbesserungen vornehmen zu lassen. Der Apothekerwitwe, Scheiwe, fehlten die finanziellen Mittel zur Beseitigung der Mängel. Ab August 1923 verwaltete Hans Weber die Apotheke. Ein Jahr später wurde die Apotheke geschlossen. Der Amtsvorsteher schrieb am 19. August 1924 an den Verwalter, Hans Weber: „Polizeiliche Verfügung, Androhung einer Exekutivstrafe. Nach amtlicher Feststellung befindet sich die Apotheke zu Bornstedt in einem ganz unvorschriftsmäßigen Zustand. Die Ordnung und vor allem die Reinlichkeit sind in allen Räumen unbefriedigend. Sie ist in diesem Zustand bei dem Mangel wichtiger Arzneimittel und bei dem offenbar mangelnden Pflichtgefühl des Verwalters eine öffentliche Gefahr. Ich ordne deshalb hierdurch die sofortige Schließung der Apotheke bis zur Herstellung vorschriftsmäßiger Zustände an. Sollten Sie trotz der Schließung weiter Medikamente abgeben, so wird in jedem einzelnen Zuwiderhandlungsfalle gegen Sie [...] eine Geldstrafe von 75 Mark, an deren Stelle für den Fall des Unvermögens eine Haftstrafe von drei Tagen tritt, festgesetzt werden". Drei Tage später, am 22. August, schrieb Verwalter Weber an den zuständigen Landrat des Kreises Osthavelland in Nauen: „Laut Verfügung des Herrn Amtsvorstehers zu Bornstedt-Bornim ist die hiesige von mir im Pachtverhältnis verwaltete Kaiser-Friedrich-Apotheke bis zur Herstellung geordneter Verhältnisse geschlossen worden. Ich bitte um die Erlaubnis, Euer Hochwohlgeboren nachstehend die näheren Umstände darlegen zu dürfen, die zu der vorläufigen Schließung geführt haben. Ich habe die Apotheke am 12. August 1923 auf dringendes Anraten der hiesigen Ärzte übernommen. Sie war damals in einem Zustand, der jeglicher Beschreibung spottet. Sie war seit Jahren völlig verwahrlost, und der damalige Verwalter, Heinrich, war bereits zum 30. Juni 1923 durch Gerichtsbeschluss entlassen worden, so daß schon damals die Apotheke 1,5 Monate lang geschlossen bleiben mußte, da sich kein Apotheker zur Übernahme bereit fand. Die Apotheke war von sämtlichen Warenvorräten entblößt, und ich mußte mich zur Neuanschaffung des gesamten Arzneimittelbestandes entschließen. Ein Entschluß, der bei der damaligen Geldentwertung von Tag zu Tag schwerwiegender wurde. Ich habe die Apotheke innerhalb einer Woche instand gesetzt und mit Waren gefüllt, so daß die Regierungskommission aus Potsdam mir bei der Revision am 24. August 1923 ihre besondere Anerkennung aussprechen konnte. Durch die nachfolgende Zeit der allgemeinen wirtschaftlichen Verwirrung des vergangenen Winters habe ich aus tiefstem Pflichtgefühl heraus, unter großen persönlichen Verlusten, die Apotheke hindurchgeführt, so daß die auf ihren Bereich angewiesene Bevölkerung ihren Arzneimittelbedarf zur vollkommenen Zufriedenheit der Ärzte bei mir decken konnte. Sobald nur die leiseste Wertbeständigkeit unseres Geldes wieder einsetzte, habe ich unter Hingabe beträchtlicher Mittel die Apotheke dermaßen instand gesetzt, daß sie auch der strengsten Revision gerecht werden konnte. Ich darf Euer Hochwohlgeboren dabei bemerken, daß zur Revisionsfähigkeit jeder Apotheke zahllose, z.T. sehr kostspielige Medikamente gehören, die laut veralteter Bestimmungen vorrätig sein müssen, obwohl sie fast durchweg nicht gebraucht werden [...] Ich erkrankte am 14. Mai 1924 plötzlich an einem heftigen akuten Gelenkrheumatismus in sämtlichen Gliedmaßen, so daß ich unverzüglich in das St. Josephskrankenhaus in Potsdam überführt werden mußte. Mit Genehmigung des Kreisarztes, Herrn MR. Dr. Aust, in Nauen, setzte ich zu meiner Vertretung einen Herrn Krause in die Apotheke. Dieser Herr hat das in ihn gesetzte Vertrauen in gröblichster Weise mißbraucht. Durch rücksichtslosen Aufbrauch der Medikamente, sowie durch Unpünktlichkeit im Dienst und großer gegen mich verübter pekuniärer Schädigung hat dieser Vertreter in meiner Apotheke einen Zustand hervorgerufen, über den ich bei meiner Rückkehr aus dem Krankenhaus vor drei Wochen geradezu entsetzt war. In diesem Zustand kam am vergangenen Sonnabend die Revision hinein und ordnete verfügungsgemäß die vorläufige Schließung der Apotheke bis zur Herstellung geordneter Zustände an. Ich gebe Euer Hochwohlgeboren die ganz bestimmte Versicherung, daß ich unverzüglich an die geforderte Herstellung geordneter Zustände mit aller Bemühung herangegangen bin. Ich gebe Euer Hochwohlgeboren desgleichen das ganz feste Versprechen, daß die Herstellung allerspätestens bis zum 1. September d. J. durchgeführt sein wird [...] Euer Hochwohlgeboren bitte ich darauf hinweisen zu dürfen, daß der früher eingangs erwähnte Verwalter, Heinrich, hier am Ort, vier Häuser von der Apotheke entfernt, eine Drogerie eröffnet hat und wie ich durch Zeugen nachweisen kann, durch wörtliche Äußerungen und Taten sich rühmt, er werde aus Rache gegen seine Entfernung die hiesige Apotheke kaputt machen [...] Ich sehe aber jetzt ganz ernstlich die Existenz der Apotheke sowie die Existenz meiner Familie bedroht. Aus diesem Grund rufe ich hiermit den Schutz Euer Hochwohlgeboren an".

Trotz dieses Bittgesuches durfte Weber nicht mehr in der Apotheke arbeiten. Am 1. Oktober 1924 übernahm Robert Fischer die Verwaltung. Aber auch seine Tätigkeit verlief nicht reibungslos. Wenige Monate nach der Übernahme der Apotheke gab er am 13. Februar 1925 der Regierung in Potsdam folgendes zur Kenntnis:

„1. Ich habe beobachtet, daß Herr Postinspektor Sprotte, Katharinenholzstraße, der Vorsitzender des dortigen biochemischen Vereins sein soll, öfter Kisten aus der Zentral-Apotheke Dr. Wilmar Schwabe, Leipzig, zugesandt erhält. Die letzte Sendung dieser Art erfolgte am 12. Februar 1925 ab dieser Posthilfsstelle. Ich muß annehmen, daß Herr Sprotte entgegen dem Verbot selbst biochemische Mittel an die Mitglieder des Vereins abgibt und bitte, diesen Vorfall einer Prüfung zu unterwerfen.
2. Herr Apotheker Curt Ludwig Heinrich, Bornstedt, Friedrich-Wilhelm-Straße, schädigt die hiesige Apotheke, indem er in und vor seiner Drogerie Rezepte, die für die Apotheke bestimmt sind, abzufangen versucht.
3. Ferner hat Herr Heinrich nach Aussagen von Herrn Fritz Naumann ein Mädchen behandelt, das von einem Hund gebissen worden war. Er hat diesem Mädel Verbandzeug und Medikamente gegeben, nachdem er es zuvor behandelt und verbunden hatte. Auch andererseits sind mir Mitteilungen über Kurpfuscherei des Herrn Heinrich zu Ohren gekommen, deren Grundlage ich bisher nicht beibringen kann. Die Tatsachen bringe ich zur Kenntnisnahme der Regierung mit dem Ersuchen, hier Abhilfe zu schaffen, da durch solche Maßgabe die Apotheke in Bornstedt schwer geschädigt wird". Die Behörden untersuchten diese Anschuldigungen, und der zuständige Kreisarzt teilte dem Regierungspräsidenten in Potsdam am 16. März mit:

„1. Der Postinspektor Sprotte ist nicht Mitglied eines biochemischen Vereins und steht der Bewegung fern. Er hat auf Verordnung eines homöopathischen Arztes für seine drei Kinder Biofungin bei dem ihm persönlich befreundeten

Apotheker Neumann bestellt, der es aus der Zentral-Apotheke direkt an ihn senden ließ. Da es sich um fünfzehn Flaschen handelte, waren zwei Paketsendungen erforderlich.

2. Die Besichtigung der Drogerie von Herrn Heinrich hat zu keinen Beanstandungen Anlaß gegeben.

3. Die weiteren Anschuldigungen gegen Herrn Heinrich werden durch Feststellungen der Ortspolizeibehörde auf ihre Begründung geprüft, insbesondere die Vermutung, daß Heinrich für die Ortschaft Phoeben ihm vom Milchmann übermittelte Rezepte anfertigt".

Wie bereits erwähnt, wurde die Apotheke 1931 nach der Friedrich Wilhelm Straße 27 verlegt. Wiederum „wuchert schon seit mehreren Jahren der echte Hausschwamm (Merulius domesticus) in den Apothekenräumen".

Vor genau zweihundert Jahren wurde in der Gesetzgebung zu Recht festgestellt: „Die pharmazeutische Praxis gehört ihrer Natur nach zu denjenigen Gegenständen, welche die strengste Aufsicht erheischen".

Die ökonomische Lage

Wenn die Behörden seinerzeit beschlossen, die Konzession für eine neue Offizin zu erteilen, hatten die Besitzer der bestehenden Apotheken die Gelegenheit, diesbezüglich Stellung zu nehmen, gegebenenfalls unter Offenlegung ihrer wirtschaftlichen Verhältnisse. In Vorbereitung der Neugründung der Kurmark-Apotheke im Jahre 1934 gaben die Besitzer der Apotheke zum Schwarzen Bär und der Adler-Apotheke, die beiden ältesten Apotheken in Potsdam, einen Bericht über die wirtschaftliche Lage ihrer Apotheken. Die Besitzerin der Bären-Apotheke, Apothekerwitwe Bury, die die Apotheke verwalten ließ, schrieb: „Nur unter schweren Opfern war es mir im Jahre 1928 möglich, alle Anforderungen, die das Deutsche Arzneibuch, 6. Ausgabe, an die Apotheke stellt, gerecht zu werden. Eine seit mehreren Jahren erforderliche Aufarbeitung meiner Einrichtung habe ich bisher wegen nicht ausreichender Überschüsse immer wieder hinausschieben müssen". In der Bären-Apotheke arbeitete der Verwalter allein. Es war zweifelsohne für ihn sehr schwierig, bei einem Umsatz von 60612 Mark und einem Reingewinn von 7745,15 Mark die Pacht zu zahlen und seine Familie, Frau und Kind, zu ernähren.

Der Besitzer der Adler-Apotheke, Duncker, antwortete am 14. Februar 1930 dem Regierungspräsidenten in Potsdam: „Im Jahre 1928 setzte meine Apotheke in der Hohewegstraße 36785 Mark um, im Jahre 1929 waren es 38266 Mark. Aus diesem geringen Umsatz und Einkommen geht hervor, daß die Einrichtung einer neuen Apotheke am Wilhelmplatz, in der Nähe meines Geschäftes, einen schädigenden Einfluß ausüben muß, der nicht zu tragen ist. In meinem Bezirk wohnen ein praktischer Arzt, ein Facharzt mit guter Praxis und ein Facharzt mit sehr geringer Praxis. Da die Gegend auch für Ärzte nicht sehr günstig ist, sind der Augenarzt Dr. Dahme und der praktische Arzt Dr. Niemeyer, verzogen, der Facharzt, Dr. Kopsch und die Kinderärztin von Woller haben ihre Praxen aufgegeben. Ferner möchte ich noch darauf hinweisen, daß durch die Änderung der Staatsform meine Apotheke die schwersten Verluste an Umsatz erfahren hat, denn ich habe die Lieferungen für sämtliche Hofhaltungen und deren Angestellte in Potsdam eingebüßt. Auch die Lieferung für das städtische Krankenhaus ist meiner Apotheke verloren gegangen durch die Einstellung eines Krankenhausapothekers. Durch all diese Verluste ist der Umsatz meiner Apotheke so gering geworden, daß ich gezwungen bin, schon seit 1918, also zwölf Jahre hindurch, mein Geschäft allein zu versehen".

Auf Grund dieser Berichte gab Oberregierungs- und Medizinalrat Dr. Rathmann an den Regierungspräsidenten in Potsdam folgende Stellungnahme ab:

„Ferner hat Einspruch erhoben die Witwe Bury, Bären-Apotheke, Brauerstraße. Ich kann dem Einspruch keinerlei Wert beimessen. Die Apotheke liegt verhältnismäßig weit entfernt, und ihr Kundenkreis kommt aus einer anderen Gegend. Es würde niemandem einfallen, vom Wilhelmplatz nach der Brauerstraße zu wandern, um sich dort seine Medizin anfertigen zu lassen. In nächster Nähe dieser Apotheke wohnen vier Ärzte. Wenn die Apotheke in ihrem Kundenkreis nicht so eingeführt ist, wie man es eigentlich erwarten müßte, so liegen auch hier persönliche Gründe vor. Der verstorbene Besitzer war wegen seiner bodenlosen Grobheit berühmt und ließ sich besonders nachts nur ungern herausschellen. Da hier zahlreiche Beschwerden einliefen, waren 1923 schon Vorarbeiten um die Gründung einer zweiten Apotheke in dieser Gegend im Gange, als der Besitzer, Bury, starb. Ich habe davon abgesehen, den Plan weiter zu verfolgen in der Hoffnung, daß ein neuer Besitzer besser für das Publikum sorgen würde. Die Witwe hat sich aber bisher zu einem Verkauf nicht entschließen können. Auf keinen Fall aber glaube ich, daß eine neue Apotheke in der Gegend des Wilhelmplatzes der Buryschen Apotheke auch nur den geringsten Abbruch tun wird. Bury hat im Jahre 1910 die Apotheke mit einem Umsatz von ca. 50000 Mark gekauft und ist im Laufe der Jahre auch nicht viel höher gekommen. Im Jahre 1928 soll der Umsatz 53229 Mark (Reingewinn 6012 Mark) und im Jahre 1929 60612 Mark betragen haben [...] Weiter Einspruch erhoben hat der Apothekenbesitzer Duncker, Hohewegstraße [...] Er gibt einen Reingewinn von 7152 Mark an. Da er allein arbeitet, wofür er seine Gründe hat, wird der Reingewinn noch etwas höher sein. Duncker hat die Apotheke 1914 mit einem Umsatz von ca. 60000 Mark gekauft. Es ist ihm nicht einmal gelungen, diesen Umsatz zu halten, trotzdem er gar nicht ungünstig liegt und um ihn herum vier

Ärzte, darunter der am meisten beschäftigte Hautarzt, wohnen. Sein Umsatz ist langsam aber stetig zurückgegangen, wahrscheinlich weil viele die Apotheke absichtlich meiden. Duncker erfreut sich nicht des besten Leumundes. Sein Name ist wegen schmutziger Geschichten vor Jahren in der Lokalpresse mehrfach genannt worden".

Am 31. Mai 1932 berichtete der Kreisarzt Dr. Weise dem Regierungspräsidenten in Potsdam: „Ich habe in den Apotheken mündlich Ermittlungen angestellt, wie hoch der Umsatz im Jahre 1931 im Gegensatz zu 1930 gewesen ist.

Name der Apotheke	Umsatz 1930 Mark	Umsatz 1931 Mark
Hirsch-Apotheke	87564	80000
Löwen-Apotheke	157100	149312
Luisen-Apotheke	54983	50349
Bären-Apotheke	55947	53351
Adler-Apotheke	35360	30074
Charlottenhof-Apotheke	69912	69188
Plantagen-Apotheke	57000	54000
Neuendorfer-Apotheke	65328	63966

Die Apotheker haben zum Teil ihr Personal erheblich verringern müssen und sehen fast alle sehr schwarz in die Zukunft. Sie haben mir übereinstimmend angegeben, daß sie auch ihren jetzigen Umsatz nur dadurch haben erzielen können, daß sie ihr Augenmerk auf Toilettenartikel etc. gerichtet haben, also auf Verkaufsartikel, die mit dem Apothekenbetrieb wenig zu tun haben. Bei der wirtschaftlichen Abwärtsbewegung, die fast alle Apotheken zu verzeichnen haben, wird m. E. allmählich der ordnungsgemäße Betrieb der Apotheke gefährdet. Es droht vor allem auch eine weitere Verringerung des Personals".

Als die Behörden erwogen, die Konzession für eine Apotheke in Neubabelsberg zu erteilen, erhoben die drei Apothekenbesitzer in Nowawes Einspruch. Sie wiesen auf die katastrophale Geschäftsentwicklung hin und gaben die Umsätze ihrer Apotheken folgendermaßen an:

Apotheke	Jahr	Umsatz [Mark]
Linden-Apotheke	1930	211750
	1931	219792
	1932	169185
	1933	130032
Neuendorfer-Apotheke	1929	69860
	1930	65328

	1931	63966
	1932	50697
Plantagen-Apotheke	1925	39380
	1926	57700
	1927	53190
	1928	58670
	1929	61460
	1930	57700
	1931	54120
	1932	41600

Der Besitzer der Linden-Apotheke, Paul Baron, fügte seinen Umsatzzahlen folgende Zeilen hinzu: „Ich habe meine Apotheke im Jahre 1924 umgebaut und mit einer neuen Einrichtung versehen. Die dadurch entstandenen Kosten mußte ich durch Aufnahme einer Goldhypothek decken. Die hypothekarische Belastung meiner Apotheke beträgt z.Zt. 265000 Mark. Der Umsatz ist trotz Aufnahme apothekenfremder Waren in den letzten Jahren immer mehr zurückgegangen. Aus diesen Zahlen geht hervor, wie katastrophal sich die Wirtschaftslage am hiesigen Ort entwickelt hat. Eine weitere Schrumpfung des Umsatzes bedeutet für mich die sichere Vernichtung meiner Existenz, da dann Hypothekenzinsen und die Gehälter nicht mehr aufgebracht werden können".

Ein Brief von Paul Wegner, Besitzer der Neuendorfer-Apotheke, an den Regierungspräsidenten in Potsdam vom 19. Juni 1933 beschrieb sehr deutlich die wirtschaftliche Situation in den Apotheken: „Der ungeheure Umsatzrückgang des letzten Jahres wirkte sich noch besonders katastrophal dadurch aus, daß sowohl die Einkaufspreise der Spezialitäten als auch deren Handelsspanne gesenkt wurden. Die Rezeptur, die einen höheren Nutzen bringt, schwindet immer mehr. Sie machte in den letzten Jahren 18, 17, und 16% des Umsatzes aus. In diesem Jahr sind es bis jetzt nur noch 14,5 %, der März hatte sogar nur 11,5 %! Mein Personal bestand bis zum 1. April d. J. aus einem approbierten verheirateten Mitarbeiter und einem Praktikanten. Nachdem der letztere sein Vorexamen gemacht hat und ausgeschieden ist, habe ich statt seiner meine Tochter in den Betrieb eingestellt. Sie hat im November 1931 das pharmazeutische Staatsexamen bestanden, ist seitdem ohne feste Stellung und arbeitet gegenwärtig bei mir gegen ein Taschengeld von 45 RM monatlich. Bei einem weiteren Rückgang des Umsatzes, der bei Errichtung der Neuanlage unweigerlich kommen muß, wird es eine zwingende Notwendigkeit, daß ich den approbierten Herrn entlasse. Diese Maßnahme habe ich schon lange erwogen, sie jedoch aus sozialen Gründen, um nicht eine ganze Familie brotlos zu machen, zu meinem eigenen Nachteil immer wieder zurückgestellt. Die Arbeitslosigkeit ist in der Industriestadt Nowawes besonders stark. Die meisten größeren Betriebe, die früher sogar eigene Betriebskrankenkassen hatten, wie Kammgarnspinnerei, Jutespinnerei, Adolf Pitsch und Hoczak, liegen völlig still. Die heute noch beschäftigte Einwohnerschaft hat bei stark verkürzter Arbeitszeit ein kaum zum Leben reichendes Einkommen, noch weniger die zahlreichen Erwerbslosen und die Wohlfahrtsempfänger [...] Eine Kaufkraft ist im Nowaweser Publikum überhaupt nicht mehr vorhanden. Das beweisen die kleinen, meist nur groschenweisen Einkäufe".

Otto Teetzen, Inhaber der Plantagen-Apotheke, berichtete am 21. Juni 1933 dem Regierungspräsidenten: „Im Durchschnitt sind zwei Drittel des Umsatzes Krankenkassenverordnungen. Von letzteren ein Sechstel Rezeptur. Vom Privatumsatz ungefähr ein Achtel Rezeptur. Meinen verheirateten Mitarbeiter habe ich schon am 1. Juli 1932 darauf aufmerksam gemacht, daß er bei weiterer Geschäftsverschlechterung mit Kündigung zu rechnen habe".

1933 - 1945

Die nationalsozialistische Zeit

Am 30. Januar 1933 erfolgte die Machtübernahme durch die Nationalsozialisten. Wenige Wochen später, am 21. März, fand die Eröffnung des neu gewählten Reichstages in der Potsdamer Garnisonkirche statt. Dieser „Tag von Potsdam" vereinte die alte Größe Preußen in der Gestalt des Reichspräsidenten Paul von Hindenburg (1847 - 1934) mit der jungen Kraft des Nationalsozialismus in der Person des Reichskanzlers Adolf Hitler (1889 - 1945). Es folgten die Jahre des braunen Terrors und der Diskriminierung jüdischer Bürger. Am 9. November 1938 fand die sogenannte „Reichskristallnacht" statt. Synagogen wurden in Brand gesteckt, Geschäfte und Wohnungen von Juden geplündert und zerstört. Sie leitete die radikale Phase der Judenverfolgung ein, die mit dem Tod von Millionen Juden in den Konzentrationslagern endete. Mit dem Überfall auf Polen, am 1. September 1939, begann der Zweite Weltkrieg. Am 22. Juni 1941 wurde der Krieg gegen die Sowjetunion eröffnet. Der Zweite Weltkrieg endete mit einer Katastrophe für die Völker Europas.

Aus kommunalpolitischer Sicht sind für die Stadt Potsdam folgende Ereignisse erwähnenswert und wichtig gewesen: Am 27. Juni 1935 wurden die Gemeinden Bornstedt, Bornim, Eiche und Nedlitz aus dem Kreis Osthavelland herausgelöst und der Stadt Potsdam eingegliedert. Die Stadt Nowawes und die Villenkolonie Neubabelsberg wurden am 1. April 1938 zur Stadt Babelsberg mit insgesamt 34445 Einwohnern zusammengeschlossen. Die Eingemeindung der Stadt Babelsberg sowie der Gemeinden Bergholz-Rehbrücke, Drewitz, Fahrland, Geltow, Golm, Grube, Krampnitz, Nathwerder und Sacrow erfolgte mit Wirkung vom 1. April 1939. Nach dieser territorialen Vergrößerung besaß die Stadt Potsdam insgesamt 129000 Einwohner. In der Nacht vom 14. auf den 15. April 1945 ist das Zentrum Potsdams durch einen Luftangriff in Schutt und Asche gelegt worden. Was in Jahrhunderten geschaffen, wurde in Minuten zerstört.

Die Diskriminierung der Juden, die NS-Praktiken im Apothekenwesen

Während der braunen Diktatur wurden Apothekenkonzessionen nach Maßgabe der geltenden Bestimmungen vergeben. Zunächst forderte der Gesetzgeber 1935 sowohl die nationale als auch die moralische Zuverlässigkeit des Apothekenvorstandes. 1936 wurden die Juden als Pächter bereits nicht mehr zugelassen. Falls sie Inhaber einer Apotheke waren, unterlagen sie dem Verpachtungszwang. Am 20. Mai 1939 erfolgte die sogenannte „Entjudung" von Apothekenbetriebsrechten. In Potsdam gab es keine Juden als Apothekenbesitzer, Pächter oder Verwalter. Die Praktiken bei der Verleihung von Apothekenbetriebsrechten waren offenbar schon vorher antisemitisch geprägt. Bei der Neuvergabe von Apotheken wurden streng rassische und politische Kriterien berücksichtigt.

Als sich Wilhelm Strey aus Rathenow 1934 um die Errichtung einer Apotheke im Zentrum von Potsdam bewarb, musste er vom Sachverständigen für Rassenforschung beim Reichsministerium des Innern ein Gutachten über seine Abstammung und die seiner Frau vorlegen. „Die Vorfahren des Genannten sind, soweit es zur Ausfertigung dieses Gutachtens notwendig war, ermittelt worden. Urkunden, Kirchenbuchauszüge und amtliche Beglaubigungen sind die Beweisunterlagen für die Ahnenaufstellung gewesen, soweit nicht andere Quellen angegeben sind. Danach stellt sich heraus, daß die Genannten arisch im Sinne der Richtlinie zu § 1 a Abs. 3 des Reichsbeamtengesetzes in der Fassung des Gesetzes vom 30. Juni 1933 (RGBl. I S. 433), vom 8. August 1933 (RGBl. I S. 575) und auch im Sinne der 1. Verordnung zur Durchführung des Gesetzes zur Wiederherstellung des Beamtentums vom 11. August 1933 (RGBl. I S. 195) sind. Die Ahnen des Apothekers Karl Wilhelm Georg Strey und seiner Ehefrau Charlotte Margarete Hedwig, geb. Schuessler, habe ich bis zu den Großeltern nachgeprüft und bis zu den Urgroßeltern namentlich festgestellt. Sie waren evangelisch und arischer Herkunft. Der Apotheker Karl Wilhelm Georg Strey und seine Ehefrau Charlotte Margarete Hedwig, geb. Schuessler, sind also arisch im Sinne vorstehender Gesetze".

Leonhardt Wiesmann musste ebenfalls ein Gutachten vom Sachverständigen für Rassenforschung beim Reichsministerium des Innern vorweisen, als er sich 1934 um die Konzession der Apotheke in Neubabelsberg bewarb. „Die Ahnen des Apothekers Leonhardt Wiesmann und seiner Ehefrau Barbara Franziska, geb. Vogel, habe ich bis zu den Großeltern und zum Teil noch darüber hinaus nachgeprüft und festgestellt, daß sie katholischer Konfession und arischer Herkunft waren. Apotheker Leonhardt Wiesmann und seine Ehefrau Barbara Franziska, geb. Vogel, sind also arisch".

Egon Volprecht pachtete ab 15. August 1934 die Kaiser-Friedrich-Apotheke in Bornstedt. Die NSDAP-Gauleitung teilte dem Regierungspräsidenten in Potsdam mit, daß der Parteigenosse Egon Volprecht, wohnhaft in Potsdam-Bornstedt, Friedrich-Wilhelm-Straße 27, als politisch zuverlässig galt. „Er ist Mitglied der NSDAP seit 1. Dezember 1931".

Als Hanns Erdelmann am 1. April 1936 die Luisen-Apotheke zur Pacht übernahm, musste er den bestehenden Gesetzen der braunen Machthaber entsprechen. Dazu gehörten der Nachweis des Nichtjudentums und die eidesstattliche

Erklärung, dass er keiner jüdischen Religionsgemeinschaft angehörte bzw. angehört. Diese Erklärung hatte folgenden Wortlaut: „Hiermit versichere ich an Eides Statt, daß ich bei Erlaß der 1. Verordnung zum Reichsbürgergesetz vom 14. November 1935 einer jüdischen Religionsgemeinschaft nicht angehört habe und auch späterhin einer jüdischen Religionsgemeinschaft nicht beigetreten bin". Darüber hinaus bescheinigte ihm die Gauleitung Kurmark der NSDAP, dass der Volksgenosse Hanns Erdelmann nach den vorliegenden Unterlagen als politisch zuverlässig galt.

Wilhelm Trapp pachtete am 1. Juli 1936 die Kronen-Apotheke. Zu Genehmigung des Pachtvertrages benötigte er u.a. einen Ariernachweis der Reichsstelle für Sippenforschung für sich und seine Frau. Die Gauleitung Kurmark der NSDAP bescheinigte, dass der Parteigenosse Trapp, wohnhaft in Potsdam, Brauhausweg 1, als politisch zuverlässig galt. „Er ist Mitglied der NSDAP seit 1. Mai 1933". Am 1. Oktober 1936 pachtete Dr. Fritz Lange die Bären-Apotheke. Die NSDAP-Gauleitung Kurmark bestätigte der Regierung in Potsdam, dass der Parteigenosse Fritz Lange als politisch zuverlässig galt. „Er ist Mitglied der NSDAP seit 1. Mai 1933".

Im Dezember 1937 kaufte Hermann Geis die Bären-Apotheke. Die NSDAP-Gauleitung Kurmark bestätigte mit Schreiben vom 23. Februar 1938, dass der Parteigenosse Hermann Geis als politisch zuverlässig galt. „Er ist Mitglied der NSDAP seit 1. Dezember 1931".

Die Kurmark-Apotheke

Im Jahre 1930 erwogen die Behörden im Zentrum von Potsdam, in der Gegend Brandenburger Straße, Charlottenstraße, Nauener Straße und Wilhelmplatz, neben der bestehenden Löwen-Apotheke die Errichtung einer weiteren Offizin. Das hatte mehrere Ursachen: Im Verlauf der letzten drei Jahre waren sieben Ärzte, davon sechs Fachärzte, in diesen Stadtteil gezogen, und die Zahl der praktizierenden Ärzte erhöhte sich damit in diesem Areal auf fünfzehn. Der Wilhelmplatz war Kreuzungs- und z.T. auch Endpunkt der Straßenbahnen. Das Gebäude der Hauptpost am Wilhelmplatz ist die Endhaltestelle fast aller Buslinien gewesen. Der Wochenmarkt fand auf dem Wilhelmplatz statt. Potsdam hatte 1930 eine Einwohnerzahl von 72 197 und acht Apotheken. Der „Publikumsverkehr" war in der Löwen-Apotheke sehr stark, die Apotheke stundenweise am Tag so überlastet, dass sie den Ansturm nicht bewältigen konnte. Der Polizeipräsident und der Kreisarzt waren der Meinung, dass die Lebensfähigkeit der Löwen-Apotheke durch die Neugründung nicht erschüttert würde und die Rentabilität der neuen Apotheke außer Frage stünde. In der Löwen-Apotheke arbeiteten zu diesem Zeitpunkt drei approbierte Apotheker und zwei Helferinnen.

Der Apothekenbesitzer Karl Krumbholz „kommt mit dem Publikum kaum in Verbindung. Er arbeitet fast nur im Labor und in der Defektur, während seine Ehefrau die Aufsicht führt". Schwerwiegende Einwände kamen von den Besitzern der Löwen-Apotheke, der Bären-Apotheke und der Adler-Apotheke, die sich in unmittelbarer Umgebung des Standortes der neuen Apotheke befanden. Die Besitzer weiter entfernt gelegener Apotheken wie z.b. die Cecilien-Apotheke, die Hirsch-Apotheke und die Charlottenhof-Apotheke äußerten auch Bedenken, waren aber der Auffassung, dass nicht der Lebensnerv ihrer Existenz getroffen werde. Auch die Standesgemeinschaft Deutscher Apotheker, vormals Deutscher Apothekerverein, Gaudienststelle Groß-Berlin, Charlottenburg, Carmerstraße 3, äußerte Bedenken gegen die Errichtung einer weiteren Apotheke im Zentrum Potsdams. Ungeachtet der Einwände erschien im Amtsblatt der Preußischen Regierung in Potsdam vom 23. Juni 1934 die Ausschreibung einer Apothekenkonzession für das Zentrum von Potsdam in der Gegend Charlottenstraße/Nauener Straße. Es bewarben sich 46 Apotheker um die neunte Apotheke in Potsdam (42 Konzessionsanwärter und vier Apothekenbesitzer). Der Apothekenbesitzer Wilhelm Strey aus Rathenow erhielt die Genehmigung zur Errichtung der neuen Apotheke am 5. November 1934. Er musste seine Konzession in Rathenow zurückgeben, die er seit 1. November 1923 besaß. Die pharmazeutische Handelsgesellschaft in Stettin stellte Strey 20000 RM zum Reichsbankdiskont zur Verfügung. Am 1. April 1935 wurde die Kurmark-Apotheke in der Charlottenstraße 69 eröffnet.

Die Rosen-Apotheke

Im Jahre 1931 wandte sich der Vorstand der Gemeinde Neubabelsberg an den zuständigen Landrat des Kreises Teltow mit der Bitte, „die Genehmigung zur Anlage einer Apotheke im Gemeindebezirk Neubabelsberg geneigtest erwirken zu wollen". Die Einwohner dieser Gemeinde und die Bewohner der umliegenden Ortschaften benötigten damals einen Fußweg von ca. 45 Minuten bis zur nächstgelegenen Apotheke in Berlin Wannsee oder zur Plantagen-Apotheke in Nowawes. Die neue Apotheke konnte mit folgenden Patienten bzw. Kunden rechnen:

Bereich	Einwohner
Neubabelsberg	2100
Bergstücken	1500
Umgebung des Bahnhofes Neubabelsberg	400
Kohlhasenbrück	400
Steinstücken	200
Villenkolonie Drewitz	200
Albrechtsteerofen	100
	4900

Allerdings bemerkte der Kreisarzt in einem Schreiben an den Regierungspräsidenten in Potsdam vom 22. März 1932, dass die Bewohner von Neubabelsberg kaum Kassenpatienten seien, die erfahrungsgemäß Medikamente in größerem Umfang benötigten, sondern vor allem selbstzahlende Privatpatienten, die den Arzt nur in dringenden Fällen aufsuchten und auch mit dem Bezug von Medikamenten äußerst sparsam umgingen. Der Besitzer der neuen Apotheke müsste seine Ansprüche in bestehenden Grenzen halten. Andererseits sei auf Grund der regen Bautätigkeit in dieser Ortschaft mit einem weiteren Steigen der Einwohnerzahl zu rechnen. Im Amtsblatt der preußischen Regierung in Potsdam vom 13. Januar 1934 wurde die Konzession zur Errichtung einer Apotheke in der Nähe der Kreuzung Stahnsdorfer Straße/Steinstraße ausgeschrieben. Es bewarben sich elf Apotheker. Zunächst wurde Curt Just aus Pritzwalk am 5. November 1934 die Konzession verliehen. Dieser gab sie aber am 24. Mai 1935 wieder zurück, da sich durch die Geburt von Zwillingen seine Kinderzahl verdoppelt und er große Bedenken hinsichtlich der Ertragsfähigkeit der Apotheke für eine sechsköpfige Familie hatte. Daraufhin erhielt Leonhardt Wiesmann aus Hanau am Main am 24. August 1935 die Genehmigung zur Errichtung der Apotheke. Die Beschaffung von geeigneten Räumlichkeiten für die neue Apotheke gestaltete sich äußerst schwierig und führte zu langwierigen Verhandlungen mit verschiedenen Grundstücksbesitzern. Endlich, am 28. Juli 1936, wurde die Rosen-Apotheke in der Stahnsdorfer Straße 111 eröffnet. Wiesmann arbeitete allein in seiner Apotheke. Auf Grund seines schlechten Gesundheitszustandes, ärztlich attestiert, schloss Wiesmann die Rosen-Apotheke im Sommer 1941 für fünf Wochen. Ein Jahr später musste sich Wiesmann einer Operation unterziehen. Wiederum blieb die Rosen-Apotheke mehrere Wochen geschlossen. Auch 1944 blieb die Rosen-Apotheke wieder mehrere Wochen aus gesundheitlichen Gründen des Besitzers geschlossen. Es war nicht möglich, während des Krieges eine Vertretung zu bekommen.

Aus- und Fortbildung der Apotheker

Das Reichsministerium des Innern erließ am 8. Dezember 1934 eine neue Prüfungsordnung für Apotheker, die am 1. April 1935 in Kraft trat. Damit verloren die Bestimmungen vom 18. März 1904 ihre Gültigkeit. Die neue Prüfungsordnung sollte den „neuen Geist" an den Universitäten ausweisen. Neben fachlichen Veränderungen – die theoretischen Vorkenntnisse waren durch den Nachweis des Reifezeugnisses seit 1921 erhöht, die praktische Ausbildung auf zwei Jahre verkürzt, die Servierzeit abgeschafft, das Universitätsstudium auf sechs Semester verlängert und die Kandidatenzeit auf ein Jahr reduziert worden – hatte der Prüfling den Nachweis der arischen Abstammung durch seine Geburtsurkunde, die Geburts- und Heiratsurkunden der Eltern und der beiderseitigen Großeltern zu erbringen. Ferner musste er belegen können, dass er den für den Arbeitsdienst geltenden Bestimmungen entsprochen hatte. Darüber hinaus sollte „der Bewerber durch Bescheinigung geeigneter Stellen dartun, wie er, abgesehen von dem Arbeitsdienst, seine körperliche Ausbildung und die Verbundenheit mit anderen Volksgruppen gepflegt hat". Die Zulassung zu Prüfungen und die Erteilung der Approbation erfolgten nur, wenn keine Zweifel an der nationalen oder moralischen Zuverlässigkeit des Antragstellers bestanden.

Der pharmazeutischen Prüfung ging eine pharmazeutische Vorprüfung voraus. Diese wurde vor dem Prüfungsausschuss abgelegt, in dessen Bezirk der Praktikant die praktische Ausbildung (Lehre) beendet hatte. Es mussten das Reifezeugnis mit entsprechenden Kenntnissen der lateinischen Sprache, das Zeugnis des Apothekenvorstandes über den erfolgreichen Abschluss der zweijährigen Ausbildung in einer Vollapotheke des Deutschen Reiches, die dazu vom Reichsminister des Innern ermächtigt worden war, das Tagebuch, eine Pflanzensammlung, ein Führungszeugnis und der bereits erwähnte Nachweis der arischen Abstammung vorgelegt werden.

Die pharmazeutische Vorprüfung umfasste eine praktische und eine mündliche Prüfung. Im praktischen Teil musste der Prüfling zwei galenische Präparate und ein pharmazeutisch-chemisches Arzneimittel des Deutschen Arzneibuches anfertigen, fünf schwierigere Verschreibungen lesen, die Arzneien anfertigen und nach der Deutschen Arzneitaxe berechnen und abschließend zwei Arzneimittel nach den Vorschriften des Deutschen Arzneibuches prüfen und die chemischen und physikalischen Vorgänge erläutern. Bei der mündlichen Prüfung hatte der Prüfling etwa zehn frische oder getrocknete einheimische Pflanzen zu erkennen, ihre Abstammung und Verwendung zu erläutern, etwa zehn Drogen zu erkennen und ebenfalls die Abstammung und Verwendung zu erklären sowie etwa zehn Stoffe oder Zubereitungen des Deutschen Arzneibuches zu erkennen, ihre Herstellung, Verunreinigungen und hauptsächlichen Verfälschungen zu beschreiben. Die Prüfungsgebühr betrug 30 RM.

Die pharmazeutische Prüfung war vor dem Prüfungsausschuss der Hochschule abzulegen, an der der Studierende das pharmazeutische Studium beendet hatte. Sie umfasste ebenso wie die pharmazeutische Vorprüfung einen praktischen und einen mündlichen Teil. Im praktischen Abschnitt mussten Aufgaben in analytischer Chemie, pharmazeutischer Chemie und Pharmakognosie gelöst werden. In der mündlichen Prüfung hatte der Prüfling Fragen aus der allgemeinen Chemie, Physik, allgemeinen Botanik, pharmazeutischen Chemie, Pharmakognosie, Arzneipflanzenlehre und Gesetzeskunde zu beantworten. Die Prüfungsgebühr betrug insgesamt 140 RM.

Nach bestandener Prüfung musste der Kandidat der Pharmazie, wie bereits erwähnt, ein Jahr in Apotheken arbeiten, bevor er die Approbation erhielt. Von diesen zwölf Monaten entfielen mindestens sechs auf Orte mit nur einer Apotheke, in der der Apothekenvorstand ohne eine pharmazeutische Hilfskraft arbeitete (soziales Berufshalbjahr). Ab September 1939 wurde diese Zeit auf vier Monate reduziert und die Bezeichnung sozialer Berufsdienst eingeführt. Während dieser sechs bzw. vier Monate sozialen Dienstes standen dem Kandidaten der Pharmazie, abgesehen von freier Wohnung und Verpflegung, keine weiteren Vergütungen zu. Der Reichsminister des Innern veröffentlichte alljährlich ein Verzeichnis der hierfür in Frage kommenden Apotheken.

Die Reichsapothekerordnung vom 18. April 1937 übertrug der Reichsapothekerkammer die Aufgabe, die Apotheker beruflich zu schulen und fortzubilden. Welch große Bedeutung der fachlichen Fortbildung bereits damals zugeordnet wurde beweist ein Erlass aus dem Jahre 1939, der als eine von sieben Voraussetzungen für die Verleihung von Apothekenbetriebsrechten den urkundlichen Nachweis eines Lehrgangs an der „Akademie für pharmazeutische Fortbildung" forderte. Grundsätzlich sollte in einem Rhythmus von fünf Jahren an einem Lehrgang teilgenommen werden.

Apothekenhelferinnen

Seit dem 7. März 1940 existiert der Beruf der Apothekenhelferin. Ursache für die Beschäftigung von nicht pharmazeutischem Hilfspersonal (Helferinnen) in den Apotheken war der Mangel an pharmazeutischen Fachkräften. Um die Arzneimittelversorgung der Bevölkerung zu gewährleisten, sollten die Pharmazeuten in den Apotheken „vor jeder unnötigen Belastung mit nicht eigentlichen sachlichen Arbeiten" geschützt werden. Für Nebenarbeiten in den Apotheken, die keine pharmazeutische Vorbildung erforderten, waren geeignete Hilfskräfte mit einer entsprechenden Ausbildung und Berufsanerkennung vorgesehen. Die Ausbildungszeit betrug zwei Jahre und erlangte durch einen Ausbildungsvertrag Verbindlichkeit. Beginn und Ende des Ausbildungsverhältnisses mussten der zuständigen Bezirksapothekerkammer gemeldet werden. Die Auszubildende hatte ein Lehrheft zu führen, in dem der Verlauf der Ausbildung genau dokumentiert werden musste. Das Arbeitsgebiet der Apothekenhelferin umfasste einfache kaufmännische und technische Arbeiten, die Ausgestaltung von Schaufenstern und Schaukästen sowie die Pflege und Instandhaltung der Apothekengeräte. Während der Ausbildungszeit sollten Fertigkeiten und Kenntnisse in der Organisation des Apothekenbetriebes hinsichtlich der Waren und Erzeugnisse, die wichtigsten gesetzlichen Bestimmungen des Apothekenbetriebes, Arbeiten für die Warenbehandlung und kaufmännische Verwaltungsarbeiten vermittelt werden. Das Erlernen der Kurzschrift (Stenographie) war erwünscht. Die Ausbildungszeit endete mit einer Prüfung. Diese bestand aus einer Fertigkeitsprüfung und aus einer schriftlichen Kenntnisprüfung. Den Abschluss bildete eine mündliche Prüfung, zu der die Eintragungen im Lehrheft herangezogen wurden. In einer Apotheke durften höchstens zwei Helferinnen arbeiten.

Apothekenvisitationen

In mehreren Apotheken führten die während der nationalsozialistischen Zeit durchgeführten Kontrollen zu sehr schlechten Ergebnissen.

Am 3. Oktober 1936 befand sich die Luisen-Apotheke in einem desolaten Zustand. Die Revisoren sahen die ordnungsgemäße Arzneiversorgung der Bevölkerung gefährdet und verwarnten den Pächter erstmalig. Sie forderten dringend den Um- und Ausbau der Materialkammer und des Labors sowie die sofortige Beschaffung von Standgefäßen und anderen Einrichtungsgegenständen und Geräten. Verdorben waren Extractum Stramonii - Stechapfelextrakt, Oleum Arnicae - Arnikaöl, Secale cornutum - Mutterkorn und Tinctura Digitalis - Fingerhuttinktur. Die Lagerung von Folia Digitalis - Fingerhutblätter, Infusum Sennae compositum - zusammengesetzter Sennesblätteraufguss, Natrium salicylicum, Oleum Jecoris - Lebertran, Oleum Terebinthinae - Terpentinöl, Pyramidon und Unguentum Hydrargyri album - weisse Quecksilbersalbe wurden beanstandet. Liquor Ammonii caustici - Salmiakgeist, Oleum Sinapis - Senföl, Spiritus russicus - russischer Spiritus und Tinctura Capsici - Spanischpfeffertinktur entsprachen nicht den Anforderungen des Deutschen Arzneibuches. Der Pachtvertrag vom 1. April 1936 sollte erst Gültigkeit bekommen, wenn die Apotheke den gesetzlichen Bestimmungen entsprach.

In einem Schreiben an den Regierungspräsidenten, datiert mit dem 4. Oktober 1936, schilderte der damalige Pächter Hanns Erdelmann die Situation: Als er am 1. April 1936 die Luisen-Apotheke übernahm, hatte er beim damaligen Kreisarzt Dr. Rathmann eine Revision wegen des schlechten Zustandes der Apotheke beantragt. Diese wurde jedoch seinerzeit von dem Mediziner abgelehnt, da er am 1. Juli in Pension zu gehen gedachte, so dass der Pächter sich bitte an seinen Nachfolger im Amt wenden sollte. Erdelmann bemerkte, dass er seit der Übernahme der Apotheke ohne jeden Verdienst gearbeitet und darüber hinaus 5000 RM aus seinem Vermögen geopfert habe, um die Apotheke in den Stand vom 3. Oktober, dem Tag der Revision, zu bringen.

Besonders kritisch war die Situation in der Rosen-Apotheke. Die Eröffnungsbesichtigung am 8. Februar 1937 musste auf Grund schwerwiegender Beanstandungen abgebrochen und eine Nachrevision angeordnet werden. „Die Apotheke wird nicht bestimmungs- und fachgemäß geführt. Ein Teil der Vorräte steht in Papierbeuteln oder Liefergefäßen, Standgefäße fehlen teilweise dafür. Das Laboratorium ist für seinen Zweck nicht hergerichtet. Darin stehen Wohnmöbel. Auch der Abwasch wird darin ausgeführt. Untersuchungen gemäß Apothekenbetriebsordnung erfolgen nicht. In der Materialkammer fehlt in mehreren Fächern des Warengestells die Übersicht. Ein seitens des Besitzers als Privatkeller bezeichneter Raum ist, wie sich bei der Öffnung herausstellt, tatsächlich Übervorratsraum für Arzneimittel. Diese Mittel stehen hier ohne Übersicht und sachgemäße Beschilderung und ohne Trennung der differenten Mittel von den indifferenten zwischen Lebensmitteln. Auf Grund dieser Feststellung konnte die Apothekenrevision auch bei der Fortführung zu keinem befriedigenden Ergebnis führen. Sie wurde damit abgebrochen. Dem Inhaber wurde eröffnet, daß die Wiederholung der Revision nach sechs Wochen in Aussicht genommen wird. Die festgestellten ernsten Mißstände in der von Ihnen geführten Apotheke ersuche ich mit größter Beschleunigung abzustellen und in der Folge für bestimmungsgemäße Zustände Sorge zu tragen. Unter Bezugnahme auf das Gesetz über die Verwaltung und Verpachtung öffentlicher Apotheken verwarne ich Sie zugleich mit dem Hinweis, daß Ihre bisherige Geschäftsführung in der Apotheke Gefahren in der Arzneiversorgung der Bevölkerung mit sich bringt".

Ursache der z.T. unsachgemäßen Ausstattung der Apotheke war hier wohl die finanzielle Situation des Apothekenbesitzers, dessen pekunäre Lage bereits vor der Erteilung der Konzession, bedingt durch die wirtschaftliche Lage in Deutschland, äußerst dürftig war. Im Jahre 1932 hatte er sich acht Monate arbeitslos gemeldet. 1933 war er zunächst einen Monat ohne Arbeit und vom Oktober 1933 bis zum Zeitpunkt seiner Bewerbung um die Konzession, im Juli 1934, als Kurzarbeiter und zwar an zwei Nachmittagen in der Woche tätig. Seinem Bewerbungsschreiben um die Apothekenkonzession in Neubabelsberg fügte er folgendes Postskriptum hinzu: „Da es für uns ältere, stellungslos gewordene Apotheker bei der enormen Überfüllung des Berufes fast unmöglich ist, in den Arbeitsprozeß wieder eingereiht zu werden, bitte ich um erhöhte Berücksichtigung gegenüber gleichaltrigen, noch in Stellung befindlichen Bewerbern". Wiesmann war zum Zeitpunkt der Eröffnung der Apotheke im 55. Lebensjahr. Nach der Erteilung der Konzession, am 24. August 1935, bat Wiesmann die Behörden um Herabsetzung oder teilweise Stundung der Stempelgebühr von 300 RM. „Ich bin schon seit drei Jahren ohne feste Stellung und mußte mich mit gelegentlichen Vertretungen kümmerlich mit meiner Familie durchschlagen. Außerdem muß ich bis zur Eröffnung der Apotheke, die sich mindestens noch bis Juli des nächsten Jahres hinziehen wird, aus eigener Tasche leben. Aus diesem Grund wäre mir doch eine Erleichterung billigerweise wohl zuzugestehen". Die Behörden lehnten jedoch Wiesmanns Bitte ab.

Auch die Revision der Linden-Apotheke am 7. Juli 1937 brachte kein gutes Ergebnis, nachdem bereits bei den Kontrollen in den Jahren 1919 und 1929 zahlreiche Beanstandungen protokolliert werden mussten. Im Protokoll vom 7. Juli wurde vermerkt: „Ordnung und Sauberkeit sind in sämtlichen Räumen verbesserungsbedürftig. Je ein Raum mit Türschild Hans Langheld wird im Keller und im Obergeschoß als nicht zur Apotheke gehörig bezeichnet. Nach Öffnung der Räume stellt sich heraus, daß es sich um je einen Nebenraum zur Materialkammer und zum Keller handelt. Hier finden sich differente und indifferente Mittel ohne Trennung, ohne sachgemäße Beschriftung z.T. in Papierbeuteln ohne Übersicht und ohne pflegliche Behandlung. Das Laboratorium ist für Reinheitsuntersuchungen nicht ausreichend eingerichtet. Untersuchungsgeräte und Reagenzien stehen z.T. in einem Nebenzimmer. Reinheitsuntersuchungen werden auch nicht durchweg ausgeführt. In der Offizin sind zahlreiche Lösungen und Tinkturen zu filtrieren. Einzelne Gefäße sind unsauber. Einige Zubereitungen am Rezeptiertisch sind nicht sachgemäß beschriftet. In der Homöopathie sind die differenten Mittel nicht sachgemäß abgetrennt. Einzelne sind auch nicht richtig signiert. Geeichte Siedethermometer und Okularmikrometer fehlen. Die zahlreichen und gewichtigen Verstöße gegen die Apothekenbetriebsordnung, bei deren Beurteilung erschwerend hinzukommt, daß vorsätzliche Maßnahmen getroffen worden sind, um sie der Feststellung zu entziehen, haben mich veranlaßt, Sie durch die Ortspolizeibehörde in Strafe nehmen zu lassen. Ich ersuche, innerhalb von sechs Wochen durch die Hand des Gesundheitsamtes zu berichten, welche Maßnahmen zur Ausräumung der Beanstandungen und zur Sicherung einer sachgemäßen Geschäftsführung getroffen worden sind". Der Revisor ersuchte die Behörde, den Apothekenbesitzer in eine Polizeistrafe von 60 RM zu nehmen.

Nachdem die vergangenen Revisionen der Kaiser-Friedrich-Apotheke in Bornstedt bereits zahlreiche Mängel aufwiesen, brachte auch die Revision im Jahre 1937 kein gutes Ergebnis. Das Laboratorium war völlig unbrauchbar. Es war dunkel, hatte keine Heizung, keinen Wasseranschluss und einen defekten Destillierapparat. In der Materialkammer fehlten Waagen und Gewichte. Die Morphiumwaage war zuletzt 1933 geeicht worden. Einzelne Lösungen in der Offizin waren trüb, andere enthielten Kristalle. Verschiedene Drogen wurden nicht korrekt gelagert, andere erwiesen sich als überaltert. „Die fachliche Führung der Apotheke ist durch die Raumverhältnisse sehr erschwert. Diesen Mangel abstellen und für die Einrichtung eines brauchbaren Laboratoriums und eines Abwaschraumes ist Sorge zu tragen".

Die Besichtigung der Bären-Apotheke am 29. Oktober 1937 ergab ein katastrophales Ergebnis: „Das Laboratorium ist baulich vollständig verfallen. Die Wände sind verschmutzt. Die Decke ist an einigen Stellen zerstört, eine Heizung nicht vorhanden. Die fest installierten Apparate sind nicht verwendbar. Der Raum ist zum größten Teil mit Möbeln und Wirtschaftsgegenständen besetzt. Ein gut verwendbarer Arbeitstisch mit Zu- und Ableitung von Wasser ist nicht vorhanden. An Geräten fehlen: Kolben, Meßzylinder, Pipetten, Platindraht und Presse. Reinheitsuntersuchungen können im Labor nicht ausgeführt werden. Die Stoßkammer ist nicht gepflegt. Ordnung und Sauberkeit sind in der Materialkammer unzulänglich. Zahlreiche Standgefäße sind leer. Verschiedene Reagenzien waren verdorben. Der Phosphorschrank im Keller ist in Ordnung zu bringen. Giftwaage und Giftlöffel fehlen in der Materialkammer. Die Giftwaage in der Offizin wurde nicht rechtzeitig nachgeeicht. Mohr'sche Waage und Mikroskop sind nicht verwendbar. Einzelne Lösungen in der Offizin waren trüb (Acetum Sabadillae - Sabadillessig, Mixtura nervina - Nervenmixtur, Solutio Acidi borici - Borsäurelösung, Solutio Zinci sulfurici - Zinksulfatlösung 1:10 und 1:100 und andere). Zahlreiche Arzneien befanden sich in Liefergefäßen ohne sachgemäße Beschilderung. Übervorräte von Drogen wurden in Papierbeuteln gelagert. Zur Beschilderung wurden vielfach Apothekenetiketten verwendet. Die Weiterführung der Apotheke bei diesem Zustand des Laboratoriums vermag ich nicht zuzulassen. Ich ersuche, bis zum 20. November um Angabe der Maßnahmen, die Sie zur Abstellung des polizeiwidrigen Zustandes beabsichtigen. Nach deren Kenntnis werde ich weitere Verfügungen treffen. Die angeführten Mängel in der Geschäftsführung ersuche ich sofort abzustellen und über die Erledigung binnen vier Wochen zu berichten. Ich behalte mir weitere Entscheidungen bis nach Eingang der von Ihnen eingeforderten Berichte vor".

Apotheker Geis antwortete dem Regierungspräsidenten in Potsdam am 14. Februar 1938: „Hiermit überreiche ich den endgültigen Entwurf zum Umbau im Hause der Hofapotheke zum Schwarzen Bär in Potsdam, Brauerstraße 5. Die alten Gebäude hinter dem bisherigen Laboratorium sollen niedergerissen und teilweise neu aufgebaut werden. Das Laboratorium wird neu gebaut. Es erhält drei Fenster und eine neue Einrichtung. Außer dem neu anzuschaffenden und bereits bestellten Destillierapparat bekommt das Laboratorium einen Labortisch von zwei Metern Länge, einen Arbeitstisch, einen Utensilienschrank, einen Reagenzienschrank und diverse Konsolbretter für anzusetzende Tinkturen und dergleichen. Die beiden bestehenden Materialkammern werden zu einer großen zusammengelegt. Für die Offizin wird ein neuer Rezeptur- und Handverkaufstisch angeschafft. Ölschrank für ätherische Öle, Giftschrank und Jodoformschrank werden umgebaut".

Der Regierungspräsident in Potsdam teilte Apotheker Geis mit, dass die Einrichtung der Apothekenräume laut Protokoll der Besichtigung der Hofapotheke zum Schwarzen Bär vom 17. November 1939 sachgemäß ist.

Auch die amtliche Revision der Kronen-Apotheke am 29. Oktober 1937 führte zu vielen schwerwiegenden Beanstandungen: „Raumordnung und baulicher Zustand der Apotheke sind ungünstig. Das Laboratorium ist nicht vollständig und sachgemäß eingerichtet. Destillierapparat und Trockenschrank sind nicht angeschlossen. Im Laboratorium werden Reste von Packmaterial, gefüllte Ballons, entleerte Liefergefäße u. a. aufbewahrt. Es ist nicht heizbar. In ihm findet auch der Abwasch statt. Die eigentliche Materialkammer liegt drei Treppen hoch und ist ein Bodenraum unter unverschaltem Dach. Die Warengestelle sind hier wenig beschickt. Ein großer Teil von Übervorräten an Drogen und Chemikalien wird in einem Raum neben der Offizin ohne ausreichende Ordnung und Übersicht aufbewahrt. Dieser hat nur ein Fenster nach dem Hausflur. Hier lagern auch Vorräte in Liefergefäßen, weil gehörige Standgefäße mit sachgemäßer Beschriftung fehlen. Ein zweiter Keller wird seitens des Assistenten, Schulte, als nicht zur Apotheke gehörig bezeichnet. Nach seiner Öffnung finden sich darin Übervorräte ohne sachgemäße Beschilderung und Trennung nach Tabula B und C. In der Offizin sind zahlreiche Lösungen und Tinkturen flockig und trüb. Die Mohr´sche Waage ist nicht verwendbar. Die hölzerne Pillenmaschine ist instand zu setzen. Gewichtssatz und Waage in der Materialkammer sind nicht nachgeeicht. Die Homöopathie wird nicht sachgemäß gehalten [...] Ich ersuche im Benehmen mit der Apothekerwitwe, Frau Fredenhagen, bis zum 20. November Vorschläge über die Verbesserung der Raumordnung und des baulichen Zustandes unter Beifügung einer Lageskizze in doppelter Ausführung zu machen. Nach Eingang werde ich hierzu weitere Entscheidungen treffen. Die Abstellung dieser Mängel in der Geschäftsführung ersuche ich sofort in Angriff zu nehmen und in sechs Wochen über die Erledigung zu berichten. Die Nachrevision der Apotheke behalte ich mir vor. Zugleich weise ich darauf hin, daß die Unterlassung von Reinheitsprüfungen die ordnungsgemäße Arzneiversorgung der Bevölkerung gefährdet und die sich aus dem Apothekengesetz vom 13. Dezember 1935 ergebenden Folgen nach sich zieht".

Die schlechten Revisionsergebnisse einiger Apotheken in diesem Zeitraum hatten vermutlich wirtschaftliche Ursachen. Der Besitzer der Rosen-Apotheke war, wie schon erwähnt, bereits vor der Eröffnung der Apotheke in einer schwierigen finanziellen Situation. Die Apotheke zum Schwarzen Bär und die Kronen-Apotheke waren zum Zeitpunkt der Revision verpachtet. Sowohl Pächter als auch Verpächter (Apothekerwitwen) scheuten größere Investitionen und waren bestrebt, möglichst viel Gewinn unter Vernachlässigung der bestehenden Vorschriften zu erwirtschaften, sofern das bei dem Umsatz dieser Apotheken überhaupt möglich war. Andererseits zeigen die aufgeführten Beispiele die Wichtigkeit der staatlichen Überwachung des Apothekenwesens. Seit eine Apothekengesetzgebung existiert, ist in ihr stets die Überwachung des Arzneimittelverkehrs und aller damit im Zusammenhang stehenden Funktionen durch amtliche Personen – Apothekenrevisoren unterschiedlicher Qualifikation (Ärzte, Magistratspersonen, Apotheker, Hochschullehrer) – vorgeschrieben gewesen. Damit war die Apothekenkontrolle seither de jure verankert und ihre Einhaltung durch spezielle Organe gesichert.

1945 - 1990

Die sowjetische Militäradministration in Deutschland (SMAD) und die Deutsche Demokratische Republik (DDR)

Die bedingungslose Kapitulation am 8. Mai 1945 besiegelte die Niederlage des Nationalsozialismus in Deutschland. Fast 250 Jahre brandenburgisch-preußische Geschichte waren zu Ende. Der rote brandenburgische und der schwarze preußische Adler wurden durch Hammer und Sichel und ab Oktober 1949 durch Hammer, Zirkel und Ährenkranz ersetzt. Im Sommer 1945 rückte Potsdam ins Blickfeld der Weltöffentlichkeit, als sich im Schloss Cecilienhof, im Neuen Garten, die Vertreter der Siegermächte des Zweiten Weltkrieges trafen und am 2. August das Potsdamer Abkommen unterzeichneten. Es forderte die völlige Abrüstung und Entmilitarisierung Deutschlands, die Vernichtung der deutschen Rüstungsindustrie, die Verurteilung der deutschen Kriegsverbrecher, die Demokratisierung des politischen Lebens, die Freiheit der Presse, der Rede und der Religion, die Befriedigung der Reparationsforderungen der Alliierten durch Demontage.

Die Oder-Neiße-Linie wurde zur polnischen Westgrenze. Die deutschen Gebiete östlich von Oder und Neiße erhielt Polen, den Nordteil Ostpreußens die Sowjetunion. Das verbliebene Deutsche Reich wurde in vier Besatzungszonen aufgeteilt. Das Gesetz Nr.46 des Alliierten Kontrollrats, dem höchsten Organ der Besatzungsregierungen in Deutschland, vom 25. Februar 1947, löste Preußen formell auf. „Der Staat Preußen, der seit jeher Träger des Militarismus und der Reaktion in Deutschland gewesen ist, hat zu bestehen aufgehört". Die Provinz Brandenburg hieß von nun an bis 1952 Land Brandenburg. Auf Preußen trafen die Worte Johann Gottlieb Herders (1744 - 1803) zu: „Geschichte ist Geographie in Bewegung". Der preußische Staat sah auf der Landkarte öfter wie ein „Flickenteppich" aus. War der Beschluss des Alliierten Kontrollrates ein Schlussstrich unter die preußische Geschichte oder ein Erbe für die Zukunft? In der DDR wurde zunächst der Mantel des Schweigens über die preußische Geschichte gelegt, nicht jedoch über ihre jüngste faschistische. Mit Hilfe der Sowjetischen Militäradministration begann in der sowjetischen Besatzungszone (SBZ) der Aufbau einer sozialistischen Gesellschaftsordnung. Resultat dieser Entwicklung war die Gründung der Deutschen Demokratischen Republik (DDR) am 7. Oktober 1949. Die Parolen der damaligen Zeit, meiner Kindheit, die mir noch in Erinnerung geblieben sind, lauteten z.B. „Bau auf, bau auf, Freie Deutsche Jugend (FDJ) bau auf, für eine bessere Zukunft bauen wir die Heimat auf" oder „Nicht Bonn am Rhein, Berlin soll unsere Hauptstadt sein". Ferner

„Atlantikpakt und Marshallplan gehören in den Ozean. Deine Stimme der SED". Im Sommer, zur Erntezeit, hieß es dann „Ohne Gott und Sonnenschein bringen wir die Ernte ein". Bereits damals begann die starke Bindung an die Sowjetunion, die auch ihren Niederschlag in der Bildungspolitik fand. Der Russischunterricht wurde von der fünften bis zur zwölften Klasse obligatorisch unter Vernachlässigung der englischen und französischen Sprache. Der Lebenslauf und das Lieblingslied von Josip Wissarionowitsch Stalin (1879 - 1953) mussten auswendig gelernt werden. Im Deutschunterricht gehörten die Lebensläufe von Wilhelm Pieck (1876 - 1960) und Walter Ulbricht (1893 - 1973) zum Standard. Zur stärkeren Bindung an die sozialistischen Länder trat die DDR im September 1950 dem Rat für Gegenseitige Wirtschaftshilfe (RGW) bei. Die Zusammenarbeit der sozialistischen Staaten wurde durch den Vertrag über Freundschaft, Zusammenarbeit und gegenseitigen Beistand (Warschauer Vertrag) im Mai 1955 vertieft. Walter Ulbricht, Generalsekretär bzw. erster Sekretär des Zentralkomitees (ZK) der Sozialistischen Einheitspartei Deutschland (SED) und seit 1960 Vorsitzender des Staatsrates der DDR sowie Erich Honecker (1912 - 1994), zu dieser Zeit Sekretär des ZK der SED und in diesem für Militär- und Sicherheitsfragen zuständig, trugen mit Verantwortung am Bau der „Mauer" um Berlin-West und des „Eisernen Vorhanges" quer durch Deutschland. Der 13. August 1961 war der Höhepunkt des kalten Krieges. In Berlin standen sich amerikanische und sowjetische Panzer am Checkpoint Charlie gegenüber. Ich studierte zu dieser Zeit in Berlin an der Humboldt-Universität, war an diesem Wochenende, 12./13. August, nicht nach Hause gefahren und habe die Ereignisse miterlebt. Rückblickend war es jedoch der Anfang vom Ende. Aus der Geschichte wurden keine Lehren gezogen. Mauern haben schon andere Herrscher bauen lassen, und sie sind eingestürzt. „Die Geschichte ist der beste Lehrmeister, sie hat aber viele ungelehrige Schüler". Nach dem Bau der Mauer rief Erich Honecker: „Mit der Sowjetunion auf ewig verbunden". Was ist auf dieser Welt ewig? Der Text der Nationalhymne der DDR „Deutschland einig Vaterland ..." passte nun nicht mehr. Es wurde nur noch die Melodie gespielt. Die Abgrenzung zur Bundesrepublik Deutschland (BRD) wurde nun verstärkt vorgenommen. Deutsche Institute z.B. wurden umbenannt in Institute der DDR (1973 Deutsches Institut für Arzneimittelwesen, 1974 Institut für Arzneimittelwesen der DDR). Die Arzneimittelpreise sind in nachstehenden Verzeichnissen folgendermaßen angegeben worden:

Arzneimittelverzeichnis 6. Ausgabe, 1962: DM (Deutsche Mark)
    „   7. „ , 1965: MDN (Mark der Deutschen Notenbank)
Ab „   8. „ , 1969: M (Mark der Deutschen Demokratischen Republik)

Der 40. Jahrestag der Gründung der DDR war bereits von schweren politischen Turbulenzen erschüttert. Wenige Wochen später, am 9. November 1989, 28 Jahre nach seiner Errichtung, zerbrach der „antifaschistische Schutzwall" im Zuge einer friedlichen Revolution. Es begann ein neuer Zeitabschnitt in der Geschichte des deutschen Volkes. Am 18. März 1990 fanden die ersten freien Wahlen zur Volkskammer der DDR statt. Letzter Ministerpräsident dieser Republik wurde Lothar de Maiziere (geb.1940). Die Währungs-, Wirtschafts- und Sozialunion mit der Bundesrepublik Deutschland (BRD) trat am 1. Juli 1990 in Kraft. Wenig später, am 3. Oktober 1990, wurde feierlich die Wiedervereinigung Deutschlands vollzogen.

Für die Stadt Potsdam war aus kommunalpolitischer Sicht das Gesetz vom 23. Juli 1952 über die weitere Demokratisierung des Aufbaus und der Arbeitsweise der staatlichen Organe von besonderer Bedeutung. Es verfügte eine territorialadministrative Neugliederung der DDR. An die Stelle der bisher bestehenden fünf Länder – Brandenburg, Mecklenburg, Sachsen, Sachsen-Anhalt und Thüringen – traten fünfzehn Bezirke, einschließlich Berlin(Ost). Das ehemalige Land Brandenburg wurde in die drei Bezirke Cottbus, Frankfurt/Oder und Potsdam mit insgesamt 44 Kreisen aufgeteilt. Aus dem bisherigen Kreis Potsdam wurde der Stadtkreis herausgelöst. Mehrere Gemeinden, wie z.B. Bergholz-Rehbrücke, wurden mit Teilen der ehemaligen Kreise Osthavelland und Zauch-Belzig zum Landkreis Potsdam vereint.

Apothekenrechtliche Bestimmungen

Am 22. Juni 1949 beschloss die Deutsche Wirtschaftskommission (DWK) die Verordnung über die Neuregelung des Apothekenwesens. Die Arzneiversorgung der Bevölkerung sollte danach künftig von Landesapotheken, Poliklinik- und Betriebspoliklinikapotheken, Krankenanstaltsapotheken sowie Apotheken in Privatbesitz übernommen werden. Mit Inkrafttreten dieser Verordnung erloschen die vererblichen und veräußerlichen sowie die persönlichen Apothekenbetriebsrechte einschließlich der Witwen- und Waisenrechte. Apotheken in Privatbesitz mussten von dem Inhaber selbst geleitet werden. Sie durften weder verpachtet noch Dritten zur Verwaltung überlassen werden. Inhaber von erloschenen Apothekenbetriebsrechten wurden auf Antrag aus einer zentralen Ausgleichskasse entschädigt. Jeder Apothekenleiter musste vor Beginn seiner Tätigkeit durch das Landesgesundheitsamt bestätigt werden. In einem Kommentar zu dieser neuen Regelung hieß es u.a.: „Mit dieser neuen Apothekenbetriebsordnung werden endlich einmal die alten, aus Vorzeiten stammenden Apothekenrechte beseitigt, die nicht mehr in Einklang zu bringen sind mit dem demokratischen Aufbau des Gesundheitswesens, d.h. Apotheker werden nicht mehr die Apotheke als Mittel für ihren Verdienst auffassen, sondern sie werden mitverantwortlich gemacht für die Versorgung der Bevölkerung mit Medikamenten. Entscheidend für die Berechtigung zur Führung einer Apotheke ist die fachliche Ausbildung als Apotheker und die demokratische Einstellung zu unserem heutigen gesellschaftlichen Leben. Alle fortschrittlichen Apotheker werden diese Regelung begrüßen, denn sie werden dadurch befreit von der Sorge um den materiellen Gewinn, und die Apotheker können sich ausschließlich ihrer Aufgabe widmen, der Bevölkerung die notwendigen Arzneimittel zur Verfügung zu stellen".

Die erste Durchführungsbestimmung zu dieser Neuregelung des Apothekenwesens trat am 6. September 1949 in Kraft. Unter anderem konkretisierte sie die Aufsichtspflicht des Landesgesundheitsamtes über sämtliche Apotheken. Dafür wurde in jedem Stadt- und Landkreis ein Kreisapotheker benannt. Diesem oblag zugleich die Beratung des Amtsarztes in allen das Apotheken- und Arzneimittelwesen betreffenden Fragen. Die Tätigkeit des Kreisapothekers war ehrenamtlich.

Am 1. April 1958 trat die Verordnung über die Organisation des Apothekenwesens, die Apothekenordnung, in Kraft. Sie regelte die Aufgaben und Befugnisse der öffentlichen und nicht öffentlichen Apotheken, der staatlichen und privaten Apotheken, die Voraussetzungen für den Betrieb von Apotheken, die Errichtung, Verlegung und Schließung von Apotheken, Zweigapotheken und Arzneimittelausgabestellen. Die Aufsicht und Kontrolle sämtlicher Apotheken wurde festgelegt, die staatliche Befugnis zum Betrieb einer Apotheke genau definiert und eine Ordnungsstrafe in Höhe von 500 Mark bei entsprechenden Vergehen angedroht.

Die erste Durchführungsbestimmung zur Apothekenordnung, die Apothekenbetriebsordnung, am 2. April 1958 erlassen, enthielt Regelungen über Apothekenräume, deren Einrichtung, Ausstattung und Zweckbestimmung, Angaben über notwendige Fachbücher, Zeitschriften und betriebswirtschaftliche Unterlagen sowie Vorschriften über die Führung des Warenlagers. Die Vorratshaltung von Arzneimitteln, Verbandstoffen, Krankenpflegeartikeln und Substanzen wurde erläutert, Herstellung, Beschriftung, Berechnung und Abgabe von Arzneimitteln waren vorgeschrieben und die Aufgaben und Pflichten der Mitarbeiter festgelegt worden. Als Anlage 1 folgte ein Apothekeneinrichtungskatalog und als Anlage 2 ein Einrichtungskatalog für Apotheken in Krankenhäusern.

Das Gesetz über die Zivilverteidigung der DDR vom 16. September 1970 stellte dem Apothekenwesen konkrete Aufgaben zur sogenannten „materiell-technischen Sicherstellung der Landesverteidigung und des Katastrophenschutzes".

Die Zentralisierung der Verwaltung im Apothekenwesen und die Bildung der Zentralen Apothekenbuchhaltung (ZAB) erfolgte im Stadtkreis Potsdam am 1. Januar 1972.

Auf der gesetzlichen Grundlage vom 12. Januar 1984 und entsprechend der Anweisung über die Rahmenstatuten für das Pharmazeutische Zentrum vom 25. Juli 1984 ist das pharmazeutische Zentrum der Stadt Potsdam am 1. Januar 1986 gegründet worden.

Es vereinigte die Apotheken und anderen Einrichtungen des Apothekenwesens des Kreises und war dem Rat des Kreises unterstellt. Das Pharmazeutische Zentrum war juristische Person und Rechtsträger des ihm übertragenen Volkseigentums. Der Direktor des Pharmazeutischen Zentrums war gleichzeitig Kreisapotheker. Er konnte vom Direktor der Bezirksapothekeninspektion, der Leiteinrichtung des Apothekenwesens eines Bezirkes, Weisungen erteilt bekommen. Das Pharmazeutische Zentrum sollte z.B. „die Organisation der Versorgung mit Arzneimitteln und den Arzneimitteln gleichgestellten Erzeugnissen" gewährleisten, die Herstellung von verschiedenen Arzneizubereitungen und Labordiagnostika sowie deren Qualitätssicherung garantieren, „die Lagerhaltung der speziellen materiellen Reserven, die ökonomischen Prozesse und die Kaderarbeit sowie die Maßnahmen der Aus- und Weiterbildung" lösen. Dazu gliederte sich das Pharmazeutische Zentrum in mehrere Abteilungen wie z.B. Pharmazie, Medizintechnik, Arzneimittelherstellung, Qualitätssicherung, Ökonomie und bei Bedarf in weitere Abteilungen, denen verschiedene Fachgebiete unterstellt waren. So gehörten zur Abteilung Pharmazie die Fachgebiete Arzneimittelversorgung und Aus- und Weiterbildung (siehe nachfolgende Struktur). Während die Apotheken und die pharmazeutischen Abteilungen von Fachapothekern geleitet wurden, war der Leiter der Abteilung Ökonomie „ökonomischer Fachschulkader".

	Struktur des Pharmazeutischen Zentrums der Stadt Potsdam				
	Direktor (Kreisapotheker)				
Abt. Pharmazie	Abt. Medizintechnik	Abt. Arzneimittelherstellung	Abt. Qualitätssicherung	Abt. Ökonomie	Abt. Apotheken
		Fachgebiet Arzneimittelversorgung	Fachgebiet Aus- und Weiterbildung	Fachgebiet spezielle materielle Reserven	Fachgebiet Haushaltwirtschaft

Die Apothekensituation nach Beendigung des Zweiten Weltkrieges

Der Großangriff der Royal Air Force in der Nacht vom 14./15. April 1945 zerstörte große Teile Potsdams, besonders die Altstadt und die Teltower Vorstadt. Davon betroffen waren auch die sechs folgenden Apotheken:

Adler-Apotheke	in der Hoheweg Strasse 11
Bären-Apotheke	in der Brauerstrasse 5
Charlottenhof-Apotheke	in der Luisen-Strasse 61
Hirsch-Apotheke	in der Lindenstrasse 48
Kronen-Apotheke	am Schützenplatz 1
Kurmark-Apotheke	in der Charlottenstrasse 69

Die Brauerstrasse und die Hoheweg Strasse existieren heute nicht mehr. Sie wurden beim Wiederaufbau des alten Stadtgebietes überbaut bzw. eingezogen.

Mit Ausnahme der Hirsch-Apotheke, die an gleicher Stelle wieder aufgebaut werden konnte, wurden die restlichen fünf Apotheken in anderen Straßen als Notapotheken wieder eröffnet:

Adler-Apotheke	in der Friedrich-Ebert-Strasse 120
Bären-Apotheke	in der Dortu Strasse 63
Charlottenhof-Apotheke	in der Geschwister-Scholl-Strasse 63
Kronen-Apotheke	in der Friedrich-Engels-Strasse 1
Kurmark-Apotheke	in der Jägerstrasse 26

Umbenennung von Apotheken

Die Siegermächte des Zweiten Weltkrieges lösten formal per Gesetz 1947 den preußischen Staat auf. Alles, was an Preußen erinnerte, wurde im Osten Deutschlands ausgemerzt, musste ausgelöscht und beseitigt werden. Die Ruinen des Stadtschlosses und der Garnisonkirche z.B. wurden unter Ulbricht gesprengt und dem Erdboden gleich gemacht. Im ehemaligen Lustgarten des Stadtschlosses entstand das Ernst-Thälmann-Stadion. „Während im Westen", so schreibt Günter de Bruyn in seinem Buch *Preussens Luis*e „die zahlreichen Wilhelm- und Luisenstrassen und -plätze ihre Namen meist weiterhin behielten, die jüngeren Bundesbürger aber keine historische Erinnerung mehr damit verbanden, war in der DDR alles, was an Monarchie erinnerte, umbenannt oder, wie manches Friedrich-Denkmal, beseitigt worden. An die Stelle der Friedrichs und Wilhelms sollten die Lenins und Thälmanns treten". Das wurde auch in Potsdam mit großer (preußischer) Präzision durchgeführt. So wurden etliche Straßen und Plätze umbenannt, wie z.B.

alt	neu
Alte Königstrasse	in Friedrich-Engels-Strasse
Auguste-Viktoria-Strasse	in Nansen-Strasse
Blücher-Strasse	in Fulton Strasse
Charlottenstrasse	in Wilhelm-Pieck-Strasse
Friedrichstrasse	in Posthofstrasse
Großbeerenstrasse	in Ernst-Thälmann-Strasse
Hohenzollernstrasse	in Schopenhauer-Strasse
Kaiser-Wilhelm-Allee	in Hegel Allee
Kurfürstenstrasse	in Strasse der Jugend
Luisen-Strasse	in Zeppelinstrasse, später Lenin-Allee
Neue Königstrasse	in Berlinerstrasse
Friedrich-Platz	in Weberplatz
Luisen-Platz	in Brandenburger Platz, dannr Platz der Nationen
Wilhelm-Platz	in Platz der Einheit

Die Aufzählung ließe sich noch beliebig fortführen. Aber nicht nur Strassen- und Platznamen waren nicht mehr zeitgemäß und störten. Auch verschiedene Apotheken wechselten gemäß dem neuen Zeitgeist ihren Namen. Betroffen waren vor allem diejenigen Offizinen, deren Namen an die preußische und deutsche Geschichte erinnerten. Mehrere Apothekenbesitzer bzw. -leiter wurden im Dezember 1950 bzw. im Januar 1951 aufgefordert, ihren Apotheken einen neuen Namen zu geben.

alt	neu
Adler-Apotheke (Hof-Apotheke)	Dunckers-Apotheke
Cecilien-Apotheke	Galenus-Apotheke
Charlottenhof-Apotheke	Park-Apotheke
Kronen-Apotheke	Grüne Apotheke
Kurmark-Apotheke	Hubertus-Apotheke
Luisen-Apotheke	Stadt-Apotheke

Apothekenschließungen

Am 2. November 1951 wurde auf Anordnung des Gesundheitsamtes Potsdam und im Einverständnis mit dem Ministerium für Gesundheitswesen des Landes Brandenburg die Hubertus-Apotheke geschlossen und das Geschäfts- und Privatkonto des Pächters, Johannes Muschner, bis auf Widerruf gesperrt. Einige Tage später, am 12. November, eröffnete das Amtsgericht Potsdam das Konkursverfahren über die Hubertus-Apotheke. Zum Konkursverwalter wurde der Prozessagent Hinz benannt.

Am 3. April 1954 verstarb der Besitzer der Dunckers-Apotheke, Hermann Duncker (1884 - 1954), im St. Josefskrankenhaus in Potsdam. Die Apotheke wurde daraufhin geschlossen. Auf Beschluss des Rates der Stadt Potsdam, Abteilung Gesundheits- und Sozialwesen, ist die Bären-Apotheke, Dortu Strasse 63, zum 1. Januar 1956 aufgelöst worden.

Nach dem 13. August 1961 verlor die Rosen-Apotheke, unmittelbar an der Grenze zu Berlin-West im „Mauerbereich" gelegen, ihre Existenzberechtigung und wurde im November 1961 geschlossen.

Am 1. April 1969 erfolgte die Schließung der Grüne Apotheke und am 15. Oktober 1973 die der Löwen-Apotheke.

Innerhalb von achtzehn Jahren wurden somit sechs Apotheken geschlossen.

Die Verstaatlichung der Apotheken

Am 22. August 1948 starb der Besitzer der Bären-Apotheke, Hermann Geis (1886 - 1948). Die Apotheke wurde mit Wirkung vom 1. Oktober 1949 als Landesapotheke an die Pächterin Ruth Kieselbach vergeben, die die Apotheke bereits nach dem Tode von Geis geleitet hatte.

Die Kurmark-Apotheke erhielt ebenfalls mit Wirkung vom 1. Oktober 1949 den Status einer Landesapotheke. Als Pächter wurde der Apotheker Johannes Muschner eingesetzt, nachdem der bisherige Besitzer, Wilhelm Strey, seinen Wohnsitz nach Bad Kreuznach verlegt hatte.

Am 5. März 1950 starb der Besitzer der Luisen-Apotheke, Hanns Erdelmann (1902 - 1950). Die Apotheke wurde daraufhin ab 1. April 1950 in eine Poliklinik-Apotheke umgewandelt, als Fachabteilung dem Städtischen Ambulatorium Potsdam angeschlossen und Magdalena Erfurth (1904 - 1971) als Leiterin eingesetzt. Die Luisen-Apotheke war damit die erste staatlich betriebene Apotheke in Potsdam.

Der Besitzer der Linden-Apotheke Paul Baron (1888 - 1964) zog im Jahr 1951 nach Berlin-West. Die Linden-Apotheke wurde ebenso wie die Stadt-Apotheke in eine Poliklinik-Apotheke umgewandelt und Alfred Zesch (1909 - 1982) am 1. Oktober 1951 zum Apothekenleiter berufen. Wenige Monate später, im Dezember 1951, bestätigte die Regierung des Landes Brandenburg die Linden-Apotheke als Landesdepot-Apotheke.

Der Besitzer der Neuendorfer Apotheke, Paul Wegner (1871 - 1958), verkaufte 1953 seine Apotheke an den Staat. Auch sie wurde Poliklinik-Apotheke (Neuendorfer-Apotheke). Der bereits 82jährige ehemalige Besitzer war nun staatlicher Leiter.

Im November 1946 übernahm Carl Witt die Apotheke in Bornstedt. Er führte sie als Landesapotheke und leitete sie ab November 1954 als staatlicher Leiter bis zu seiner „Republikflucht", um ein Wort aus der Terminologie des „Kalten Krieges" zu benutzen, im Jahre 1956.

Der Besitzer der Plantagen-Apotheke, Otto Teetzen (1872 - 1950), starb am 23. Oktober 1950. Die Plantagen-Apotheke ist mit Wirkung vom 1. Januar 1951 als Landesapotheke an Gerhard Scholz verpachtet worden. Vermutlich wurde sie 1955 staatlich.

Die Verstaatlichung der Rosen-Apotheke erfolgte im Jahre 1957. Sie war zunächst Zweigapotheke der Linden-Apotheke und ab 1960 bis zu ihrer Schließung Zweigapotheke der Plantagen-Apotheke.

Bis zum November 1946 war Carl Witt Pächter der Kronen-Apotheke. Sein Nachfolger wurde Kurt Hamacher. Am 1. August 1957 ist die Apotheke staatlich und gleichzeitig Zweigapotheke der Stadt-Apotheke geworden. Ab 1. Januar 1967 bis zu ihrer Schließung war sie dann Zweigapotheke der Plantagen-Apotheke.

Harald Hammer kaufte am 25. März 1948 die Hirsch-Apotheke von Dr. med. dent. Ilse Goerke. Nach seinem Umzug in die Bundesrepublik, im Jahre 1958, ging auch diese Apotheke in staatliches Eigentum über.

Georg Kardorf (1907 - 1964) kaufte die Löwen-Apotheke am 8. März 1949 von Karl Krumbholz. Am 1. Januar 1963 verkaufte Kardorf die Löwen-Apotheke an den Staat und leitete die staatliche Löwen-Apotheke bis zu seinem Tod am 16. Juli 1964.

Josef Kolodziej (1898 - 1972) erwarb am 14. Juli 1949 die Charlottenhof-Apotheke von Martha Tiedge. Nach seinem Tod, am 3. April 1972, erfolgte die Verstaatlichung der Apotheke zum 1. Juli 1972.

Am 30. Dezember 1946 verpachtete der Besitzer der Cecilien-Apotheke, August Bramstedt, die Apotheke an Clemens Schulte (1908 - 1974). Als Schulte am 1. März 1974 starb, erfolgte laut Beschluss des Rates der Stadt Potsdam vom 25. September 1974 die Umwandlung der Galenus-Apotheke in eine staatliche Einrichtung.

So gingen im Verlauf von 24 Jahren alle Potsdamer Apotheken in staatliches Eigentum über.

Neugründungen: die Zentral-Apotheke, die Apotheke am Stern, die Einhorn-Apotheke

In der DDR richtete sich die Zulassung der Apotheken nach den Bedürfnissen der Bevölkerung und der medizinischen Einrichtungen und erfolgte durch den Rat des Kreises, Abteilung Gesundheits- und Sozialwesen.

Abbildung 11: Zentralapotheke, Heinrich-Rau-Allee 49, 1989

Nach jahrelangen Vorbereitungsarbeiten wurde im Zentrum der Stadt, am 15. Oktober 1973, die Zentral-Apotheke eröffnet. Die Zentral-Apotheke übernahm auch die Arzneimittel der Nomenklatur C. Es lag in der Grundkonzeption dieses Apothekenneubaus, dass mit seiner Eröffnung die Löwen-Apotheke geschlossen wurde. Die Räume der Löwen-Apotheke übernahm die Abteilung Herstellung. Zeitweilig waren dort auch noch die Abteilungen Qualitätssicherung und Ökonomie untergebracht.

Als das Neubaugebiet am Stern entstand, war es naheliegend, für dieses große Wohngebiet ein Ambulatorium und eine Apotheke zu errichten. Am 17. Dezember 1979 wurde die Apotheke am Stern eröffnet.

Abbildung 12: Apotheke am Stern, Newton Str. 6, 1989

Abbildung 13: Einhorn-Apotheke, Otto-Grotewohl-Str. 46, 1989

Bereits im Oktober 1961 forderte der damalige Kreisapotheker, Alfred Zesch, für das Neubaugebiet Waldstadt eine Apotheke. Es sollten aber noch 24 Jahre bis zur Realisierung dieser Forderung vergehen. Kollege Zesch erlebte nicht mehr die Eröffnung dieser Apotheke. Gegenüber der sogenannten Waldstadt 1 wurde ein weiteres großes Neubaugebiet errichtet, die Waldstadt 2. Beide Wohngebiete erhielten eine Poliklinik und eine Apotheke. Am 2. September 1985 stand die Einhorn-Apotheke der Bevölkerung zur Verfügung.

Apothekenräume und Gerätschaften

Am 26. August 1947 erhielt eine neue Apothekenbetriebsordnung, als Ministerialerlass von der Deutschen Zentralverwaltung für das Gesundheitswesen als Entwurf vorbereitet und den Ländern in der sowjetischen Besatzungszone mit der Bitte um gleichlautenden Erlass unterbreitet, im Land Brandenburg Gesetzeskraft.

Die Apothekenbetriebsordnung von 1958 legte im Unterschied zur Apothekenbetriebsordnung von 1902 neben den Räumlichkeiten der Apotheke auch deren Zweckbestimmung fest.

Bezüglich der Räumlichkeiten erwiesen sich die Bedingungen der Apotheken in Potsdam nach Beendigung des Zweiten Weltkrieges als katastrophal. Nur die vier Babelsberger Apotheken sowie die Cecilien-Apotheke und die Luisen-Apotheke waren unbeschädigt geblieben. Den gesetzlichen Regeln von 1958 folgend, sind in den darauffolgenden Jahren fast alle Apotheken modernisiert worden, d. h. sie wurden räumlich verändert, erhielten ein neues Mobiliar, eine Zentralheizung, und es wurden ihnen weitere Räume zur Verbesserung der Arbeits- und Lebensbedingungen der Mitarbeiter zugesprochen.

„Im September 1964 öffnete die Hirsch-Apotheke nach umfassenden Umbauten wieder ihre Pforten. Die hellen und freundlichen Räume mit ihrer neuen gediegenen Einrichtung, die den Vorschriften der Apothekengesetzgebung von 1958 entspricht, lassen diese Apotheke zur modernsten in Potsdam werden".

Zwischen 1964 und 1965 erfolgte die Modernisierung der Stadt-Apotheke. Die Offizin wurde vergrößert, die Rezeptur aus der Offizin verlegt und damit separiert, beide Räume mit neuem Mobiliar versehen und eine Zentralheizung installiert. Es schlossen sich Umbau, Renovierung und Neueinrichtung des Warenlagers an. Auch die Kellerräume wurden umgebaut und renoviert. In der ehemaligen Wohnung in der ersten Etage des Apothekengebäudes konnte ein Lagerraum für Verbandstoffe und medizintechnische Erzeugnisse sowie ein Belegschaftsraum eingerichtet werden.

Unter der Leitung von Hubert Priebe (geb. 1935), der die Leitung der Löwen-Apotheke im April 1966 übernommen hatte, erfolgten umfangreiche Umbauarbeiten. Zunächst wurde der Seitenflügel auf dem Hof verlängert und ausgebaut.

Dem schloss sich die Verlegung der Offizin und der Rezeptur auf die linke Seite des Hauses an. Beide Räume erhielten ein neues Mobiliar und eine Zentralheizung. Als die Löwen-Apotheke im Jahre 1973 geschlossen wurde, konnte die Einrichtung dieser Apotheke in die Plantagen-Apotheke eingebaut werden. Während des Umbaus war die Plantagen-Apotheke provisorisch im Haus Plantagenstrasse 16 untergebracht.

Nach der Verstaatlichung der Park-Apotheke im Jahre 1972 konnte die Wohnung neben den Apothekenräumen zu Apothekenzwecken genutzt und dadurch die Umwandlung der Park-Apotheke von einer Notapotheke zu einer Vollapotheke vollzogen werden. Dies war dem früheren Besitzer trotz mehrfacher Anträge beim Rat der Stadt verwehrt worden, obwohl die Mietverträge vom 2. August und 31. Dezember 1948 sowie das Revisionsprotokoll vom 5. März 1964 auf die räumliche Enge in dieser Apotheke hinwiesen: „Laden (Offizin) 36,7 qm, Gang, in dem auch der Ofen für die Heizung steht, 10,2 qm, Arzneikeller 34,5 qm, in einer Ecke von ihm der Spülraum, insgesamt 81,4 qm. Büroarbeiten werden in der Wohnung des Apothekenbesitzers durchgeführt. Toilettenbenutzung im Nachbarhaus". Die Park-Apotheke erhielt durch die Raumzuweisung ein Labor, einen Spezialitäten- und Verbandstoffraum, ein Büro, einen Aufenthaltsraum für die Belegschaft und endlich einen Sanitärraum.

Von 1972 bis 1973 erfolgten in der Linden-Apotheke umfangreiche Renovierungsarbeiten. Die Rezeptur wurde von der Offizin getrennt und beide Räume mit einer neuen Einrichtung versehen.

Im Jahre 1977 sind der Apotheke in Bornstedt ehemalige Wohnungsräume von insgesamt 99 qm in der ersten Etage des Apothekengebäudes zugesprochen worden. Damit erhielt die Apotheke zwei zusätzliche Lageräume, ein Büro, einen Belegschaftsraum, eine Spülküche und einen Sanitärraum und konnte somit ihre bisherigen Räumlichkeiten wesentlich vergrößern.

In der Galenus-Apotheke wurde im Jahre 1980 die Rezeptur von der Offizin getrennt. Beide Räume erhielten neues Mobiliar.

Innerhalb von sechzehn Jahren, zwischen 1964 und 1980, wurden acht Apotheken renoviert, umgebaut, räumlich erweitert und erhielten ein neues Mobiliar.

Die Apothekenbetriebsordnung von 1958 legte für jeden Apothekenraum die Einrichtungsgegenstände und die Arbeitsgeräte in der Anlage 1 fest.

Im Gegensatz zu den Räumlichkeiten der Apotheken war ihre Ausrüstung mit entsprechenden Geräten weniger problematisch. Viele Arbeitsmittel, die die gesetzliche Bestimmung des Jahres 1958 vorsah, sind auch heute noch unentbehrlich, wie Mörser, Pistill und Spatel, während andere wie Pillenmaschine und Infundiergerät inzwischen in der Apotheke als obsolet gelten.

Die Arbeitsteilung im Apothekenwesen, die durch die Richtlinie des Ministeriums für Gesundheitswesen im Jahre 1984 erfolgte, ermöglichte andererseits die Konzentration bestimmter Arbeitsgeräte in den Abteilungen Qualitätssicherung und Arzneimittelherstellung. So ist die Abteilung Qualitätssicherung z.B. mit Photometer, Refraktometer, Viskosimeter, Polarimeter, pH-Messgerät und Schmelzpunktbestimmungsapparat ausgerüstet gewesen. Die Abteilung Arzneimittelherstellung verfügte dagegen u.a. über eine Mischanlage für Lösungen, Rühr- und Schlagmaschinen, Membranfiltergeräte zur ophthalmologischen Herstellung, Abfülltechnik für Lösungen und Salben und Automaten zum Bedrucken von Behältnissen.

Frauen in der Potsdamer Pharmazie

Der 24. April 1899 ist für den pharmazeutischen Berufsstand in Deutschland ein historisches Datum, denn von nun an waren Frauen durch die „Bekanntmachung, betreffend die Auslegung der Prüfungsordnungen für Ärzte, Zahnärzte und Apotheker" zum Studium dieser Fächer zugelassen. Das führte aber nicht sofort zu einem Ansturm auf das Pharmaziestudium. Die Zahl der Immatrikulationen war zunächst noch sehr gering. Zwar war das Abitur noch nicht Voraussetzung für das Pharmaziestudium, es genügte bereits der erfolgreiche Abschluss von Obersekunda bzw. Unterprima, doch es reichte „zur Zulassung der erfolgreiche Abschluss einer preußischen höheren Mädchenschule nebst Sonderprüfung im Latein nicht". Es fehlten also einerseits die schulischen Voraussetzungen, da es nur ganz wenige Schulen für Mädchen damals gab, deren Zeugnisse zu einem Universitätsstudium berechtigten. Andererseits waren nur wenige Apothekeninhaber bereit, einen weiblichen Lehrling einzustellen; es gab noch zu viele Vorbehalte. Das änderte sich aber in den nächsten Jahrzehnten nicht zuletzt als eine Folge des Ersten und Zweiten Weltkrieges. In dem Buch „Frauen in der Pharmazie – Die Geschichte eines Frauenberufes" der Autorin Gabriele Beisswanger wird diese Entwicklung ausführlich beschrieben.

Im vierten Jahrzehnt des vergangenen Jahrhunderts waren examinierte Pharmazeutinnen erstmals als Mitarbeiterinnen in Potsdamer Apotheken tätig. Die Tochter des Apothekers Paul Wegner, Inhaber der Neuendorfer Apotheke, hatte im November 1931 das pharmazeutische Staatsexamen bestanden und arbeitete anschließend in der väterlichen Apotheke. Am 19. Juni 1937 bat die approbierte Apothekerin Eva Sandmann beim Medizinalbüro der Regierung in Potsdam um baldige Vereidigung, da sie den Leiter der Kronen-Apotheke, Wilhelm Trapp, in dessen Abwesenheit infolge von Urlaub vertreten sollte. Im Revisionsprotokoll der Linden-Apotheke vom 7. Juli 1937 wurde bei der Aufzählung des Personals u. a. die approbierte Assistentin Fräulein Mechler genannt.

Frauen übernahmen in Potsdam die Leitung einer Apotheke erstmals nach Beendigung des Zweiten Weltkrieges. Martha Tiedge, Tochter des am 8. Juni 1946 verstorbenen Apothekenbesitzers Bernhard Albers, leitete die Charlottenhof-Apotheke (Privatapotheke, Notapotheke) seit 1. Juli 1946. Ruth Kieselbach wurde Nachfolgerin des am 22. August 1948 verstorbenen Hermann Geis in der Leitung der Bären-Apotheke (Pachtapotheke, Notapotheke). Magdalena Erfurth übernahm die Leitung der Luisen-Apotheke (Poliklinik-Apotheke) am 1. April 1950, nachdem der Apothekenbesitzer, Hanns Erdelmann, am 5. März 1950 verstorben war.

Die Zahl der Apothekenleiterinnen blieb in den folgenden Jahrzehnten zunächst gering, stieg dann aber schlagartig an und erreichte ihren Höhepunkt im letzten Jahrzehnt der DDR. Die nachfolgende Tabelle gibt einen Überblick über Apothekenleiterinnen in Potsdamer Apotheken:

1960	Neuendorfer Apotheke	Anneliese Werner
	Stadt-Apotheke	Magdalena Erfurth
1970	Apotheke Bornstedt	Waltraut Kober
	Neuendorfer-Apotheke	Rosemarie Uber

Bis 1980 erhöhte sich die Zahl der Apothekenleiterinnen auf sieben.

Apotheke am Stern	Ilse Starke
Apotheke Bornstedt	Waltraut Kober
Galenus-Apotheke	Margot Brehmer
Linden-Apotheke	Gudrun Berg
Neuendorfer-Apotheke	Erika Rosenow
Park-Apotheke	Gisela Volkmann
Plantagen-Apotheke	Marianne Zschiesche

1990, zum Zeitpunkt der Währungs-, Wirtschafts- und Sozialunion mit der Bundesrepublik Deutschland, leiteten acht Frauen und drei Herren die elf öffentlichen Apotheken. Die zu diesem Zeitpunkt existierenden drei Krankenhausapotheken wurden ausnahmslos von Frauen geführt.

Apotheke am Stern	Ilse Starke
Apotheke Bornstedt	Waltraut Kober
Einhorn-Apotheke	Ingrid Zanke
Galenus-Apotheke	Margot Brehmer
Hirsch-Apotheke	Renate Opitz
Linden-Apotheke	Gudrun Berg
Neuendorfer-Apotheke	Erika Rosenow
Park-Apotheke	Gisela Volkmann

Im Jahre 2001 gab es in der Landeshauptstadt Potsdam mit ungefähr 130000 Einwohnern 38 öffentliche Apotheken, davon vier offene Handelsgesellschaften (OHG). Von den 42 Apothekenbesitzern/innen sind 17 männlich und 25 weiblich. Es existiert nur noch eine Krankenhausapotheke, die von einer Frau geleitet wird. Dominierten die Frauen 1990 eindeutig in der Leitung einer staatlichen Apotheke (78%), so sind es aber dennoch elf Jahre später im Apothekenvorstand immerhin noch 60%.

Das Apothekenpersonal

Die bauliche Substanz der Apotheken hatte durch den Zweiten Weltkrieg, wie bereits erwähnt, stark gelitten. Die Tatsache, dass im Jahre 1949 von vierzehn öffentlichen Apotheken fünf Notapotheken waren, widerspiegelt sich auch in der personellen Struktur. Die Mitarbeiter waren z.T. unter Bedingungen tätig, die nicht den gesetzlichen Bestimmungen entsprachen. Im Gründungsjahr der DDR, 1949, hatten die Potsdamer Apotheken folgende Mitarbeiter:

Adler-Apotheke	Inhaber		1 Assistent (Vorexaminierter)
Bären-Apotheke	Pächter		1 Assistent (Vorexaminierter)
Apotheke Bornstedt	Pächter		1 Assistent (Vorexaminierter)
Cecilien-Apotheke	Pächter	1 Apotheker	1 Assistent (Vorexaminierter)
Charlottenhof-Apotheke	Inhaber		1 Assistent (Vorexaminierter)
Hirsch-Apotheke	Inhaber	1 Apotheker	
Kronen-Apotheke	Pächter		1 Assistent (Vorexaminierter)
Kurmark-Apotheke	Pächter		1 Assistent (Vorexaminierter)
Linden-Apotheke	Inhaber	1 Apotheker	
Luisen-Apotheke	Inhaber	1 Apotheker	3 Assistenten

			(Vorexaminierte)
Neuendorfer-Apotheke	Inhaber	1 Apotheker	1 Assistent (Vorexaminierter)
Plantagen-Apotheke	Inhaber		1 Assistent (Vorexaminierter)
Rosen-Apotheke	Inhaber		

Die Aufstellung enthält über Apothekenhelferinnen, die damals zum pharmazeutischen Hilfspersonal zählten, keine Angaben.

Der Paragraph 23 der Apothekenbetriebsordnung aus dem Jahre 1958 lautete: „In einer Apotheke sind fachlich tätig: a) Apotheker, b) Apothekenassistenten, c) Apothekenhelfer". Letztgenannte durften nur die im Berufsbild aufgeführten Arbeiten verrichten. Die Verbesserung der medizinischen und pharmazeutischen Betreuung der Bevölkerung und die Schließung der Notapotheken in den folgenden Jahren führten zu einer Umsatzsteigerung in den verbliebenen Apotheken, und demzufolge nahm die Mitarbeiterzahl zu. Das Entstehen neuer medizinischer Einrichtungen, die Errichtung von Spezialsprechstunden, die auch die Bevölkerung der Potsdamer Umgebung einbezog, der Bau von großen neuen Wohngebieten, der die Einwohnerzahl Potsdams stetig ansteigen ließ, rechtfertigte die Belegschaftsstärke der Potsdamer Apotheken. Im Jahre 1989, am 40. Jahrestag der DDR, hatte die Mitarbeiterzahl einschließlich der Apothekenleiter folgenden Stand:

Apotheke	Apotheker/innen	Fachschulabsolventen (Assistenten, Pharmazieingenieure)	Apothekenfacharbeiter/in
Apotheke am Stern	3	7	2
Apotheke Bornstedt	1	3	1
Einhorn-Apotheke	3	10	5
Galenus-Apotheke	3	5	2
Hirsch-Apotheke	3	7	4
Linden-Apotheke	4	8	4

Neuendorfer-Apotheke	2	4	1
Park-Apotheke	1	4	3
Plantagen-Apotheke	1	4	2
Stadt-Apotheke	4	6	4
Zentral-Apotheke	6	18	13

Darüber hinaus waren in der Abteilung Qualitätssicherung des Pharmazeutischen Zentrums zwei Apotheker, ein Pharmazieingenieur und eine Laborantin tätig. In der Abteilung Arzneimittelherstellung arbeiteten drei Apotheker, fünf Pharmazieingenieure, eine chemisch-technische Assistentin, eine medizinisch-technische Laborantin und eine Apotheken-facharbeiterin. In der Abteilung Pharmazie mit den Fachgebieten Arzneimittelversorgung und Aus- und Weiterbildung waren drei Apotheker, in der Abteilung Medizintechnik ein Apotheker und zwei Fachschulabsolventen und im Fachgebiet spezielle materielle Reserven eine Fachschulabsolventin beschäftigt. Es waren wesentlich mehr Apotheker als vor vierzig Jahren tätig. Die Berufsgruppe der „Vorexaminierten" arbeitete nicht mehr in Potsdamer Apotheken. Durch die Fachschulberufe Apothekenassistent und vor allem Pharmazieingenieur war eine solide personelle Basis geschaffen worden. Der Apothekenfacharbeiter hatte zudem den Apothekenhelfer ersetzt.

Aus- und Weiterbildung

Während vor dem Zweiten Weltkrieg das Hochschulstudium als einzige Form der pharmazeutischen Ausbildung existierte, der Vorexaminierte nach zweijähriger Lehre und bestandener Prüfung quasi nur eine Zwischenstation war, und erst im Jahre 1940, bedingt durch den Arbeitskräftemangel, die Ausbildung zur Apothekenhelferin hinzukam, ist in der DDR eine pharmazeutische Ausbildung auf drei Ebenen zu verzeichnen gewesen.

Hochschulausbildung: Nach dem Krieg war zunächst an sechs Universitäten – Berlin, Greifswald, Halle, Jena, Leipzig und Rostock –, später nur noch an drei – Berlin, Greifswald und Halle – die Ausbildung für Pharmazeuten auf dem Gebiet der DDR möglich. Bis 1951 erfolgte die Ausbildung nach der Prüfungsordnung vom 8. Dezember 1934. Eine Erweiterung der Lehrinhalte brachte der

Studienplan von 1951. Damit war der Grundstein für die ständige Aktualisierung der Ausbildung des pharmazeutischen Nachwuchses gelegt. 1955 wurde das Pharmaziestudium auf fünf Jahre verlängert, wobei das erste Studienjahr unter Leitung der pharmazeutischen Institute als einjähriges gelenktes Berufspraktikum in Apotheken absolviert werden musste. Mit dem Studienjahr 1967/68 begann das Diplomstudium für Pharmazeuten. 1975 und 1980 traten neue bzw. präzisierte Studienpläne in Kraft. An neuen Lehrgebieten kamen z.b. die Biopharmazie, die Militärpharmazie und die Geschichte der Naturwissenschaften/Pharmazie hinzu.

Fachschulausbildung: Am 26. November 1951 wurde die Pharmazieschule in Leipzig eröffnet. Zunächst in einem einjährigen, ab 1952 in einem zweijährigen Studium wurden Apothekenassistenten ausgebildet. Seit 1955 konnte der Fachschulabschluss auch über ein vierjähriges Fernstudium erworben werden. 1956 erfolgte die Umwandlung der Pharmazieschule in die Fachschule für Pharmazie. Am 26. November 1971 erhielt die Fachschule für Pharmazie den Status einer Ingenieurschule für Pharmazie. Nach erfolgreich abgeschlossener Lehre zum Apothekenfacharbeiter wurden in einem dreijährigen Studium Pharmazieingenieure ausgebildet.

Apothekenhelfer(in) bzw. Apothekenfacharbeiter(in): Für den Beruf des Apothekenhelfers wurde 1956 ein einheitlicher Lehrplan eingeführt. Obwohl die mittlere Reife als schulische Vorbildung gefordert war und die Lehre zwei Jahre dauerte, zählte diese Berufsgruppe zu jener Zeit noch zum pharmazeutischen Hilfspersonal. Erst 1962 sind die Apothekenhelfer den mittleren medizinischen Berufen zugerechnet worden. Nachdem die Ausbildung 1968/69 auf 1,5 Jahre auf Grund eines neuen Lehrplanes verkürzt worden war, konnte 1976 die zweijährige Berufsausbildung wieder eingeführt und der Lehrplan kontinuierlich aktualisiert werden, um den ständig steigenden Anforderungen an diese Berufsgruppe in der Praxis zu genügen.

Pharmazeutischer Assistent: Am 1. September 1989 begann die Ausbildung zu diesem neuen Beruf im Apothekenwesen mit Fachschulabschluss. Während die Ausbildung zum Pharmazieingenieur eingestellt wurde, ist die Berufsausbildung von Apothekenfacharbeitern in die neue Fachschulausbildung integriert worden. Nach erfolgreichem Abschluss der 10. Klasse der allgemeinbildenden polytechnischen Oberschule wurde ein dreijähriges Studium aufgenommen. Eine höhere Dynamik in der Entwicklung des Arzneimittelsortiments, der Labordiagnostika und von medizinischem Verbrauchsmaterial erforderte zusätzliche Kenntnisse. Differenzierte Bestandshaltung und Lagerbedingungen machten eine neue Qualität in der Ausbildung notwendig. Im Jahre 1989 nahmen vier Potsdamer Schulabgänger diese neue Ausbildung auf.

Weiterbildung: Die Apothekenbetriebsordnung von 1958 verpflichtete Apotheker und Apothekenassistenten zu einer fachlichen Weiterbildung. Sie wurde seitdem systematisch und umfassend in Zusammenarbeit mit den pharmazeutischen Instituten der Universitäten, dem Deutschen Institut für Arzneimittelwesen (später Institut für Arzneimittelwesen der DDR), dem Deutschen Institut für Apothekenwesen (später Zentralinstitut für Apothekenwesen und Medizintechnik), der Pharmazeutischen Gesellschaft der DDR und der Deutschen Akademie für ärztliche Fortbildung (später Akademie für ärztliche Fortbildung der DDR) durchgeführt. Die kontinuierliche berufliche Weiterbildung der Fachschulabsolventen und Facharbeiter im Apothekenwesen war auf der Grundlage der Anordnung über den obligatorischen Dienstunterricht der mittleren medizinischen Fachkräfte und der mittleren Hilfskräfte vom 27. Dezember 1965 Pflicht. Der obligatorische Dienstunterricht (ODU) für Pharmazieingenieure/Apothekenassistenten und Apothekenfacharbeiter des Jahres 1989 bestand z.B. aus zwei Pflichtthemen und zwei gemeinsamen Wahlthemen. Darüber hinaus standen separat zwei Themen für Pharmazieingenieure/Apothekenassistenten und zwei für Apothekenfacharbeiter zur Auswahl. Die beiden Pflichtthemen lauteten:

1   Jugend und Gesundheit
2. Maßnahmen zur Verhütung von AIDS.

Die beiden gemeinsamen Wahlthemen hatten folgenden Inhalt:

1. Die Durchsetzung des Programms zur Bekämpfung von Herz-Kreislauf-Krankheiten und die Aufgaben der materiell-medizinischen Versorgung
2. Der Umgang mit Giften in der Apotheke (Giftgesetz).

Die beiden Themen für die Pharmazieingenieure/Apothekenassistenten lauten:

1. Pharmakotherapie akuter und chronischer Erkrankungen der Niere und des harnableitenden Systems unter besonderer Berücksichtigung von Harnweginfektionen
2. Die aseptische Herstellung von Arzneizubereitungen.

Die Themen für die Apothekenfacharbeiter waren folgendermaßen formuliert:

1. Pharmakotherapie akuter und chronischer Erkrankungen der Niere und des harnableitenden Systems.
2. Einsatz arbeitsplatznaher Rechentechnik in der Warenbewegung und Lagerhaltung im Apothekenwesen.

Die Fachapothekerordnung von 1974 schuf für die Apotheker die Möglichkeit, sich in drei Fachrichtungen – Arzneimittelversorgung (später Allgemeinpharmazie), Arzneimittelkontrolle und Arzneimitteltechnologie – einer Weiterbildung zu unterziehen und die staatliche Anerkennung als Fachapotheker zu erwerben. Die Dauer der Weiterbildung betrug für jede Fachrichtung vier Jahre. Apotheker, die nach Erteilung der Approbation länger als zehn Jahre im Beruf tätig waren, konnten bereits nach einer zweijährigen Vorbereitungszeit den Antrag auf Zulassung zur Prüfung stellen. Während die gesetzliche Regelung aus dem Jahre 1974 noch auf ausgewählte Personen beschränkt war, verpflichtete die Fachapothekerordnung von 1987 alle Apotheker innerhalb von zwei Jahren nach Erteilung der Approbation als Apotheker, die Weiterbildung zum Fachapotheker aufzunehmen. Die Dauer der Weiterbildung betrug vier Jahre. Die obligatorische und fakultative Weiterbildung aller im Apothekenwesen tätigen Fachkräfte war die Gewähr für die Lösung der vielfältigen Aufgaben in der Arzneimittelversorgung der Bevölkerung und die Voraussetzung für die gute Zusammenarbeit zwischen Arzt und Apotheker.

Das Arzneimittelsortiment

Befehle der Sowjetischen Militäradministration in Deutschland (SMAD) standen am Beginn des Aufbaus und der Organisation des Arzneimittel- und Apothekenwesens in der sowjetischen Besatzungszone. Der Befehl Nr. 17 der SMAD vom 27. Juli 1945 über die Bildung der Deutschen Zentralverwaltung für das Gesundheitswesen legte den Grundstein für den Aufbau eines neuen Gesundheitswesens und damit auch des Arzneimittel- und Apothekenwesens. Der SMAD-Befehl Nr. 30 vom 12. Februar 1946 rief zum energischen Kampf gegen die Geschlechtskrankheiten auf. Den Präsidenten der Provinzen und Länder wurde befohlen „Alle Maßnahmen zur Erzeugung von Arzneimitteln bis zur vollen Deckung des Bedarfs an Medikamenten zur Behandlung der Geschlechtskrankheiten zu ergreifen. Die hauptsächlichen Mangelwaren (Salvarsan, Wismut und Quecksilber) sind im Interzonenhandel aus den anderen Zonen einzuführen". Der SMAD-Befehl Nr. 213 vom 15. September 1947 betraf die Organisation der Kontrolle zur Herstellung, Aufbewahrung, Abgabe und Handel mit Betäubungsmitteln in der sowjetischen Besatzungszone Deutschlands. Er regelte u. a. „die Bildung eines Amtes für Kontrolle über Herstellung, Aufbewahrung, Abgabe und Handel mit Betäubungsmitteln, die Erfassung aller Hersteller und Händler sowie die Überprüfung ihrer Berechtigung zur Teilnahme am Betäubungsmittelverkehr, die Bedarfsplanung und die Erteilung zur Erlaubnis zur Herstellung und zum Handel mit Betäubungsmitteln in Übereinstimmung mit dem Opiumgesetz vom 10. Dezember 1929 und den Ergänzungen von 1931". Der Befehl Nr. 272 vom 11. Dezember 1947 veranlasste die Errichtung von Ambulanzen und Polikliniken zur Sicherstellung der ärztlichen Versorgung der Bevölkerung. „Eine selbständige Poliklinik muß so bald als möglich über eine Röntgenabteilung, ein klinisch-diagnostisches Laboratorium, eine elektrophysikalische Abteilung und eine Apotheke verfügen". Dieser Befehl bildete die Grundlage für die Entwicklung eines staatlichen Gesundheitswesens.

Abbildung 14: Warnung vor Geschlechtskrankheiten

Nach Beendigung des Zweiten Weltkrieges bereitete die Beschaffung von Arzneimitteln große Schwierigkeiten. Es fehlten vor allem Chemotherapeutika, Insulin, Desinfektionsmittel, Narkotika, Betäubungsmittel und Verbandstoffe. Gelegentliche Arzneimittelspenden aus dem Ausland, z.B. der Schweiz, stellten eine wertvolle Hilfe dar. Mit der Schaffung „zoneneigener" Betriebe konnten allmählich die größten Engpässe überwunden werden. Der Insulinverbrauch widerspiegelt den katastrophalen Tiefstand. Im Land Brandenburg konnten 1947 nur ungefähr sechs Prozent des Mindestbedarfs besorgt werden. „Die Zufuhren über den schwarzen Markt waren für zahlungskräftige Diabetiker eine lebensrettende Lösung, während der wirtschaftlich schlecht gestellte Teil dieser Kranken das Insulindefizit teilweise nicht zu überstehen vermochte". Auch 1948 konnte der Insulinbedarf nur zu 25 Prozent abgedeckt werden. Zum Jahreswechsel 1948/49 gab es im Land Brandenburg 1052 spritzende Diabetiker, die monatlich 1,2 Millionen IE Insulin benötigten. Die monatlichen Zuteilungen an Insulin betrugen aber im günstigsten Fall 300000 bis 400000 IE, öfter sogar weniger. Im vierten Quartal 1948 setzte die Handelsgesellschaft Großberlin über die Firma Hageda in Werder/Havel die Abteilung Gesundheitswesen der Landesregierung Brandenburg in Kenntnis, dass sie die Gelegenheit hätte, 32 Millionen IE Insulin aus Dänemark aufzukaufen. Die Einheit sollte 1 Pf „West" kosten, das gesamte Geschäft demnach 320000 „Westmark" oder aber nach dem damaligen Wechselkurs 1280000 „Ostmark". Ob die Landesregierung diesem Geschäft zustimmte, konnte nicht festgestellt werden. Der Abteilung Gesundheitswesen der Landesregierung Brandenburg wurde seinerzeit auch ein Kompensationsgeschäft unterbreitet, wonach gegen die Bereitstellung von 10000 Liter Primasprit eine entsprechende Menge Insulin geliefert werden sollte. Für dieses Geschäft wurde die Einwilligung der Sowjetischen Militäradministration benötigt. Ob sie eingeholt werden konnte und somit der Handel zustande kam, war nicht zu ermitteln. Eine große Hilfe in der Insulinversorgung waren die Spenden des Internationalen Roten Kreuzes (IRK). Im ersten Quartal des Jahres 1949 war ein grippales Geschehen im Land Brandenburg zu verzeichnen. Die pharmazeutisch-chemischen Fabriken waren nicht mehr in der Lage, genügend Hustensäfte herzustellen. Die Abteilung Gesundheitswesen der Landesregierung Brandenburg sah sich gezwungen, größere Mengen Zucker für die Produktion von Hustensäften zu beschaffen. Kurzfristig wurde Zucker an die Apotheken zur Herstellung von Pertussin-Hustensaft und zur Bereitung von Sirupus simplex vergällt mit Thymian verteilt. Große Probleme traten bei der Versorgung und Behandlung mit Penicillin auf. Dieses wichtige Antibiotikum stand einerseits nicht in ausreichendem Maße zur Verfügung, andererseits mussten von erfahrenen Ärzten Kurse für ihre Kollegen in der Penicillinbehandlung durchgeführt werden, um die richtige Anwendung dieses Mittels zu ermöglichen. Penicillin aus „zoneneigener" Produktion und aus Spenden ist zu 3/5 der Gesamtmenge für die Behandlung der Gonorrhöe und die restlichen 2/5 für übrige Indikationsgebiete verwendet worden. Auch die Beschaffung von Sulfonamiden zur Bekämpfung der Gonorrhöe war ungenügend. Dem Mangel an Drogen versuchten die Mitarbeiter der Bornstedter Apotheke in lobenswerter Weise durch Anlage eines „Arzneipflanzenfeldes" Abhilfe zu schaffen.

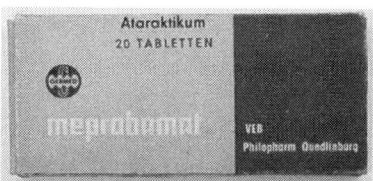 

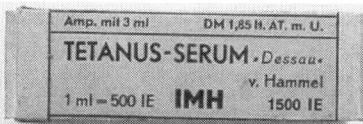 

Abbildung 15: Beispiele aus dem Arzneimittelsortiment der DDR

Der persönlichen Initiative der Apotheker war es zu verdanken, daß viele wertvolle Medikamente beschafft oder hergestellt werden konnten. Nur allmählich trat eine Stabilisierung und Normalisierung in der Arzneimittelversorgung ein.

Die Anordnung über die Regelung und Überwachung des Verkehrs mit Arzneimitteln vom 5. Oktober 1949 und ihre erste Durchführungsbestimmung legten fest, dass Arzneifertigwaren nur in den Verkehr gebracht werden durften, wenn sie in das Verzeichnis der Arzneifertigwaren eingetragen waren. Damit begann das Kontinuum des Arzneimittelverzeichnisses und etwas später der Rezeptformeln bzw. seit 1969 der Standardrezepturen und zugleich die Entwicklung eines gesetzlich kontrollierten Arzneimittelsortiments auf wissenschaftlicher Grundlage, das ständig überprüft und erneuert wurde unter Berücksichtigung neuer

Erkenntnisse in Prophylaxe, Diagnostik und Therapie. Gleichzeitig wurden hochwertige Arzneimittel, die nur in begrenztem Umfang verfügbar waren, in Landesdepotapotheken konzentriert. Für das Land Brandenburg war das die Linden-Apotheke in Potsdam-Babelsberg. Nach der Territorialordnung der DDR im Jahre 1952 ging daraus die Bezirksdepotapotheke hervor.

Das Arzneimittelverzeichnis 1954 enthielt im Teil A 1432 Arzneimittel, im Teil B 109 Seren und Impfstoffe, im Teil C 68 Stomatologika, im Teil D 62 Teesorten und 43 galenische Präparate, im Teil E 21 medizinische Pflaster, Warzen- und Hühneraugenmittel, im Teil F 32 medizinische Seifen, Bäderzusätze und Heilpackungen, im Teil G 20 natürliche und künstliche Quellsalze, im Teil H 19 Desinfektionsmittel und im Teil I 19 homöopathische Präparate. Im Arzneimittelverzeichnis 7. Ausgabe, 1965, waren erstmals 79 Arzneimittel der sogenannten Nomenklatur B enthalten, die nur in Klinik-, Kreis- und Bezirksdepotapotheken vorrätig gehalten wurden. Sie kamen dann zur Anwendung, wenn das therapeutische Ziel nicht mit anderen Mitteln zu erreichen war, um somit eine wissenschaftlich begründete Verordnungsweise in allen Therapiebereichen zu sichern. Zu diesen Arzneimitteln gehörten z.B. Delphicort-Tabletten, Fungizidin-Salbe, Heparin-Ampullen, Kanamytrex-Ampullen, Mecodin-Ampullen und Tabletten, Nystatin-Tabletten, Oxacillin-Kapseln, Terramycin-Augensalbe und Vulcamycin-Kapseln.

1968 wurden laut Verfügung des Ministeriums für Gesundheitswesen 61 Arzneimittel in die sogenannte Nomenklatur C eingestuft, die auf Grund ihrer Zusammensetzung und Wirkungsweise der spezialisierten und hochspezialisierten medizinischen Behandlung der Patienten vorbehalten waren. Zu ihnen gehörten z.B. zunächst Ampicillin-Ampullen und Kapseln, Diazepam-Ampullen, Furosemid-Ampullen und Tabletten, Haloperidol-Ampullen und Tabletten, Indometacin-Kapseln und Propranolol-Ampullen und Tabletten. 1969 erfolgte erstmals eine Aufgliederung des Arzneimittelverzeichnisses wegen des gestiegenen Umfanges der Erzeugnisse in Teil I, der 1492 Arzneifertigwaren der Nomenklatur A und B, Impfstoffe, Dentalpharmazeutika und kostenerstattungspflichtige Gesundheitspflegemittel in 78 Indikationsgruppen enthielt, und Teil II, der Verbandstoffe, Verbandpflaster, chirurgisches Nähmaterial, Plasterzeugnisse, dentaltechnische Erzeugnisse, Labordiagnostika, Stoffe, Zubereitungen und Gesundheitspflegemittel beinhaltete. Mit Wirkung vom 1. Januar 1981 entfiel das Arzneimittelsortiment der Nomenklatur B. Es wurde sowohl in das allgemeine Arzneimittelverzeichnis, Nomenklatur A, aufgenommen, als auch der spezialisierten und hochspezialisierten Betreuung, Nomenklatur C, zugeordnet. Das Arzneimittelverzeichnis 1988 enthielt im Teil I 1323 Arzneimittel der Nomenklatur A und 330 Arzneimittel der Nomenklatur C in 109 Indikationsgruppen.

Im Auftrag des Ministeriums für Gesundheitswesen der Deutschen Demokratischen Republik erschien mit Redaktionsschluss 15. Mai 1990 das Arzneimittelverzeichnis 1990, 23. Auflage. Die Arzneimittel der Nomenklatur C standen nun mit sofortiger Wirkung allen Medizinern zur ärztlichen Verordnung ohne Einschränkung zur Verfügung. Der Insertionsteil – Teil B – enthielt Arzneimittel, die in der Bundesrepublik Deutschland zugelassen waren und dort vertrieben wurden. Vier Monate später erfolgte die Herausgabe eines Ergänzungsbandes zum Arzneimittelverzeichnis 1990. Er enthielt die im zweiten und dritten Quartal 1990 in das Arzneimittelregister der DDR eingetragenen Arzneifertigwaren. „Die den Präparaten zugeordneten Texte korrespondieren mit denen der Liste Pharmindex III/1990 bzw. der Roten Liste". Das Institut für Arzneimittelwesen der DDR trug somit letztmalig die Verantwortung für die Herausgabe des Arzneimittelverzeichnisses. Damit endete eine jahrzehntelange Ära, die 1951 mit dem 1. Verzeichnis begonnen hatte. Seit 1959, Arzneimittelverzeichnis 4. Ausgabe, standen die Namen Joachim Richter und Klaus Gerecke als Gütezeichen im Arzneimittelverzeichnis. Das Arzneimittelverzeichnis 1991 wurde vom Bundesverband der pharmazeutischen Industrie, Landesverband Ost, herausgegeben und umfasste das Arzneimittelangebot der Pharmaindustrie in Brandenburg, Mecklenburg-Vorpommern, Sachsen, Sachsen-Anhalt, Thüringen und Berlin-Ost.

Die Rezeptformeln (RF) bzw. Standardrezepturen (SR) enthielten z.T. Vorschriften mit kurzer Haltbarkeit, wie z.B. Mixturen, die zur Frischherstellung zwangen, oder deren Quantität in subindustriellen Größenordnungen lag. Ferner ermöglichten sie dem Arzt auf Grund einer reichhaltigen Gestaltung eine größere Auswahl von Rezepturen zur individuellen Behandlung. In den Rezeptformeln von 1954 waren 138 Vorschriften verzeichnet, geordnet nach achtzehn Indikationsgruppen. Die Standardrezepturen 1969 enthielten 209 Vorschriften, eingestuft in 28 Indikationsgruppen. Die Standardrezepturen 1979 umfassten 222 Vorschriften in 28 Indikationsgruppen. Die Standardrezepturen 1988 beinhalteten 339 Vorschriften bei 32 Indikationsgruppen und ferner 31 standardisierte Stammlösungen bzw. Verreibungen. Die Konzeption der Rezeptformeln und Standardrezepturen lag auch dem Rezepturband des Arzneibuches der DDR (AB-DDR 83-Rezepturen) zugrunde, der 94 Vorschriften enthielt. Er trat bereits am 1. Januar 1988 außer Kraft. Im Zeitraum 1945 bis 1990, also im Verlauf von 45 Jahren, trat eine deutliche Veränderung im Arzneimittelsortiment ein. Viele Arzneifertigwaren und Rezepturen der ersten Arzneimittelverzeichnisse und Rezeptformeln, wie z.B. Infuse, Dekokte und Pillen, waren am Ende des neunten Jahrzehnts des vergangenen Jahrhunderts obsolet und wurden nicht mehr verordnet. Das Arzneimittelverzeichnis unterlag durch Löschung und Neueintragung einer ständigen Aktualisierung und Kontrolle.

Die ökonomische Lage

Die ökonomische Situation der Apotheken war nach dem Zweiten Weltkrieg z.T. sehr angespannt. Die politischen und gesellschaftlichen Verhältnisse, die Lage der pharmazeutischen Industrie und die schwierigen Bedingungen in Handel und Verkehr komplizierten die Beschaffung von Arzneimitteln, Verbandstoffen und pharmazeutischen Grundsubstanzen bzw. machten sie unmöglich. Hinzu kamen die oft desolaten räumlichen Bedingungen. Ausdruck dessen war z.B. der Konkurs der Hubertus-Apotheke im November des Jahres 1951. Nur allmählich, vor allem seit der Gründung der DDR, trat eine Stabilisierung und Konsolidierung der Apotheken ein. Im August 1949 existierten neun private und fünf Landesapotheken. Im Jahre 1968, fast zwanzig Jahre später, hatten sich die Besitzverhältnisse und die ökonomische Situation des Apothekenwesens wesentlich verändert. Von zehn öffentlichen Apotheken waren acht staatlich. Die ökonomische Kennzahl Umsatz hatte folgende Dimension:

Apotheke Bornstedt, staatlich	0,374 Millionen Mark
Galenus-Apotheke, Landesapotheke	0,893 „ „
Grüne Apotheke, staatlich	0,353 „ „
Hirsch-Apotheke, staatlich	1,486 „ „
Linden-Apotheke, staatlich	1,936 „ „
Löwen-Apotheke, staatlich	1,988 „ „
Neuendorfer-Apotheke, staatlich	0,524 „ „
Park-Apotheke, privat	0,683 „ „
Plantagen-Apotheke, staatlich	0,699 „ „
Stadt-Apotheke, staatlich	1,807 „ „

Weitere zwanzig Jahre später, 1988, waren längst alle Apotheken staatlich und der Arzneimittelverbrauch kontinuierlich gestiegen. Er beweist, welche beträchtlichen finanziellen Mittel zur pharmazeutischen Versorgung der Bürger aus dem Staatshaushalt zur Verfügung gestellt wurden.

Apotheke am Stern	3,2 Millionen Mark
Apotheke Bornstedt	1,0 „ „
Einhorn-Apotheke	3,6 „ „
Galenus-Apotheke	1,9 „ „
Hirsch-Apotheke	3,2 „ „
Linden-Apotheke	3,8 „ „
Neuendorfer Apotheke	1,0 „ „
Park-Apotheke	1,5 „ „
Plantagen-Apotheke	1,5 „ „
Stadt-Apotheke	4,8 „ „
Zentral-Apotheke	8,2 „ „

Apothekenvisitationen

Die Apothekenbetriebsordnung des Jahres 1947 für das Land Brandenburg nahm gegenüber der gesetzlichen Regelung von 1902 in Bezug auf die Apothekenaufsicht eine Änderung vor, indem nämlich die Revision der Apotheken nunmehr von einem Apotheker durchgeführt wurde.

Die erste Durchführungsbestimmung zur Verordnung über die Neuregelung des Apothekenwesens vom 6. September 1949 unterstellte die Aufsicht über die Apotheken dem örtlichen zuständigen Gesundheitsamt, das dafür einen Kreisapotheker einstellte.

Im Jahre 1962 trat die fünfte Durchführungsbestimmung zur Apothekenordnung, die Revisionsordnung, in Kraft. Sie unterschied zwischen Besichtigungen durch den Kreisapotheker, die alle sechs Monate, und Apothekenrevisionen durch eine Revisionskommission, die in einem Rhythmus von drei Jahren durchgeführt werden mussten, wofür es festgelegte Arbeitsrichtlinien gab.

Die Arbeitsrichtlinie für die Durchführung von Revisionen vom 1. Juli 1970 unterschied zwischen Komplexrevisionen, Einzelrevisionen und Apothekenbegehungen. „Komplexrevisionen sind zielgerichtete Inspektionen des Apothekenwesens eines Territoriums (Kreis), deren Schwerpunkte sich auf den allgemeinen, fachlichen und ökonomischen Teil konzentrieren. Sie sollten in jedem Kreis mindestens einmal im Laufe von fünf Jahren stattfinden".

Einzelrevisionen wurden nur in solchen Fällen durchgeführt, die eine sofortige Revision erforderlich machten. Für die Apothekenbegehungen durch den Kreisapotheker war ein Zeitintervall nicht vorgesehen. Sie sollten kontinuierlich und planmäßig erfolgen, wobei als neue Aufgabe die Kontrolle der Lager der materiellen Reserven des Gesundheitswesens hinzukam. Die Revisionsordnung für Apotheken aus dem Jahre 1962 trat durch die Verordnung über die Aufgaben und Organisation des Apothekenwesens des Jahres 1984 außer Kraft. Sie schrieb regelmäßige Komplexrevisionen des Ministeriums für Gesundheitswesen und Inspektionen bzw. Revisionen der Bezirksapothekeninspektion (BAI) vor, ohne jedoch einen Zeitraum zu nennen.

Die erste Revisionen in Potsdamer Apotheken nach dem Zweiten Weltkrieg fanden am 23. Juli 1949 in der Apotheke Bornstedt statt. Es folgten am 14. Juni 1950 die Stadt-Apotheke und die Poliklinik-Apotheke, am 11. Oktober die Kurmark-Apotheke, die Bären-Apotheke und die Cecilien-Apotheke sowie am 7. Dezember die Kronen-Apotheke. Revisoren waren der stellvertretende Amtsarzt des örtlichen Gesundheitsamtes und der zuständige Kreisapotheker. Nach Überprüfung der Approbationsurkunde, der Suchtmittel, der Eichbescheinigungen und der vorgeschriebenen pharmazeutischen Literatur erfolgte die Prüfung der Praktikanten und die Besichtigung der Apothekenräume. Der Zweite Weltkrieg hatte, wie bereits erwähnt, tiefe Spuren hinterlassen. Die Bären-Apotheke, die Kronen-Apotheke und die Kurmark-Apotheke waren Notapotheken. Hier mangelte es außer an ordnungsgemäßen Räumlichkeiten auch am entsprechenden Mobiliar. In der Kurmark-Apotheke war eine vorschriftsmäßige Aufbewahrung der Gifte und Suchtmittel und in der Bären-Apotheke eine Separierung der rot signierten Substanzen nicht möglich. Sowohl in der Kronen-Apotheke als auch in der Apotheke Bornstedt fehlte ein Laboratorium. In der Cecilien-Apotheke wies der Keller starke Schimmelbildung auf. Die Heizung der Räume erfolgte durch Öfen. Da der Zustand der Apotheken infolge des Krieges z.T. erschreckend war, forderten die Revisoren im Interesse der Öffentlichkeit eine ordentliche Wiederherstellung der Apotheken. Der Jahresbericht der Abteilung Apothekenwesen der Regierung des Landes Brandenburg für das Jahr 1950 schätzte das Ergebnis der Revisionstätigkeit folgendermaßen ein: „In vielen Fällen werden die Apotheken noch als Notapotheken betrieben, und ihre Einrichtung entspricht nicht den Forderungen der Apothekenbetriebsordnung. Die personelle Besetzung der Apotheken mit Fachkräften war als mangelhaft zu bezeichnen".

In den folgenden Jahren war die Revisionstätigkeit in den Apotheken sehr unterschiedlich. Die Stadt-Apotheke wurde 1957, 1965, 1971 und 1975 visitiert. Die Park-Apotheke wurde erstmalig 1964 nach dem Krieg einer Revision unterzogen. Da auch diese Apotheke noch den Charakter einer Notapotheke besaß, entsprach sie nicht der damaligen Apothekenbetriebsordnung.

Die Neuendorfer Apotheke wurde am 13. November 1953 und am 6. Juni 1957 visitiert. Zunächst erfolgten die Überprüfung des Stellenplanes und eine mündliche Prüfung des Lehrlings. Die vorgelegten Bücher (Suchtmittelbuch, Defekturbuch, Telefonbuch und Portokassebuch) sowie das Inventarverzeichnis und der Mietvertrag gaben keinen Grund zu Beanstandungen. Der anschließende Rundgang durch die Apothekenräume zeigte diese in einem guten, jedoch auch renovierungsbedürftigen Zustand. Die Ausstattung erwies sich als veraltet und überholungsbedürftig. Folgende Monita wurden registriert: Die große Zahl obsoleter Standgefäße mit Inhalt sollte verringert werden. Rhizoma Iridis (Veilchenwurzel) und Rhizoma Imperatoriae (Meisterwurzel) waren wurmstichig. Sublimatlösung und Liquor Ammonii caustici (Salmiakgeist) waren trüb. Auflagen: Anschaffung neuer Standgefäße.

Vom 2. bis 4. März 1971 fand eine Komplexrevision des Apothekenwesens der Stadt Potsdam statt. Zwei wichtige Empfehlungen wurden gegeben:
1. Eine Perspektive für den Stadtkreis war erforderlich. Sie musste bis zum 31. August 1971 erstellt werden.
2. Zum gleichen Zeitpunkt sollte der Leiter der zukünftigen Zentral-Apotheke feststehen.

Vom 9. bis 11. Juni 1980 fand wiederum eine Komplexrevision statt. Sie gab u.a. die Empfehlung, die „Warteschlangen" in der Zentral-Apotheke abzubauen. Seit der Bildung des Pharmazeutischen Zentrums 1986 garantierte die Abteilung Qualitätssicherung eine regelmäßige Kontrolle der Apotheken:

„Sie organisiert die Qualitätssicherung für Arzneimittel, führt analytische Untersuchungen zur Qualitätskontrolle durch und beaufsichtigt die Einhaltung von Rechtsvorschriften über den Verkehr mit Arzneimitteln, Suchtmitteln und Giften sowie über das Meßwesen im Pharmazeutischen Zentrum".

Nebentätigkeiten Potsdamer Apotheker

Der Besitzer der Linden-Apotheke, Paul Baron, betrieb auch nach dem Zweiten Weltkrieg einen pharmazeutischen Großhandel. Zusammen mit dem Kaufmann Ernst Rudloff gründete er unter dem Firmennamen „Baron und Rudloff Pharmazeutische Großhandlung" mit Sitz in Potsdam-Babelsberg, Franz-Mehring-Strasse 51, eine offene Handelsgesellschaft, OHG, die am 1. Juli 1947 den Betrieb aufnahm und in das Handelsregister beim Amtsgericht in Potsdam eingetragen wurde. Beide Gesellschafter waren am Reingewinn mit 50 % beteiligt. Im April des Jahres 1949 schied Baron aus der Firma aus und Rudloff führte das Geschäft mit dem Einverständnis von Baron als Einzelfirma unter dem bisherigen Firmennamen bis zu seinem Tode am 6. Januar 1960 weiter. Danach wurde das Geschäft aufgelöst und im Handelsregister gelöscht.

Gleichzeitig war Baron Teilhaber der Firma Baron und Hübner im Westberliner Bezirk Schöneberg. Diese Firma wurde zunächst von der amerikanischen Militärregierung beschlagnahmt und dem Chefcustodian im amerikanischen Sektor von Berlin für beschlagnahmte NSDAP-Vermögen unterstellt. Am 26. September 1947 erfolgte eine Freigabe und Baron wurde wieder in seine alten Rechte eingesetzt. Barons Geschäfte stellten nach dem Zweiten Weltkrieg die einzige Nebentätigkeit Potsdamer Apotheker im herkömmlichen kaufmännischen Gewerbe dar.

Neben ihrer Tätigkeit als Apothekenleiter waren mehrere Potsdamer Pharmazeuten indes in der Aus- und Weiterbildung pharmazeutischer Mitarbeiter in der Berufschule, an der Betriebsakademie des Gesundheitswesens und an der Ingenieurschule für Pharmazie Leipzig, Außenstelle Potsdam, tätig. An dieser Bildungsstätte wurden Apothekenfacharbeiter in einem vierjährigen Fernstudium zum Pharmazieingenieur ausgebildet. Gudrun Berg (geb. 1934), Leiterin der Linden-Apotheke, erteilte den zukünftigen Apothekenfacharbeitern mehrere Jahre in der Berufschule Unterricht. Ingrid Zanke (geb.1942), Leiterin der Einhorn-Apotheke, lehrte an der Betriebsakademie des Gesundheitswesens von 1975 bis 1979 und an der Ingenieurschule für Pharmazie Leipzig, Außenstelle

Potsdam, von 1982 bis 1987 das Fach Chemie. Ilse Starke (geb. 1940), Leiterin der Apotheke am Stern, unterrichtete die Fernstudenten im Fach Pharmakologie. Hubert Priebe, Leiter der Zentral-Apotheke, lehrte an der Ingenieurschule das Fach Organisation und Ökonomie des Apothekenwesens.

Entsprechend den gesetzlichen Bestimmungen des Jahres 1949 gibt es seitdem die Tätigkeit des Kreisapothekers. Im Jahre 1950 wurde Magdalena Erfurth, die am 1. April 1950 die Leitung der Luisen-Apotheke übernommen hatte, dieses Amt übertragen. Im September 1954 wurde Hans Wilke, Leiter der Apotheke im Krankenhaus Babelsberg, zum Kreisapotheker ernannt. Sein Nachfolger sowohl in der Leitung der Apotheke als auch in der Berufung zum Kreisapotheker war von 1955 bis 1961 Hans-Joachim Uhlmann. Als er 1961 die DDR verließ, übernahm der Leiter der Linden-Apotheke, Alfred Zesch, das Amt des Kreisapothekers, das er bis zum Beginn des Jahres 1965 wahrnahm. Als er für längere Zeit erkrankte, war zunächst in Vertretung, später, ab 1966 offiziell, Achim Sander, Leiter der Hirsch-Apotheke, Kreisapotheker und übte diese Tätigkeit bis zum Mai 1971 aus. Am 17. Mai 1971 wurde Werner Scholz (geb.1936), Leiter der Stadt-Apotheke, vom damaligen Kreisarzt Wernicke zum Kreisapotheker berufen. Er übte diese Funktion bis zur politischen Wende aus.

Neben dem Amt des Kreisapothekers waren auch zeitweilig Potsdamer Apotheker als Bezirksapotheker tätig. Von 1961 bis 1966 wirkte der Leiter der Plantagen-Apotheke, Fritz Kubier und vom 1. Januar 1967 bis zum Beginn des Jahres 1969 Werner Scholz als Bezirksapotheker. Am 1. Februar 1969 übernahm dann Karl Gutsche hauptamtlich diese Tätigkeit.

Auch in der DDR waren nebenberufliche Aktivitäten mehrerer Potsdamer Apotheker zu verzeichnen, wobei sich in der Qualität dieser Tätigkeiten ein großer Wandel vollzog. Nicht kaufmännisch-gewerbliche Nebenberufe dominierten, sondern die Tätigkeiten verlagerten sich auf die Vermittlung von Wissen an die Mitarbeiter des Gesundheitswesens, insbesondere des Apothekenwesens bzw. auf Verwaltungsaufgaben.

Ehrenämter Potsdamer Apotheker

In der Kommunalpolitik setzte Werner Scholz gute und lange Traditionen Potsdamer Apotheker fort. Im Jahre 1965 wurde er ins Parlament der Bezirksstadt gewählt und nahm sein Mandat als Vertreter der National-Demokratischen Partei Deutschlands (NDPD), einer sogenannten Blockpartei, bis zur politischen Wende wahr.

1990 - 2001

Das Bundesland Brandenburg

Am 22. Juli 1990 verabschiedete die Volkskammer der DDR das Ländereinführungsgesetz. Mit der Wiedervereinigung am 3. Oktober 1990 sind auch die fünf Bundesländer auf dem Territorium der ehemaligen DDR wieder hergestellt worden. Das Land Brandenburg mit seinen 38 Landkreisen, 1775 Gemeinden und sechs kreisfreien Städten wurde mit Potsdam als Landeshauptstadt Bestandteil der Bundesrepublik Deutschland. Mit dem Gesetz zur Neugliederung der Kreise und kreisfreien Städte vom 24. Dezember 1992 und dem Gesetz zur Bestimmung von Verwaltungssitzen und Namen der Landkreise vom 22. April 1993 wurde die Zahl der Landkreise auf vierzehn und die Zahl der kreisfreien Städte auf vier reduziert. Der rote Adler, dem 1945 die Flügel gestutzt worden waren, kann nun wieder neben dem schwarzen Adler fliegen. Das Lied von Gustav Büchsenschütz „Steige hoch du roter Adler ...", 45 Jahre verboten, darf wieder erklingen und wurde zur „Brandenburger Hymne". In seinen Wanderungen durch die Mark Brandenburg schrieb Theodor Fontane: „Historische Gestalten teilen nicht selten das Schicksal alter Statuen. Einzelne stehen durch ein Jahrtausend hin immer leuchtend und immer bewundert auf dem Postament seines Ruhmes; andere werden verschüttet oder in den Fluß geworfen. Aber endlich kommt der Moment ihrer Wieder-Erstehung, und nun erst – neben den glücklicheren neu-aufgerichtet – erwächst der Nachwelt die Möglichkeit des Vergleichs". Das trifft wohl auf Preußen und die neuen Bundesländer zu. Den Wochen und Monaten der Euphorie nach der Wiedervereinigung folgte die Realität des Alltags. In den vergangenen elf Jahren ist sehr viel geschaffen worden, dennoch sind noch nicht überall blühende Landschaften zu sehen. Der Übergang von der Diktatur des Proletariats zum Rechtsstaat, von der zentral gelenkten Volkswirtschaft zur sozialen Marktwirtschaft ist bis in die Gegenwart mit großen sozialen, wirtschaftlichen und psychologischen Problemen verbunden.

Neue apothekenrechtliche Bestimmungen

Mit der politischen Wende kamen auf die Apotheker in den neuen Bundesländern viele neue apothekenrechtliche Bestimmungen zu, und es galt, möglichst zügig neue Strukturen im Beitrittsgebiet zu schaffen wie z.B. die Privatisierung der staatlichen Apotheken, die Gründung des Apothekerverbandes und der Apothekerkammer. Die Standesvertretungen in den alten Bundesländern, besonders die des Saarlandes und von Nordrhein-Westfalen, das für Brandenburg Partnerland wurde, leisteten großzügige und selbstlose Hilfe. Die Kolleginnen und Kollegen führten Seminare durch und gaben wertvolle Hinweise zur bevorstehenden Privatisierung der Apotheken. (Was ist beim Abschluss von Mietverträgen und Versicherungen zu beachten? Zu welchen Konditionen soll ein Kredit aufgenommen werden?) Sie warnten aber auch vor „schwarzen Schafen", die mit den unerfahrenen Kolleginnen und Kollegen diverse unseriöse Geschäfte abschließen wollten. Die Apotheker mussten sich schnell mit dem Apotheken- und Arzneimittelrecht und mit der Apothekenbetriebsordnung vertraut machen, da die Privatisierung der staatlichen Apotheken nach der Wirtschafts-, Währungs- und Sozialunion am 1. Juli 1990 und dem Tag der deutschen Einheit am 3. Oktober 1990 unmittelbar bevorstand. So fordert das Gesetz über das Apothekenwesen: „Wer eine Apotheke betreiben will, bedarf der Erlaubnis der zuständigen Behörde. Die Erlaubnis gilt nur für den Apotheker, dem sie erteilt ist, und für die in der Erlaubnisurkunde bezeichneten Räume. Der Antragsteller muss Deutscher im Sinne des Artikels 116 des Grundgesetzes oder Angehöriger eines der übrigen Mitgliedstaaten der Europäischen Gemeinschaft sein. Er muss die deutsche Approbation als Apotheker und die für den Betrieb einer Apotheke erforderliche Zuverlässigkeit besitzen". Die Apothekenbetriebsordnung fordert z.B. an Apothekenräumen mindestens eine Offizin, ein Laboratorium, ausreichenden Lagerraum und ein Nachtdienstzimmer. Die Grundfläche der Apothekenbetriebsräume muss mindestens 110 qm betragen. Das Gesetz über den Verkehr mit Betäubungsmitteln (Betäubungsmittelgesetz) und die Betäubungsmittelverschreibungsordnung mit neuen Vorschriften und Bestimmungen galt es zu beachten. Das Deutsche Arzneibuch (DAB), später kam das Europäische Arzneibuch hinzu, hatte nun für die Apotheke Gültigkeit. Die Hilfstaxe für Apotheken erforderte eine umfassende Schulung aller Apothekenmitarbeiter, um Retaxationen zu vermeiden. Der Bundesrahmentarif für Apothekenmitarbeiter regelt das Gehalt, die Arbeitszeit und den Erholungs- und Bildungsurlaub. Der Tarif gilt:

1. räumlich für die Länder der Bundesrepublik Deutschland
2. fachlich für alle öffentlichen Apotheken
3. persönlich für
   a) Apotheker
   b) pharmazeutisch-technische Assistenten
   c) Apothekerassistenten
   d) Pharmazie-Ingenieure
   e) Apothekenassistenten
   f) pharmazeutisch-kaufmännische Angestellte
   g) Apothekenhelfer
   h) Apothekenfacharbeiter
   i) Pharmazeutische Assistenten

j) Personen, die sich in der Ausbildung zu einem Beruf unter a), b) und f) befinden.

Er unterschied zunächst zwischen den Mitarbeitern (West) und (Ost). Erst im Verlauf von mehreren Jahren fand eine Angleichung statt, wobei der Pharmazieingenieur (Ost) auch noch im Jahre 2001 weniger verdient als der Pharmazieingenieur (West). Vollkommen neu für die Pharmazeuten im Beitrittsgebiet waren die kaufmännischen Aspekte des Berufes, die wesentlich mehr im Vordergrund stehen als es in der DDR üblich war. Das Verhandeln um Rabatte und Skonti musste gelernt werden. Gerade davon sollten die Apotheker in der DDR befreit werden. Nun, als selbständige Angehörige der Heilberufe, konnten sie Rechte wahrnehmen und mussten jetzt Pflichten nach dem Heilberufsgesetz erfüllen. Neu war auch die Gewerbeordnung. Wer den selbständigen Betrieb eines stehenden Gewerbes betreibt, muss sich bei der zuständigen Behörde anmelden und eine Eintragung in das Handelsregister vornehmen lassen.

In den vergangenen Jahren hat eine Angleichung der Pharmazie in den alten und neuen Bundesländern stattgefunden. Wer als Patient oder Kunde eine Apotheke betritt, stellt keinen Unterschied mehr zwischen West und Ost fest.

Privatisierung von elf staatlichen Apotheken

Im Vertrag zwischen der Bundesrepublik Deutschland und der DDR über die Herstellung der Einigung Deutschlands (Einigungsvertrag) vom 31. August 1990 war die Überführung der staatlichen öffentlichen Apotheken in die Treuhandschaft der Treuhandanstalt mit dem Ziel ihrer Privatisierung bis 31. Dezember 1991, spätestens jedoch bis zum 31. Dezember 1996 vorgeschrieben. Die Privatisierung von bisher staatlichen öffentlichen Apotheken erfolgte bis zum 31. Dezember 1992 ausschließlich zugunsten von Bürgern der bisherigen DDR.

In Potsdam sind zehn staatliche Apotheken von der Treuhandanstalt an die bisherigen Leiter verkauft worden. Nur die Galenus-Apotheke erwarb eine Kollegin aus den alten Bundesländern.

<u>Dezember 1990</u>
Apotheke am Stern	Ilse Starke
Einhorn-Apotheke	Ingrid Zanke
Hirsch-Apotheke	Renate Opitz
Park-Apotheke	Gisela Volkmann
Stadt-Apotheke	Werner Scholz
Zentral-Apotheke	Hubert Priebe

Januar 1991
Linden-Apotheke (OHG)   Gudrun Berg und Heimtraud Witzke
April 1991
Neuendorfer-Apotheke   Erika Rosenow

Dezember 1991
Plantagen-Apotheke   Michael Möritz

1. September 1992
Apotheke Bornstedt   Waltraut Kober

1. November 1994
Galenus-Apotheke   Christina Eberle (Becker)

Abbildung 16: Apotheke am Stern, Newton Str. 6, 2001

Abbildung 17: Die Einhorn-Apotheke, Otto-Grotewohl-Str. 46, 1989

Abbildung 18: Die Einhorn-Apotheke, Saarmunder Str. 46, 2001

Abbildung 19: Eingang zur Hirsch-Apotheke, Otto-Nuschke-Str. 48, 1989

Abbildung 20: DieApotheke zum Goldenen Hirsch, Lindenstr. 48, 2001

Abbildung 21: Die Park-Apotheke, Geschwister-Scholl-Str. 63B, 1989

Abbildung 22: Die Park-Apotheke, Geschwister-Scholl-Str. 63B, 2001

Abbildung 23: Die Stadt-Apotheke, 1989

Abbildung 23: Die Luisen-Apotheke, Luisenplatz 5, 2001 (bis 1994 Stadt-Apotheke)

Abbildung 24: Die Zentral-Apotheke, Am Kanal 49, 2001

Abbildung 25: Die Linden-Apotheke, Rudolf-Breitscheid-Str. 32, 1989

Abbildung 26: Die Linden-Apotheke, Rudolf-Breitscheid-Str. 32, 2001

Abbildung 27: Die Neuendorfer Apotheke, Fulton Str. 16, 1989

Abbildung 28: Die Neuendorfer Apotheke, Fulton Str.16, 2001

Abbildung 29: Die Plantagen-Apotheke, Plantagenstr.13, 1989

Abbildung 30: Die Plantagen-Apotheke, Plantagenstr.13, 2001

Abbildung 31: Apotheke Bornstedt, Potsdamer Str. 175, 1989

Abbildung 32: Die Ribbeck-Apotheke in Bornstedt, Potsdamer Str. 181, 2001

Abbildung 33: Die Galenus-Apotheke, Friedrich-Ebert-Str. 35, 1989

Abbildung 34: Die Cecilien (ehem. Galenus)-Apotheke, Friedrich-Ebert-Str. 35, 2001

Gründung von 28 Apotheken

„Nach der Wende" sind in genau einem Jahrzehnt 28 Apotheken neu gegründet worden, wobei es in jedem Jahr, ausgenommen 1993, zwischen zwei und fünf Apothekeneröffnungen gab.

1991

1. März	Apotheke am Schwarzen Damm	Dr. Heinz Kühn
22. April	Löwen-Apotheke	Hartmut Langner
16. August	Jagdhaus-Apotheke (OHG)	Hannelore Mauerhoff u. Helga Oelsner
4. November	Apotheke im Graefehaus	Angelika Schulz

1992

1. Januar	Brunnen-Apotheke	Susanne Schwarz
29. Februar	Drewitzer-Apotheke	Ralph Wauschkuhn
13. November	Apotheke am Schlaatz	Barbara Thies

1993

5. Mai	Apotheke am Holländischen Viertel	Christian Knuth

1994

1. Januar	Horus-Apotheke	Hans-Jörg Düsterbeck
10. April	Zeppelin-Apotheke	Christian Buttenberg

1995

15. Februar	Residenz-Apotheke	Ulrich Thies
8. Mai	Nowawes-Apotheke	Jürgen Boehne
10. Juli	Känguruh-Apotheke (OHG)	Dr. Ralf Alhorn u. Hartmut Kulka
20. Dezember	Waldstadt-Apotheke	Dr. Dieter Zanke

1996

23. September	Heinrich-Mann-Apotheke	Inken Dietrich
24. Oktober	Sterncenter-Apotheke	Nicola Huppmann

1997

11. April	Kirchsteig-Apotheke	Wolfgang Cölln
15. Oktober	Wilhelm-Apotheke	Jürgen Boehne
3. November	Babelsberg-Apotheke	Sabine Theisen
26. November	Apotheke zum Schwarzen Bär	Corinna Stein
9. Dezember	Apotheke im Markt-Center	Ulrike Boehne

1998

16. Februar	Pinguin-Apotheke	Ulrich Graw
3. Juli	Margeriten-Apotheke	Antje Starke

1999

2. Juli	Tulpen-Apotheke	Irmtraud Wetzel
3. August	Bahnhof-Apotheke	Stephan Kärgell

2000

3. April	Drei Eichen-Apotheke	Dr. Klaus-Peter Henschel
15. Mai	Apotheke im Bahnhof	Christof Lauinger
1. September	Apotheke am Alten Rad	Gabriele Scheel

Umbenennung von Apotheken

Der Ort Bornstedt gehörte vor der Eingemeindung nach Potsdam zum Kreis Ost-Havelland. Im Havelland befindet sich seit über 600 Jahren der Stammsitz der Familie von Ribbeck. Herr von Ribbeck und sein Birnbaum haben durch Theodor Fontane Ruhm erlangt. Da in der Nähe des neuen Standortes der Apotheke bereits eine Ribbeck-Strasse und ein Ribbeck-Eck existierten, wählte Waltraut Kober für ihre Apotheke den Namen des havelländischen Gutsherren.

Dr. Heinz Kühn, ehemaliger Leiter der Abteilung Qualitätssicherung des Pharmazeutischen Zentrums Potsdam, gründete 1991 in den Räumen dieser Abteilung die Apotheke am Schwarzen Damm. Das Gebäude lag am Rande des großen Neubaugebietes Potsdam-Ost in der Straße „Schwarzer Damm". Als er 1993 seine Apotheke in das Zentrum von Potsdam-Ost verlegte, nahm er Bezug auf den Potsdamer Ortsteil.

Die Luisen-Apotheke und die Cecilien-Apotheke erhielten nach der politischen Wende ihre alten Namen wieder, die sie auf behördliche Anweisung zum Jahreswechsel 1950/1951 ablegen mussten.

1. September 1992	Apotheke Bornstedt	in Ribbeck-Apotheke
26. Juli 1993	Apotheke am Schwarzen Damm	in Ost-Apotheke
1. Januar 1994	Stadt-Apotheke	in Luisen-Apotheke
1. November 1994	Galenus-Apotheke	in Cecilien-Apotheke

Verlegung von Apotheken

Am 1. September 1992 wurde die staatliche Apotheke Bornstedt privatisiert. Sie musste von der Potsdamer Straße 175, vom Zentrum des Ortes, an den Rand der Gemeinde, zur Potsdamer Straße 1, verlegt werden und erhielt den Name Ribbeck-Apotheke. Am 28. Juli 1998 gelang es der Besitzerin, die Ribbeck-Apotheke wieder im Ortskern zu etablieren.

1. September 1992 Apotheke Bornstedt (Ribbeck-Apotheke) von Potsdamer Strasse 175 nach Potsdamer Strasse 1
26. Juli 1993 Apotheke am Schwarzen Damm nach Lotte-Pulewka-Strasse 4
28. Juli 1998 Ribbeck-Apotheke von Potsdamer Straße 1 nach Potsdamer Straße 181.

Apothekenverkäufe

Die Apothekenverkäufe erfolgten aus sehr unterschiedlichen Gründen. Die Besitzer der Plantagen-Apotheke und der Luisen-Apotheke z.B. verkauften ihre Apotheken aus gesundheitlichen Gründen. Die Besitzerinnen der Ribbeck-Apotheke, der Brunnen-Apotheke und der Park-Apotheke hatten das Rentenalter erreicht bzw. standen kurz davor. Der Besitzer der Nowawes-Apotheke verkaufte diese und gründete im Zentrum von Potsdam die Wilhelm-Apotheke. Der Besitzer der Pinguin-Apotheke verkaufte seine Apotheke und gründete in Berlin eine neue Apotheke.

1996

1. April 1996	Ost-Apotheke	von Dr. Heinz Kühn an Wulf Nebendahl

1997

1. März	Residenz-Apotheke	von Ulrich Thies an Jens Wiesenhuetter
1. Oktober	Nowawes-Apotheke	von Jürgen Boehne an Sigrun Ulrich

1998

1. Juli	Plantagen-Apotheke	von Michael Möritz an Antje (Buschatz) Oesberg
20. September	Luisen-Apotheke	von Werner Scholz an Susanne Wiesenhuetter

2000

1. Oktober	Pinguin-Apotheke	von Ulrich Graw an Dr. Andreas Nüßler

2001

15. Januar	Ribbeck-Apotheke	von Waltraut Kober an ihre Tochter Bettina Zurek
1. März	Brunnen-Apotheke	von Susanne Schwarz an Erika Rosenow
1. Juli	Park-Apotheke	von Gisela Volkmann an Jutta Alhorn und Petra Kulka
17. Oktober	Ost-Apotheke	von Wulf Nebendahl an Stephan Kärgell

Abbildung 35: Die ehem. Apotheke am Schwarzen Damm, 2001

Apothekenschließung

Am 28. Februar 2001 wurde die 1906 gegründete Neuendorfer Apotheke geschlossen.
Am 13. Oktober 2001 ist die erst im Jahre 1999 gegründete Bahnhof-Apotheke geschlossen worden.

Abbildung 36: Friedrich-Ebert-Str. 102, 1989

Abbildung 37: Die Löwen-Apotheke, Friedrich-Ebert-Str. 102, 1992

Abbildung 38: Die Löwen-Apotheke, Friedrich-Ebert-Str. 102, 2001

Abbildung 39: Jagdhaus-Apotheke, Großbeeren Str. 301, 2001

Abbildung 40: Apotheke im Graefe-Haus, Hans-Thoma-Str. 11, 2001

Abbildung 41: Brunnen-Apotheke, Kopernikus Str. 32, 2001

Abbildung 42: Drewitzer Apotheke, Konrad-Wolf-Allee 1, 2001

Abbildung 43: Apotheke am Schlaatz, Erlenhof 34, 2001

Abbildung 44: Apotheke am Holländischen Viertel, Hebbel Str. 6, 2001

Abbildung 45: Horus-Apotheke, Hebbel Str. 1 A, 2001

Abbildung 46: Zeppelin-Apotheke, Zeppelin Str. 41, 2001

Abbildung 47: Residenz-Apotheke, Zeppelin Str. 2, 2001

Abbildung 48: Nowawes-Apotheke, Garnstr. 34, 2001

Abbildung 49: Känguruh-Apotheke, Geschwister-Scholl-Str. 83, 2001

Abbildung 50: Waldstadt-Apotheke, Am Moosfenn 1, 2001

Abbildung 51: Heinrich-Mann-Apotheke, Johannes R. Becher Str. 65 B, 2001

Abbildung 52: Sterncenter-Apotheke, Nuthe Str./Sternstr., 2001

Abbildung 53: Kirchsteig-Apotheke, Mathilde-Schneider-Str. 14, 2001

Abbildung 54: Wilhelm-Apotheke, Charlottenstr. 40, 2001

Abbildung 55: Babelsberg-Apotheke, Großbeeren Str. 123, 2001

Abbildung 56: Apotheke zum Schwarzen Bär, Dortu Str. 4, 2001

Abbildung 57: Apotheke im Markt-Center, Breite Str. 27, 2001

Abbildung 58: Pinguin-Apotheke, Brandenburger Str. 56, 2001

Abbildung 59: Margeriten-Apotheke, Neuendorfer Str. 15, 2001

Abbildung 60: Tulpen-Apotheke, Hebbel Str. 42, 2001

Abbildung 61: Bahnhof-Apotheke, Karl-Liebknecht-Str. 5, 2001

Abbildung 62: Drei Eichen-Apotheke, Paul-Neumann-Str. 5, 2001

Abbildung 63: Apotheke im Bahnhof, Babelsberger Str. 16, 2001

Abbildung 64: Apotheke am Alten Rad, Kaiser-Friedrich-Str. 98, 2001

Abbildung 65: Die Ost-Apotheke, Lotte-Pulewka-Str. 4, 2001

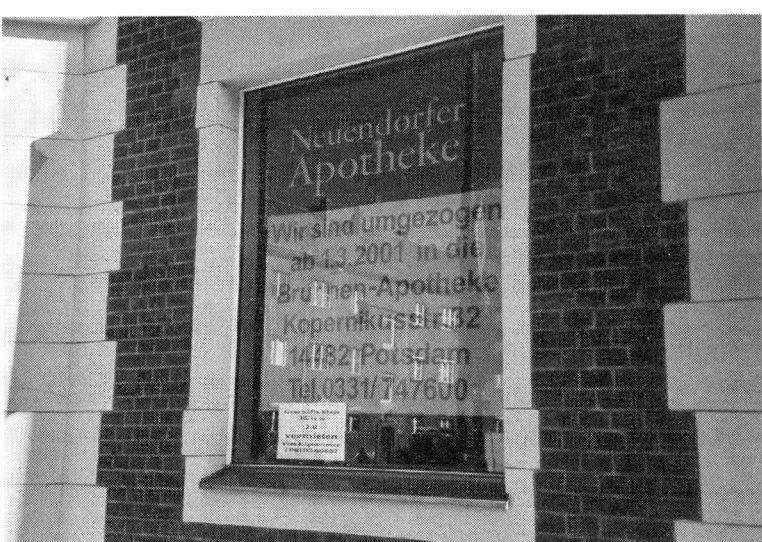

Abbildung 66: Schließung der Neuendorfer Apotheke, Fulton Str. 16, Februar 2001

Das Apothekenpersonal

Die Apothekenbetriebsordnung unterscheidet zwischen pharmazeutischem Personal:
Apotheker
Personen, die sich in der Ausbildung zum Apothekerberuf befinden,
Pharmazeutisch-technische Assistenten (PTA)
Personen, die sich in der Ausbildung zum Beruf des PTA befinden Apothekerassistenten
Pharmazieingenieure
Apothekenassistenten
pharmazeutische Assistenten
und nichtpharmazeutischem Personal:
Apothekenhelfer
Apothekenfacharbeiter
Pharmazeutisch-kaufmännische Angestellte (PKA)
Personen, die sich in der Ausbildung zum Beruf des PKA befinden,
wobei, wie in der Aufstellung ersichtlich, nur noch eine Ausbildung in den Berufen Apotheker, PTA und PKA stattfindet.

Im Jahre 1991 konnte der Berufsstand des Apothekers den 750. Jahrestag seines Bestehens feiern, denn „in den Constitutiones von Melfi und den Novae Constitutiones gab Friedrich II. von Hohenstaufen den Apothekern das Recht, Arzneimittel herzustellen und grenzte ihre Tätigkeit vom ärztlichen Wirkungsfeld ab. Das zunächst nur im Königreich beider Sizilien gültige Recht zog langsam in den Norden und erreichte erst im 14. Jahrhundert die Territorien des Heiligen Römischen Reiches Deutscher Nation nördlich der Alpen. Doch sollten noch Jahrhunderte vergehen, ehe das Dispensierrecht den Apothekern und das Behandlungsrecht den Ärzten zukam".

Am 8. Januar 1991 gab die Deutsche Bundespost aus diesem Anlass eine Sondermarke heraus. Ein weiterer Höhepunkt war die Jubiläumsveranstaltung am 7. Juni 1991 im Kurfürstlichen Schloss in Mainz. Zunächst ein handwerklicher Beruf mit mehrjähriger Lehrzeit und einigen Gesellenjahren, trat die wissenschaftliche, universitäre Ausbildung immer mehr in den Vordergrund, und damit einhergehend vollzog sich ein Wandel im Beruf von der Arzneiherstellung zur Arzneimittelberatung.

Die Berufsbezeichnung Apothekerassistent (Vorexaminierter) darf führen, wer die pharmazeutische Vorprüfung nach der Prüfungsordnung für Apotheker vom 8. Dezember 1934 bestanden hat. Nach der Approbationsordnung vom 1. Oktober 1971 werden keine pharmazeutischen Vorprüfungen mehr durchgeführt Damit entfiel die Ausbildung zum Apothekerassistenten.

Apothekenassistenten wurden an der Fachschule für Pharmazie in Leipzig ausgebildet. 1971 erfolgte die Umwandlung dieser Einrichtung in eine Ingenieurschule für Pharmazie, und sie bildete nun Pharmazieingenieure aus. Heute werden an der Leipziger Schule Pharmazeutisch-technische Assistenten (PTA) ausgebildet.

Erst im Jahre 1989 begann in der DDR die Ausbildung des pharmazeutischen Assistenten mit Fachschulabschluss. Nach der Wiedervereinigung beider deutscher Staaten wurde die Ausbildung eingestellt.

Der Beruf des Apothekenhelfers entstand durch Runderlass des Reichsministeriums des Innern vom 15. April 1940. In der DDR entwickelte sich daraus durch höhere Voraussetzungen und verbesserten Lehrplan der Apothekenfacharbeiter. Er hatte insofern große Bedeutung, weil er die Voraussetzung zum dreijährigen Fachschulstudium zum Pharmazieingenieur war. Die Ausbildung zum Apothekenhelfer in der Bundesrepublik Deutschland erfolgte seit 1972 gemäß der Verordnung über die Berufsausbildung zum Apothekenhelfer vom 28. November 1972.

Aus-, Fort- und Weiterbildung

Ausbildung: Die Ausbildung zum Apotheker setzt die Hochschulzugangsberechtigung (Abitur) voraus. Studienplätze für das Pharmaziestudium werden durch die Zentralstelle für die Vergabe von Studienplätzen (ZVS) in Dortmund vergeben. Die pharmazeutische Ausbildung umfasst ein Studium von vier Jahren an einer Universität, eine Famulatur von acht Wochen (praktische Tätigkeit in einer Apotheke während des Studiums) und eine praktische Ausbildung von zwölf Monaten. Sechs Monate davon sind in einer öffentlichen Apotheke nachzuweisen, die anderen sechs Monate können in anderen Einrichtungen (Industrie, Krankenhaus, Universität) absolviert werden.

Die pharmazeutische Ausbildung richtet sich nach den Vorschriften der Approbationsordnung für Apotheker und schließt mit einem Staatsexamen ab. Im Einzelnen sind folgende Prüfungen abzulegen:
Der erste Abschnitt der pharmazeutischen Prüfung nach einem Studium der Pharmazie von zwei Jahren und Absolvieren der Famulatur,
Der zweite Abschnitt der pharmazeutischen Prüfung nach Bestehen des ersten Abschnitts und einem Studium der Pharmazie von vier Jahren,
Der dritte Abschnitt der pharmazeutischen Prüfung nach Bestehen des zweiten Abschnitts und nach Ableistung der sich anschließenden zwölfmonatigen praktischen Ausbildung.

Die Approbation als Apotheker wird auf Antrag nach Bestehen des dritten Abschnitts der pharmazeutischen Prüfung erteilt.

Der Beruf des pharmazeutisch-technischen Assistenten (PTA) wurde am 18. März 1968 mit dem „Gesetz über den Beruf des pharmazeutischen Assistenten" geschaffen. Er ist gegenüber dem des Apothekers ein sehr junger Beruf. Der PTA sollte den Apotheker bei pharmazeutischen Arbeiten z.B. im Labor und in der Rezeptur unterstützen. Der Wandel im pharmazeutischen Alltag einer Apotheke in den vergangenen drei Jahrzehnten erforderte neue Ausbildungsrichtlinien. So ist das Gesetz über den Beruf des pharmazeutisch-technischen Assistenten am 23. September 1997 beschlossen worden. Bildungsvoraussetzung für die Zulassung zur Ausbildung ist der Realschulabschluss oder ein anderer gleichwertiger Bildungsabschluss. Die Ausbildung zum pharmazeutisch-technischen Assistenten dauert zweieinhalb Jahre. Sie beginnt mit der zweijährigen theoretischen Ausbildung an einer staatlichen oder staatlich anerkannten Lehranstalt (PTA-Schule). Während dieser Zeit haben die Schüler (PTA-Anwärter) außerhalb der schulischen Ausbildung ein orientierendes Praktikum von 160 Stunden in einer öffentlichen Apotheke oder einer Krankenhausapotheke durchzuführen. Nach Absolvierung von schriftlichen und mündlichen Prüfungen folgt eine praktische Ausbildung von sechs Monaten in der Apotheke, der sich eine mündliche Prüfung „Apothekenpraxis" an Hand eines geführten Tagebuches anschließt. Nach bestandener Prüfung darf der Antrag auf Erteilung der Erlaubnis zur Führung der Berufsbezeichnung gestellt werden.

Die Verordnung über die Berufsausbildung zum bzw. zur pharmazeutisch-kaufmännischen Angestellten (PKA) löste am 1. August 1993 die bis dahin gültige Verordnung über die Berufsausbildung zum Apothekenhelfer aus dem Jahre 1972 ab. Der Gesetzgeber trug auch in dieser Berufsgruppe dem Wandlungsprozess in der Apotheke Rechnung und schuf eine zeitgemäße Ausbildung. Eine bestimmte Schulbildung als Zulassungsvoraussetzung ist nicht vorgeschrieben. Das Spektrum der Bildungsabschlüsse reicht vom Hauptschulabschluss über die mittlere Reife bis zur (Fach-) Hochschulreife, wobei die Auszubildenden mit dem mittleren Schulabschluss die zahlenmäßig größte Gruppe bilden. Die Ausbildungszeit beträgt drei Jahre. Für die Überwachung, Aufsicht und Förderung der Berufsausbildung ist die Apothekerkammer des jeweiligen Bundeslandes verantwortlich.

Fortbildung: Die rasante Entwicklung auf den Gebieten Arzneimittel und Pharmakotherapie erfordert eine ständige Fortbildung des Pharmazeuten während seiner gesamten Berufstätigkeit. Möglichkeiten zur pharmazeutischen Fortbildung bieten die Standesvertretungen – die Bundesapothekerkammer, der Deutsche Apothekerverein, die Apothekerkammern bzw. Apothekervereine (Apothekerverbände) des jeweiligen Bundeslandes, die Deutsche Pharmazeutische

Gesellschaft mit ihren Landesgruppen, Arbeitsgemeinschaften und Fachgruppen, die pharmazeutische Industrie und der pharmazeutische Großhandel.

PTA und PKA können neben den Fortbildungsmöglichkeiten, die der Arbeitgeber selbst anbietet, Fortbildungsveranstaltungen der Apothekerkammer, des Apothekerverbandes, der Fachverlage, der pharmazeutischen Industrie und des pharmazeutischen Großhandels besuchen.

Weiterbildung: Sie ermöglicht dem Apotheker im Rahmen seiner hauptberuflichen Tätigkeit, sich spezialisierte Kenntnisse und Fertigkeiten in einem bestimmten pharmazeutischen Gebiet zu erwerben. Die Weiterbildung ist in der Weiterbildungsordnung der Bundesapothekerkammer und der Weiterbildungsordnung der Apothekerkammer eines jeden Bundeslandes geregelt. Sie ist in folgenden Fachrichtungen möglich:

Offizin-Pharmazie
Klinische Pharmazie
Pharmazeutische Technologie
Pharmazeutische Analytik
Arzneimittelinformation
Toxikologie und Ökologie
Theoretische und praktische Ausbildung
Klinische Chemie
Öffentliches Gesundheitswesen.

Die Weiterbildung dauert in der Regel drei Jahre. Die Teilnahme an insgesamt 120 Seminarstunden zu bestimmten Themengebieten ist vorgeschrieben. Die Weiterbildung endet mit einer Prüfung, nach deren Bestehen der Apotheker die Bezeichnung Fachapotheker für das absolvierte Gebiet führen darf.

Daneben kann in den Bereichen Ernährungsberatung und Gesundheitserziehung eine Zusatzbezeichnung erworben werden.

Die Weiterbildung des PTA zum Fach-PTA in den Gebieten Dermopharmazie, Ernährung und Krankenhaus ist möglich. Die Weiterbildung dauert zwei Jahre. Es besteht auch die Möglichkeit der Weiterbildung zum geprüften Pharmareferenten.

Ehrenämter Potsdamer Apotheker

Bei aller Euphorie, die in den ersten Wochen und Monaten nach dem Fall der Mauer herrschte, galt es doch, klaren Kopf zu behalten, realistisch zu denken und vorausschauend neue Strukturen, auch im Apothekenwesen, aufzubauen, die eine reibungslose Versorgung der Bevölkerung mit Arzneimitteln unter neuen politischen und gesellschaftlichen Bedingungen gewährleisteten. So trafen sich „Apotheker der ersten Stunde" am 25. September 1990 im Niederlausitzer Apothekenmuseum am Neuen Markt in Cottbus und gründeten den Apothekerverein Brandenburg e.V. Potsdamer Apothekenleiter waren nicht vertreten. Auch in den folgenden Jahren gehörten keine Potsdamer Apothekenbesitzer zum Vorstand des Vereins (ab 1993 Verband).

Anders verlief indessen die Entwicklung in der Landesapothekerkammer Brandenburg. Auf der konstituierenden Sitzung der Kammerversammlung am 27. Februar 1992 in Potsdam, im damaligen Haus der Künstler und Architekten „Eduard Claudius" – es beherbergt heute die Spielbank Potsdam – wurden Ingrid Zanke, Besitzerin der Einhorn-Apotheke und Hubert Priebe, Besitzer der Zentral-Apotheke, in den Vorstand gewählt. Frau Zanke übernahm den Vorsitz des Haushalts- und Finanzausschusses. Die Apothekerinnen Charlotte Dorner, Dr. Dietlinde Fröhling, Renate Seidel, Angelika Schulz und Ursula Wiegank waren Mitglieder der Kammerversammlung.

Vier Jahre später, auf der konstituierenden Sitzung der zweiten Kammerversammlung, am 24. April 1996, es war die erste Kammerversammlung im Apothekerhaus Brandenburg, das an der Peripherie der Landeshauptstadt Apothekerkammer und Apothekerverband des Landes Brandenburg unter einem Dach vereint, wurden wiederum Ingrid Zanke und Hubert Priebe sowie Waltraud Schmidt, als Vertreterin der Arbeitnehmer, in den Vorstand gewählt. Ursula Wiegank war wieder Mitglied der Kammerversammlung.

Auf der konstituierenden Sitzung der dritten Kammerversammlung, am 21. Juni 2000, wurden wiederum Ingrid Zanke und Waltraud Schmidt in den Vorstand gewählt. Ingrid Zanke übernahm bereits zum dritten Mal den Vorsitz im Haushalt- und Finanzausschuss. Hubert Priebe und Ursula Wiegank wirken nun schon in der dritten Wahlperiode als Mitglieder der Kammerversammlung.

Apothekerkammer und Apothekerverband können ihre Aufgaben nur erfüllen, wenn die Bereitschaft der Kolleginnen und Kollegen vorhanden ist, berufspolitisch mitzuarbeiten. Vorstände, Kammerversammlung und die verschiedenen Ausschüsse bilden ein großes und interessantes Betätigungsfeld. In folgenden Ausschüssen der Landesapothekerkammer Brandenburg sind Potsdamer Apotheker 2001 präsent:

Aus- und Fortbildungsausschuss
Charlotte Dorner   Chefapothekerin der Apotheke im Klinikum „Ernst von Bergmann"
Ursula Wiegank   Mitarbeiterin der Zentral-Apotheke

Berufsbildungsausschuss
Jutta Alhorn   Besitzerin der Park-Apotheke
Angelika Schulz   Besitzerin der Apotheke im Gräfehaus

Prüfungsausschuss
Antje Buschatz   Besitzerin der Plantagen-Apotheke
Antje Starke   Besitzerin der Margeriten-Apotheke

Satzungsausschuss
Hartmut Langner   Besitzer der Löwen-Apotheke
Hubert Priebe   Besitzer der Zentral-Apotheke

Sozialausschuss
Hubert Priebe   Besitzer der Zentral-Apotheke

Weiterbildungsausschuss
Jutta Alhorn   Besitzerin der Park-Apotheke

Berufsgericht
Wolfgang Cölln   Besitzer der Kirchsteig-Apotheke

Ehrenamtliche Pharmazieräte
Inken Dietrich   Besitzerin der Heinrich-Mann-Apotheke
Hartmut Kulka   Besitzer der Känguruh-Apotheke

Es soll an dieser Stelle, unabhängig von den Potsdamer Apothekerinnen, auf die starke Präsenz der Frauen in den Vorständen von Landesapothekerkammer und Apothekerverband im Bundesland Brandenburg hingewiesen werden. Im Vorstand der Kammer wirken sechs Frauen und fünf Männer ehrenamtlich. Der Vorstand des Verbandes, der von einer Frau geführt wird, setzt sich aus drei Frauen und vier Männern zusammen.

Rückschau und Ausblick

Es ist der Versuch unternommen worden, die Potsdamer Pharmaziegeschichte von den Anfängen in der Mitte des 17. Jahrhunderts, bis zur Gegenwart, im Jahr eins des neuen Jahrtausends, in neun Zeitabschnitten unter Berücksichtigung von wesensbestimmenden Aspekten des Apothekenwesens wie z.B. gesetzliche Bestimmungen, Apothekenzulassungen, Apothekenpersonal, Aus-, Fort- und Weiterbildung, Apothekenräume und Gerätschaften, Arzneimittelsortiment, Nebentätigkeiten und Ehrenämter, Apothekenvisitationen und wirtschaftliche Lage nachzuzeichnen.

Apothekenrechtliche Bestimmungen wurden von verschiedenen Städten bereits im 14., 15. und 16. Jahrhundert herausgegeben wie z.b. 1397 eine Apothekerordnung des Rates der Reichsstadt Regensburg, 1461 die Apothekerordnung mit Taxe der Stadt Frankfurt, 1529 die Apothekerordnung der Stadt Nürnberg. Für Brandenburg-Preußen lassen sie sich hingegen erst ausgangs des 17. Jahrhunderts und zu Beginn des 18. Jahrhunderts nachweisen. Zunächst Bestandteil von Medizinalgesetzgebungen (1685, 1693, 1725) wurden sie zu Beginn des 19. Jahrhunderts (1801) für das Apothekenwesen separat erlassen. Auch in der Folgezeit sind sie dann stets bis in die Gegenwart, entsprechend der Entwicklung in den Naturwissenschaften und der Medizin und unter Berücksichtigung der jeweiligen gesellschaftlichen Bedingungen, aktualisiert worden (1894, 1902, 1935, 1936, 1939, 1949, 1958, 1984, 3. Oktober 1990)

Apothekenzulassungen waren für die Eröffnung von Apotheken stets erforderlich und wurden von der jeweiligen Obrigkeit genehmigt. In der Zeit des Feudalabsolutismus erteilte der Kurfürst, später der preußische König das Privilegium. Im 19. Jahrhundert erfolgte die Genehmigung zur Errichtung einer Apotheke in Form einer Konzession durch die Landesregierung. Geschah dies zunächst unter Tolerierung des Nachfolgers (Realkonzession), so änderte sich dieser Zustand ausgangs des 19. Jahrhunderts dahingehend, dass ab 1894 nur noch die personengebundene Konzession (Personalkonzession) verliehen wurde. Die Präsentation des Nachfolgers war nun nicht mehr gestattet. Allerdings räumte der Gesetzgeber den Witwen und Waisen besondere Rechte ein. Derartige Bestimmungen wurden 1949 in der sowjetischen Besatzungszone außer Kraft gesetzt. Die Gesundheitsbehörde, der Rat des Kreises, Abteilung Gesundheits- und Sozialwesen, erteilte die Genehmigung zur Errichtung von staatlichen Apotheken nach den Bedürfnissen der Bevölkerung und der medizinischen Einrichtungen.

Nach der deutschen Wiedervereinigung galt auch in den neuen Bundesländern die Niederlassungsfreiheit.

Die Leistungsfähigkeit einer Apotheke wird wesentlich durch das Personal, d.h. die Gesamtheit der Mitarbeiter bestimmt, weshalb nicht nur die Apothekenbesitzer bzw. Leiter genannt wurden, sondern auch das weitere Personal. Bis zum Beginn des 20. Jahrhunderts waren in den Potsdamer Apotheken die Besitzer bzw. Pächter oder Verwalter, Provisoren, Gesellen und Lehrlinge tätig. Mit einer verlängerten und verbesserten theoretischen Ausbildung der Apotheker an den Universitäten und umfangreicheren schulischen Vorkenntnissen (Abitur) kam es ab 1921 zur Herausbildung neuer Berufsgruppen – Praktikanten und Assistenten. Infolge personeller Notlage während der beiden Weltkriege entstand 1940 der Beruf der Apothekenhelferin. Nach dem Zweiten Weltkrieg bildeten sich auf dem Gebiet der DDR neben dem Apotheker die Berufe Apothekenassistent und Pharmazieingenieur heraus, die im Jahre 1989 durch den Pharmazeutischen Assistenten ergänzt wurden. Nach verbesserter theoretischer Ausbildung wurde die Berufsbezeichnung Apothekenfacharbeiter eingeführt. Mit der Wiedervereinigung sind in den Apotheken der neuen Bundesländer auch pharmazeutisch-technische Assistenten (PTA) tätig, und seit 1993 werden in den Apotheken anstelle der Apothekenfacharbeiterinnen bzw. der Helferinnen pharmazeutisch-kaufmännische Assistenten (PKA) ausgebildet.

Die Ausbildung der Apotheker veränderte sich im Verlauf der Jahrhunderte von einer primär handwerklich ausgerichteten Lehr- und Gesellenzeit zu einem Universitätsstudium. Dieses blieb bis in die zweite Hälfte des 19. Jahrhunderts fakultativ und wurde erst ab 1875 obligatorisch, wobei die Semesterzahl ständig zunahm und sich in der ersten Hälfte des 20. Jahrhunderts auf sechs erhöhte. Dieser akademischen Ausbildung ging eine Lehrzeit in der Apotheke voraus, die sich von fünf Jahren im 18. Jahrhundert auf zwei Jahre in der ersten Hälfte des 20. Jahrhunderts reduzierte. In der DDR ist der Studienplan ständig aktualisiert worden. Die Studienzeit wurde auf fünf Jahre erhöht, und das Studium schloss seit 1972 mit dem Diplom ab. In der Gegenwart beträgt es acht Semester; ein praktisches Jahr muss in der Apotheke absolviert und drei Prüfungen müssen abgelegt werden, bevor der Apotheker die Approbation erhält. Die Ausbildung der Apothekenhelferin bzw. Apothekenfacharbeiterin dauerte in der Regel zwei Jahre. Nach erfolgreichem Abschluss der Lehre konnte in der DDR die Fachschulausbildung zur Apothekenassistentin bzw. zum Pharmazieingenieur im Direkt- oder Fernstudium aufgenommen werden. Gegenwärtig dauert die Ausbildung zur PTA zweieinhalb Jahre. Die Ausbildung zur PKA beträgt in der Regel drei Jahre.

Die Fortbildung für Apotheker wurde in Deutschland ab 1912 amtlich verfügt, staatlich organisiert und gefördert und gewann in den folgenden Jahrzehnten immer mehr an Bedeutung. Eine pharmazeutische Tätigkeit ohne Fortbildung ist heute undenkbar. In der DDR sind durch gesetzliche Regelungen alle Fachkräfte in der Apotheke zur Fortbildung verpflichtet gewesen. In der Gegenwart gibt es für das pharmazeutische Personal der Apotheke zentral und regional zahlreiche Möglichkeiten der Fortbildung.

Für die Pharmazeuten in der DDR wurde 1974 die Weiterbildung zum Fachapotheker eingeführt und ab 1987 zur Pflicht. Auch gegenwärtig kann der Pharmazeut sich in neun Disziplinen zum Fachapotheker ausbilden lassen.

Apothekenräume und Gerätschaften stellen eine wichtige Voraussetzung für die Arbeit in der Apotheke dar. Gleichzeitig sind sie Ausdruck des jeweiligen Entwicklungsstandes von Naturwissenschaften und Technik. Verschiedene Arbeitsräume, wie z.B. Offizin, Rezeptur, Materialkammer und Arzneikeller, lassen sich seit Beginn der Potsdamer Apothekengeschichte nachweisen. Andere, wie z.b. Kräuterboden, Essenzkammer, Giftkammer und Stoßkammer, im Mittelalter sehr wichtige und vorgeschriebene Räume, werden heute in den Apotheken nicht mehr gefordert. Sie verloren bereits in der ersten Hälfte des 20. Jahrhunderts an Bedeutung. Das Laboratorium, in dem analytische und galenische Arbeiten ausgeführt werden, ist auch heute noch notwendig und war stets ein wichtiges Objekt bei Visitationen. Die Gerätschaften der Apotheke zeigen, dass die Arzneimittelherstellung über viele Jahrhunderte eine ausschließliche Domäne der Apotheker war. Demzufolge ist das Spektrum der Arbeitsmittel breit gefächert gewesen, um die Vielfalt der galenischen Präparate bereiten zu können. Seit der zweiten Hälfte des 19. Jahrhunderts finden wir zusätzlich Reagenzien für chemische Analysen. Eine subindustrielle Herstellung von Arzneien und ihre Qualitätssicherung in den Abteilungen Arzneimittelherstellung und Qualitätssicherung des Pharmazeutischen Zentrums der Stadt Potsdam entband die einzelne Apotheke von vielen Arbeiten auf diesem Gebiet und machte ihre entsprechende materiell- technische Ausrüstung in vielem entbehrlich. Die Verdrängung von manuell hergestellten Arzneien durch industriell gefertigte Spezialitäten führte darüber hinaus zu umfassenden Veränderungen im Sortiment der Apothekengeräte, so dass aus der Fülle der Geräte heute nur noch ein geringer Teil in Rezeptur und Defektur Verwendung findet, jedoch durch die Apothekenbetriebsordnung nach wie vor gefordert wird.

Das Arzneimittelsortiment reflektiert qualitativ und quantitativ den jeweiligen pharmazeutisch-naturwissenschaftlichen Wissensstand und unterliegt ständigen Veränderungen. Im Arzneimittelschatz der Potsdamer Apotheken dominierten im 17. und 18. Jahrhundert Drogen pflanzlicher, tierischer und mineralischer Provenienz sowie Zubereitungen dieser Drogen, die ausschließlich in Apotheken hergestellt wurden. Nur wenige Salia komplettierten das Arzneimittelsortiment. Mit der beginnenden Industrialisierung, in Deutschland in der ersten Hälfte des 19. Jahrhunderts, traten im Arzneimittelsortiment grundlegende Veränderungen ein. In der zweiten Hälfte des 19. Jahrhunderts fanden anorganische und organische Stoffe in zunehmendem Maße als Arzneimittel oder in Zubereitungen Anwendung. Seit dem 20. Jahrhundert ist die industriell hergestellte Arzneifertigware, die Spezialität, das dominierende Arzneimittel geworden, während in der Apotheke selbst gefertigte Arzneien an Bedeutung verloren. Der Apotheker wurde mehr und mehr Spezialitätenhändler und Berater.

Nebenberufe und Ehrenämter von Apothekern besitzen eine lange Tradition und dienten sowohl der Verbesserung der wirtschaftlichen Lage als auch dem Ansehen der Apotheker. Seit der zweiten Hälfte des 19. Jahrhunderts bis gegen Ende des 20. Jahrhunderts waren Potsdamer Apotheker nebenberuflich tätig. Im neuen Bundesland Brandenburg sind Nebenberufe Potsdamer Apotheker nicht bekannt. Politischer Ehrgeiz, aber auch allgemeinnütziges Streben waren die Ursache, dass Potsdamer Apotheker vom Beginn des 19. Jahrhunderts bis zur politischen Wende 1989 mit kurzer Unterbrechung Ehrenämter in der Kommunalpolitik bekleideten. Gegenwärtig werden zahlreiche Ehrenämter von Potsdamer Apothekern in der Landesapothekerkammer Brandenburg wahrgenommen.

Gesetzliche Grundlagen zur Durchführung von Revisionen existieren im deutschen Sprachraum seit dem 14. Jahrhundert. Zunächst von Städten herausgegebene Vorschriften wurden im 17. und 18. Jahrhundert von Ländern übernommen und präzisiert. In Brandenburg-Preußen erließ man Visitationsvorschriften seit dem 17. Jahrhundert, die u. a. die Überwachung des Arzneimittelverkehrs durch amtliche Personen wie Mediziner und Magistratspersonen vorsahen. Seit dem 18. Jahrhundert waren dann auch Apotheker in den Visitationskommissionen vertreten. Gesetzliche Bestimmungen regelten die Revisionsdurchführung, bestimmten die Revisionsintervalle und die Revisoren, regulierten die Beseitigung von Beanstandungen und setzten Strafen fest. Erste Revisionsprotokolle Potsdamer Apotheker liegen aus den Jahren 1797 und 1799 vor. Sie gestatten einen detaillierten Einblick in die seinerzeit bestehenden apothekenrechtlichen Bestimmungen, die Apothekenzulassungen, das Personal, die Ausbildung, die Apothekenräume und Gerätschaften, das Arzneimittelsortiment, die Revisionskommission, den Revisionsablauf und die vorgenommenen Beanstandungen. Die Einhaltung der gesetzlich vorgeschriebenen Revisionsintervalle bereitete, wie aus den vorliegenden Visitationsprotokollen zu ersehen ist, in allen Jahrhunderten bis in die Gegenwart Schwierigkeiten. Im neuen Bundesland Brandenburg erfolgten Revisionen zunächst durch Amtsapotheker des Landesgesundheitsamtes. Im Frühjahr 2001 wurden Apothekenleiter geschult, anschließend zu ehrenamtlichen Pharmazieräten berufen und im Ministerium für Gesundheit, Arbeit, Soziales und Frauen vereidigt. Diese führen nun in den Brandenburger Apotheken Revisionen durch.

Die wirtschaftliche Lage der Potsdamer Apotheken widerspiegelt häufig ein stark differenziertes Bild. Im 17. und 18. Jahrhundert garantierte ein Privilegium dem Apotheker neben der Arzneimittelabgabe oft auch den Verkauf von Nebenprodukten wie Gewürze, Bier und Wein. Der Obrigkeit war an der gesicherten Existenz der Apotheken sehr gelegen, um Ordnung und Sicherheit im Apothekenwesen zu gewährleisten. Im 19. Jahrhundert und in der ersten Hälfte des 20. Jahrhunderts versuchten einige Potsdamer Apotheker, durch Nebengeschäfte ihr Einkommen zu verbessern. Ausgangs des 19. Jahrhunderts und zu Beginn des 20. Jahrhunderts wurden in Potsdam, wie auch in anderen Teilen Deutschlands, Apotheken zu Spekulationsobjekten. Sie wechselten häufig die Besitzer und wurden stets zu überhöhten Preisen verkauft. Während fast alle Apotheken im Zentrum der Stadt ein solides Auskommen hatten, mussten die Apotheken an der Peripherie hart um ihre Existenz kämpfen. Nach dem Zweiten Weltkrieg trat für die staatlichen Apotheken das Umsatzdenken in den Hintergrund. Erst nach der politischen Wende, mit der Privatisierung, dominierten wieder wirtschaftliches Denken und Handeln. Die verstärkte Ausrichtung der Pharmazeuten auf die Ökonomie dokumentiert sich auch im Handelsrechtsreformgesetz, das am 1. Juli 1998 in Kraft trat. Es verpflichtet den Apotheker nicht nur wie bisher, sich als Gewerbetreibender in Handelsregister eintragen zu lassen, sondern als Einzelunternehmen muss die Firma den Zusatz „eingetragener Kaufmann" bzw. „eingetragene Kauffrau" oder eine entsprechende Abkürzung (e.K., e.Kfm., e.Kfr.) führen. Ferner müssen die Geschäftsbriefe das Registergericht, bei dem die Firma eingetragen ist und die Nummer, unter der die Firma in das Handelsregister eingetragen ist, enthalten.

Im Apothekenwesen, speziell in dem der neuen Bundesländer, gab es in den vergangenen zehn Jahren viele Turbulenzen. Es begann mit dem von der Politik geforderten unsäglichen 55%igen Preisabschlag auf den Arzneimittelpreis in den ersten drei Monaten des Jahres 1991. Die Verunsicherung der Apotheker war groß. Die pharmazeutische Industrie stellte teilweise die Lieferungen in die neuen Bundesländer ein. Die pharmazeutische Versorgung der Bevölkerung war gefährdet. Vom 1. April 1991 bis zum 30. Juni 1993 folgte unter Mitwirkung der ABDA das sogenannte Konsensmodell, das von der pharmazeutischen Industrie, dem pharmazeutischen Großhandel und den Apotheken gemeinsam getragen wurde. „Die Situation normalisierte sich allmählich. Ruhe kehrte jedoch auch in den kommenden Jahren in der Arzneimittelversorgung nicht mehr ein". Der Ruf nach mehr Geld, um das Gesundheitswesen bezahlbar zu halten, verstummte bis in die Gegenwart nicht. Beitragserhöhungen wurden jetzt zum wiederholten Male von den Kassen gefordert, da das 1. Halbjahr 2001 den Krankenkassen ein Milliardendefizit brachte. Wiederholter Ärztestreik in den neuen Bundesländern, Arzneimittelbudget, Abschaffung des Arzneimittelbudgets, Möglichkeit der Vernetzung von Arztpraxen mit Apotheken, eventuelle Zulassung von Internet- und Versandhandel mit Arzneimitteln, mögliche Einführung von Apothekenketten, mehrmalige Veränderungen der Zuzahlungen für Patienten, Ärzte geben Altarzneien an die Patienten ab, Arzneimittelpreisverordnung wird in Frage gestellt, das sind Schlagzeilen der letzten Jahre gewesen.. In dieser kritischen Situation, in der Apotheker und Apotheke in Frage gestellt werden, in der quasi alles in Betracht gezogen wird, was im Gesundheitswesen verändert werden kann, hat die Apotheke nur eine Überlebenschance, wenn sie auf ihre bewährten Tugenden setzt: Qualität, Arzneimittelsicherheit und damit Patienten- und Verbraucherschutz. Gesundheit ist nun einmal das höchste Gut eines jeden Menschen. Eine indische Lebensweisheit lautet: „Der Kranke hat nur einen Wunsch, der Gesunde viele". Es gilt für die Apotheke, mit der Arzneimittelsicherheit, mit einer umfassenden fundierten Beratung zu wuchern, sie nach außen zu transportieren, sie zu dokumentieren und die Unverzichtbarkeit der Apotheke in die Öffentlichkeit zu bringen.

Am Schluss seiner Autobiographie „Am Puls der Medizin" stellt der Medizinhistoriker Heinz Goerke (geb. 1917) die Frage: „Ist der Arzt noch Arzt"? In Abwandlung kann man die Frage stellen werden: „Ist der Apotheker noch Apotheker"? und mit Goerkes Worten antworten: „Ja, aber unter sehr veränderten Bedingungen".

Anlagen

1. Chronik der Apotheke zum Schwarzen Bär

26. April	1654	Privileg zur Errichtung einer Apotheke für Johann Schönebeck
27. November	1654	Taufe von Maria Catharina Schönebeck
21. April	1656	Begräbnis von Johann Schönebeck
22. November	1658	Trauung von Apotheker Hans Heinrich Beyer und Apothekerwitwe Ursula Catharina Schönebeck, geb. Diemen, aus der Ehe gingen fünf Kinder hervor:
14. Juli	1659	Taufe von Margareta Sybilla Beyer
18. März	1661	Taufe von Hans Paul Beyer
20. Mai	1663	Taufe von Heinrich Beyer
15. Mai	1665	Taufe von Martin Beyer
8. April	1667	Taufe von Anna Luisa Beyer
16. Dezember	1667	Bestätigung des Privilegs für Hans Heinrich Beyer, nach dem Tod des Apothekers Beyer heiratete seine Witwe den Apotheker Christoph Eckardt (beide Daten konnten nicht ermittelt werden). Eckardt heiratete nach dem Tod seiner Frau, das Datum war nicht festzustellen, am
24. Februar	1684	in Berlin Anna Simon, die Tochter eines Berliner Handelsmannes aus der Ehe gingen acht Kinder hervor:
26. Dezember	1684	Taufe von Ursula Anna Eckardt
5. Dezember	1686	Taufe von Andreas Friedrich Eckardt
1. Juli	1688	Taufe von Christoph Friedrich Eckardt
20. März	1690	Taufe von Anna Elisabeth Eckardt
4. Dezember	1692	Taufe von Anna Dorothea Eckardt
15. Februar	1695	Taufe von Sophie Charlotte Eckardt
19. Januar	1698	Taufe von Anna Lawysa Eckardt
17. August	1701	Taufe von aCharlotta Eckardt
12. August	1696	Bestätigung des Privilegs für Christoph Eckardt
Mai	1704	Christoph Eckardt verstorben
27. September	1706	Ernennung Jacob Vogels zum Hofapotheker
November	1706	Trauung von Apotheker Jacob Vogel und der Apothekerwitwe Anna Eckardt
17. August	1707	Bestätigung des Privilegs für Jacob Vogel
31. Mai	1715	Jacob Vogel im 44. Lebensjahr verstorben
12. Februar	1716	Approbation für Johann Georg Bertholdt

11. November	1717	Trauung von Apotheker Johann Georg Bertholdt sen. und Eleonora Charlotta Eckardt, aus der Ehe gingen drei Kinder hervor, Anna Charlotta geb. 1719, Johann Georg geb. 1720, der spätere Besitzer der Apotheke und Lawysa Charlotte geb. 1723
23. November	1717	Kauf der Apotheke durch Johann Georg Bertholdt von seiner Schwiegermutter für 1271 Taler
17. März	1718	Bestätigung des Privilegs für Johann Georg Bertholdt
10. August	1733	Johann Georg Bertholdt sen. verstorben
7. Oktober	1744	Kauf der Apotheke durch Johann Georg Bertholdt jun. von seiner Mutter für 3000 Taler
	1744	Trauung von Johann Georg Bertholdt jun. und Marie Sophie Riemen,, die bereits 1745 verstarb, Johann Georg Bertholdt heiratete noch dreimal
12. Mai	1747	Bestätigung des Privilegs für Johann Georg Bertholdt
9. September	1796	Johann Georg Bertholdt jun. verstorben
15. September	1797	Approbation für Carl Friedrich Schorlemmer
21. Oktober	1797	Kauf der Apotheke durch Carl Friedrich Schorlemmer
2. Dezember	1797	Ernennung Carl Friedrich Schorlemmers zum Hofapotheker. Schorlemmer hatte sechs Kinder, Carl Heinrich geb. 1798, Maria Dorothea Caroline geb. 1800, Luise Emilie Henriette geb. 1802, Ludowica Sophia Leopoldina geb. 1803, Franz Andreas Leopold geb. 1805 und Friedrich Emil geb. 21. September 1807, der spätere Apothekenbesitzer
4. März	1810	Carl Friedrich Schorlemmer verstorben, 47 Jahre alt
	1831	Kauf der Apotheke durch Friedrich Emil Schorlemmer
28. Oktober	1831	Vereidigung von Friedrich Emil Schorlemmer
4. Mai	1832	Trauung von Friedrich Emil Schorlemmer und Ida Antonie Henriette Schönbeck, achtzehn Jahre alt
9. Oktober	1840	Friedrich Emil Schorlemmer verstorben, Verwalter wird Theodor Wilhelm Stresemann
	1842	Kauf der Apotheke durch Hermann Hensel
November	1876	Kauf der Apotheke durch Emil Bensel, geb. 1834, ev. Konfession, Approbation 1859 in Berlin, vorher Apothekenbesitzer in Kyritz
	1888	Kauf der Apotheke durch Apotheker Probst
1. Oktober	1900	Kauf der Apotheke durch Friedrich Lutter
	1905	Kauf der Apotheke durch Oskar Kruse
15. Juli	1908	Kauf der Apotheke durch Hans Honemann, Approbation am 5. November 1901

15. Juni	1909	Kauf der Apotheke durch Paul Zech, Approbation am 12. Dezember 1898
1. Oktober	1910	Kauf der Apotheke durch Eugen Bury, geb. 10. Mai 1871 im Kreis Allenstein, Approbation am 10. Juni 1902 in Berlin, Eheschließung mit Margarete Friederike Müller am 30. September 1904 in Johannisburg/Ostpreußen, Geburt der Tochter Lieselotte Auguste Margarete am 10. Juli 1912 in Potsdam
8. Januar	1923	Eugen Bury verstorben, Verwalter Heinrich Friedrich, Approbation am 3. Juni 1902 in Berlin
1. November	1926	Verwalter Rudolf Bertram,
1. Oktober	1936	Pächter Dr. phil. Fritz Lange, geb. 4. Mai 1880,
1. Januar	1938	Kauf der Apotheke durch Hermann Wilhelm Geis, geb. am 17. September 1886 in Wiesbaden, Approbation am 25. Oktober 1918, Eheschließung mit Elisabeth Nies am 18. Oktober in Frankfurt,
14./15. April	1945	Zerstörung der Apotheke beim Bombenangriff auf Potsdam, Eröffnung einer Notapotheke in der Dortu Strasse 63
22. August	1948	Hermann Wilhelm Geis verstorben, die Apotheke wird eine Landesapotheke, Pächterin Ruth Kieselbach
1. Januar	1956	Schließung der Apotheke

2. Chronik der Adler-Apotheke

	1725	Apotheker Nicolaus Becker, geb. 1676, kam 1725 mit seiner Frau, Anna Margarete Elisabeth, fünf Söhnen und einer Tochter aus der hessischen Stadt Borken nach Potsdam
15. August	1725	Dekret für Nicolaus Becker zur Niederlassung in Potsdam, Eröffnung der Adler-Apotheke am Neuen Markt
16. November	1737	Belieferung der Gewehrfabrik mit Arzneien, jährlich 100 Taler
26. März	1740	Kauf der Apotheke durch den Sohn Johann Franziskus für 2000 Taler
25. April	1741	Trauung von Johann Franziskus Becker und Anna Renate Rielander aus der Ehe gingen drei Söhne hervor, die alle Apotheker wurden, Johann Friedrich, geb. 10. Januar 1747, der spätere Besitzer der Löwen-Apotheke, Johann Georg Ferdinand, geb. 15. Juni

		1749, der spätere Besitzer der Adler-Apotheke und Carl Wilhelm, geb. 22. Juli 1751
17. Juni	1746	Nicolaus Becker im Alter von siebzig Jahren verstorben
2. Dezember	1776	Johann Franziskus Becker im Alter von 62 Jahren an Flussfieber verstorben, der Sohn Johann Georg Ferdinand erbte die Apotheke, Trauung von Johann Georg Ferdinand Becker und Helene Friederike Zietelmann, ihr Sohn, Johann Georg Ferdinand jun., geb. 16. Januar 1780, war während der Revision der Adler Apotheke am 16. Juni 1797 Lehrling in der väterlichen Apotheke
6. April	1776	Approbation als Apotheker II. Klasse für Johann Georg Ferdinand Becker
24. September	1779	Approbation als Apotheker I. Klasse für Johann Georg Fernand Becker
29. Oktober	1786	Ernennung zum Hofapotheker für Johann Georg Ferdinand Becker
14. September	1802	Trauung von Johann Friedrich Wilhelm Rengel und Charlotte Luise Anna Wilhelmine Becker, Tochter des Hofapothekers Johann Georg Ferdinand Becker, Kauf der Apotheke durch Johann Friedrich Wilhelm Rengel
12. März	1805	Geburt von Johann Friedrich Wilhelm Rengel jun.
24. September	1815	Johann Georg Ferdinand Becker verstorben
31. Juli	1833	Johann Friedrich Wilhelm Rengel sen. verstorben, Übernahme der Apotheke durch den Sohn
1. Oktober	1852	Kauf der Apotheke durch Heinrich Gustav Meyer
16. Dezember	1864	Kauf der Apotheke durch Wilhelm Ernst Otto Hoffmann, geb. in Königswalde, ev. Konfession, verheiratet mit Amalie Emma Caroline Hoffmann, geb. Genrich,
17. Juli	1885	Wilhelm Ernst Otto Hoffmann verstorben mit 55 Jahren, Verwalter: Oskar Mannkopf, Approbation am 3. November 1882 in Halle, seit zwei Jahre in der Adler-Apotheke beschäftigt
25. Februar	1887	Verwalter: Bruno Albert Max Verheiden
1. April	1887	Verwalter: Theodor Eckert
	1890	Kauf der Apotheke durch Karl Ludwig Julius Bech, ev. Konfession, geb. in Berlin, verheiratet gewesen mit der in Potsdam verstorbenen Adelheid Maria Wilhelmina Bech, geb. Rabe

9. Juni	1894	Karl Ludwig Julius Bech verstorben mit 37 Jahren, Verwalter: Karl August Rudolf Engelcke
16. Juli	1894	Kauf der Apotheke durch Carl Luis Albert Sander
1. Oktober	1899	Kauf der Apotheke durch Theodor Wilhelm Adolf Baum, geb. in Breslau, 1874 Approbation in Breslau
27. Juli	1901	Theodor Baum verstorben mit 51 Jahren, Verwalter: Eduard Szezodrowski
1. April	1902	Kauf der Apotheke durch Hugo Herzberger
1. Januar	1909	Kauf der Apotheke durch Dr. Richard Weppner
16. Januar	1914	Kauf der Apotheke durch Hermann Etzrodt
1. Juli	1914	Kauf der Apotheke durch Hermann August Heinrich Duncker, geb. 18. August 1884 in Königslutter, Kreis Helmstedt, unverheiratet
14./15. April	1945	Zerstörung der Adler-Apotheke beim Bombenangriff auf Potsdam, Eröffnung als Notapotheke in der Friedrich-Ebert-Strasse 120
3. April	1954	Hermann Duncker verstorben, die Notapotheke wurde geschlossen

3. Chronik der Löwen-Apotheke

29. Januar	1733	Der „Soldatenkönig" Friedrich Wilhelm I. erteilt dem Apotheker Nicolaus Becker ein Privileg zur Errichtung einer Apotheke in der Nauener-Strasse 20 für dessen ältesten Sohn Johann Philipp, Johann Philipp bleibt nicht lange in Potsdam, Nachfolger wird sein Bruder Jacob
11. Mai	1739	Jacob Becker verstorben mit 29 Jahren, Nachfolger wird sein Bruder Jacob Heinrich
1. Oktober	1770	Johann Friedrich Becker, geb. 10. Januar 1747, ein Enkel des Apothekers Nicolaus Becker, kauft die Löwen-Apotheke für 6280 Taler, Johann Friedrich Becker am 21. Juni 1822 verstorben
4. November	1786	Johann Friedrich Becker wird zum Hofapotheker ernannt
30. Mai	1797	Johann Ferdinand Franck, aus Lippehne in der Neumark gebürtig, kauft die Löwen-Apotheke für 14000 Taler
31. Dezember	1830	Johann Ferdinand Franck verstorben, Nachfolger sind die Apotheker Reichert und Desenich
1. April	1845	Kauf der Apotheke durch Carl Hermann Oenicke
	1851	Carl Hermann Oenicke verstorben

März	1851	Verwalter: Apotheker Bidtel
1. Juli	1852	Verwalter: Adolf Friedrich Engelbrecht
März	1860	Verwalter: Adalbert Hermann Müller
4. April	1860	Verwalter: Friedrich Heinrich Ferdinand Krumbholz Kauf der Apotheke durch Friedrich Heinrich Ferdinand Krumbholz, geb. 1825 in Zauchwitz bei Beelitz, ev. Konfession, Approbation 1854, Kaufpreis 53000 Taler
1. Oktober	1894	Kauf der Apotheke durch den Sohn Karl Krumbholz, geb. 1862 in Potsdam
8. März	1949	Kauf der Apotheke durch Georg Kardorf, geb. 20. Juli 1907 in der Provinz Posen, Vater Lehrer, nach dem 1. Weltkrieg Umzug nach Babelsberg, Abitur in Potsdam, Praktikantenzeit in der Luisen-Apotheke in Potsdam bei Gustav Kobow, Studium in Berlin, nach dem Studium Tätigkeit in der Augusta-Apotheke in Berlin-Zehlendorf bis einschließlich 1945, ab 1. Januar 1946 in der Linden-Apotheke in Potsdam-Babelsberg bei Paul Baron tätig
1. Januar	1963	Verstaatlichung der Apotheke, Leiter Georg Kardorf
16. Juli	1964	Georg Kardorf verstorben, Hinterbliebene: Ehefrau Maria und drei erwachsene Söhne
15. September	1964	Apothekenleiter Horst Reder
1. Dezember	1964	Die Löwen-Apotheke wird Zweigapotheke der Hirsch-Apotheke
1. August	1965	Hubert Priebe Apothekenleiter
15. Oktober	1973	Schließung der Löwen-Apotheke und Eröffnung der Zentral-Apotheke. In die Räume der ehemaligen Löwen-Apotheke zieht die Abteilung Herstellung der Potsdamer Apotheken, später noch die Abteilung Qualitätssicherung, zeitweilig auch die Abteilung Ökonomie
1. Juli	1988	Auszug der Abteilungen des Pharmazeutischen Zentrums, die Räume übernimmt die Abteilung Umweltschutz beim Rat des Bezirkes Potsdam
22. April	1991	Wiedereröffnung der Löwen-Apotheke durch Hartmut Langner

4. Chronik der Apotheke zum Goldenen Hirsch

20. April	1735	Privileg für Carl Heinrich Harsleben
15. Juni	1735	Trauung von Carl Heinrich Harsleben mit Marianna Becker, Tochter des Apothekers Nicolaus Becker, aus der Ehe gingen vier Kinder hervor, Carl Friedrich geb.1737, später Dr. med., gest. 1784, Carolina Margaretha Elisabeth, geb. 1739, Johann Paradon (Paridom) Friedrich Harsleben, geb. 7. November 1740, der spätere Apothekenbesitzer, Regina Sophie Henriette, geb. 1745
16. November	1737	Versorgung des Militärwaisenhauses mit Arzneimitteln für 400 Taler jährlich,
22. Juni	1739	Schenkung des Hauses
3. Mai	1747	Ernennung zum Hofapotheker
25. Januar	1769	Approbation für Johann Paradon Friedrich Harsleben
16. März	1770	Kauf der Apotheke durch Johann Paradon Friedrich Harsleben
7. April	1772	Trauung von Johann Paradon Friedrich Harsleben und Charlotte Sophie Schlichting, aus der Ehe gingen fünf Kinder hervor, Georg Friedrich August, geb. 1774, Ludwig Ernst Heinrich, geb. 4. Juli 1776, der spätere Apothekenbesitzer, Marianne Henriette Wilhelmine, geb. 1778, Charlotta Philippine Emilia, geb. 1780, Carl Wilhelm Ferdinand, geb. 1781
	1772	Carl Heinrich Harsleben verstorben
13. November	1786	Bestätigung der Belieferung des Militärwaisenhauses
	1787	Charlotte Sophie Harsleben verstorben
16. Juni	1800	Trauung von Johann Paradon Friedrich Harsleben und der Witwe Wilhelmine Henriette Mohnhaupt
1. Juni	1801	Trauung von Ludwig Ernst Heinrich Harsleben und Caroline Ernestine Henriette Wagner
	1802	Ludwig Ernst Heinrich Harsleben Verwalter der Apotheke
	1805	Kauf der Apotheke durch Ludwig Ernst Heinrich Harsleben
5. März	1809	Ludwig Ernst Heinrich Harsleben Stadtverordneter
7. April	1831	Kauf der Apotheke durch Ernst Carl Friedrich Ferdinand Schneider
1. April	1845	Kauf der Apotheke durch Carl Friedrich Lange
	1873	Kauf der Apotheke durch Hermann Teusler

21. September	1874	Hermann Teusler verstorben, Verwalter: Apotheker Zech
11. Juli	1875	Verwalter: Friedrich Wilhelm Moritz Richard Scheinert
1. Mai	1886	Kauf der Apotheke durch Friedrich Wilhelm Moritz Richard Scheinert von Frau Hofapotheker Marie Teusler, geb. Ruscheweyh
2. September	1927	Kauf der Apotheke durch Bertram Schumacher, geb. 23. Januar 1883 in Düsseldorf, Besuch des Gymnasiums bis Obersekunda, 1. April 1899 Beginn der Lehre in der Stern-Apotheke in Düsseldorf, 20. März 1902 Gehilfenexamen in Düsseldorf, Prädikat gut, 1. April 1905 Beginn des Studiums in München, später in Berlin, 14. Mai 1907 Staatsexamen in Berlin mit dem Prädikat gut, 24. Mai 1907 Approbation, ab
15. März	1917	bis zum Kauf der Apotheke zum Goldenen Hirsch Verwalter der Kronen-Apotheke in Potsdam, 22. September 1919 Trauung von Bertram Schumacher und Rosa Jacke, 1921 Geburt der Tochter Ilse
14./15. April	1945	starke Beschädigung der Apotheke bei Bombenangriff auf Potsdam
28. April	1945	Freitod Bertram Schumachers
23. September	1945	Verwalter: Max Rösner
4. März	1946	Verwalter: Harald Hammer
25. März	1948	Kauf der Apotheke durch Harald Hammer
1. Juni	1958	Übersiedlung der Familie Hammer in die Bundesrepublik, Verstaatlichung der Apotheke zum Goldenen Hirsch, Leiter Achim Gerhard Sander, geb. 8. März 1919 in Danzig-Langfuhr, Studium in Jena, 1950 Eheschließung in Drebkau mit Anna Berta Eva Riedel, 1962 Pharmazierat, 1964 Umbau der Apotheke, 1965 bis 1971 Kreisapotheker, 1968 Oberpharmazierat
31. März	1984	Achim Sander tritt in den Ruhestand, Nachfolger wird Michael Möritz,
6. Juli	1985	Achim Sander verstorben
	1986	Renate Opitz Apothekenleiterin
1. Dezember	1990	Privatisierung der Apotheke, Besitzerin Renate Opitz

5. Chronik der Apotheke vor dem Brandenburger Tor (Luisen-Apotheke, Stadt-Apotheke)

30. September	1848	Verleihung des Privilegs an Dr. med. Heinrich August Müller, Approbation als Apotheker 1. Klasse am 30. Januar 1842
15. Juli	1852	Kauf der Apotheke vor dem Brandenburger Tor durch Friedrich Krauske
1. Dezember	1866	Friedrich Krauske verstorben, Verwaltung durch Bernhard Albert Dentzer
14. Mai	1867	Kauf der Apotheke vor dem Brandenburger Tor durch Apotheker Wittke
1. Oktober	1869	Kauf der Apotheke vor dem Brandenburger Tor durch Ernst Hugo Ferdinand Heinicke, Approbation am 12. Dezember 1865
1. Oktober	1885	Kauf der Apotheke vor dem Brandenburger Tor durch Dr. phil. Carl Eduard Wilhelm Leschbrand, geb. 28. Mai 1834, ev. Konfession, Approbation am 6. Juli 1858, zum Doktor der Philosophie und Magister der freien Künste am 15. April 1863 in Rostock ernannt
12. Februar	1886	Dr. Leschbrand erhält vom Polizeipräsidenten Wolffgram und vom Regierungspräsidenten von Neefe die Genehmigung, die Apotheke vor dem Brandenburger Tor ab sofort Luisen-Apotheke nennen zu dürfen
1. Juni	1887	Kauf der Luisen-Apotheke durch Paul Westphal, geb. 6. April 1859, ev. Konfession, Approbation am 7. Dezember 1886
29. März	1897	Kauf der Luisen-Apotheke durch Hugo Becker, geb. 6. August 1868 in Cöslin
1. Juli	1902	Kauf der Luisen-Apotheke durch Max Lampel, geb. in Peterswalde, Kreis Reichenbach, Schlesien, ev. Konfession, Studium und Staatsexamen in Breslau, Eheschließung mit Elly Bullmann
26. Januar	1905	Max Lampel verstorben, 39 Jahre alt, Verwaltung durch Johannes Musenberg
1. Oktober	1905	Kauf der Luisen-Apotheke durch Paul Merrem
1. April	1913	Kauf der Luisen-Apotheke durch Gustav Kobow, Approbation am 21. November 1890 in Berlin
8. Dezember	1934	Gustav Kobow verstorben, im 73. Lebensjahr, Verwaltung durch den Sohn des Verstorbenen, Walter Kobow
1. April	1935	Verwalter: Wilhelm Groschuff

1. April	1936	Hanns Erdelmann, Pächter, geb. 14. Dezember 1902 in Wuppertal-Barmen, Eheschließung mit Helene Katharina Jecks am 27. Dezember 1928 in Duisburg
1. April	1940	Kauf der Luisen-Apotheke durch Hanns Erdelmann
5. März	1950	Hanns Erdelmann verstorben
1. April	1950	Luisen-Apotheke, Poliklinik-Apotheke, staatlich, Leiterin Magdalena Erfurth, geb. 30. Dezember 1904 in Zabrze, unverheiratet, gest. 26. Januar 1971 in Potsdam
9. Januar	1951	Umbenennung in Stadt-Apotheke
1. Januar	1963	Werner Scholz Leiter der Stadt-Apotheke, geb. 27. August 1936 in Potsdam, 1952 bis 1956 Besuch der Helmholtz-Oberschule in Potsdam, 1956 bis 1961 Studium an der Humboldt-Universität in Berlin, 1961 bis 1962 Kandidatenjahr in der Stadt-Apotheke Potsdam, von Januar 1963 bis November 1990 Leiter der Stadt-Apotheke, von 1967 bis 1969 Bezirksapotheker des Bezirkes Potsdam unter Beibehaltung der Leitung der Stadt-Apotheke, von Mai 1971 bis November 1990 Kreisapotheker der Stadt Potsdam, 1968 Pharmazierat, 1984 Oberpharmazierat
1. Dezember	1990	Privatisierung der Stadt-Apotheke, Besitzer Werner Scholz
1. Januar	1994	Umbenennung in Luisen-Apotheke
20. September	1998	Kauf der Luisen-Apotheke durch Susanne Wiesenhütter

6. *Chronik der Kronen-Apotheke*

30. Juni	1864	Verleihung der Konzession an Siegmund Heinrich Boguslav von Glasenapp, geb. 1820, Approbation am 15. August 1844, 1851 Kauf der Apotheke in Schievelbein, Vater von drei Söhnen, 1862 Verkauf der Apotheke in Schievelbein und Übersiedlung nach Berlin
11. Juli	1865	Eröffnungsbesichtigung der Kronen-Apotheke
11. Juli	1883	Kauf der Kronen-Apotheke durch Paul Friedrich Karpe, 1865 Gehilfenexamen, 27. Mai 1872 Staatsexamen in Berlin
23. August	1886	Kauf der Kronen-Apotheke durch Friedrich Carl Hartung, geb. 17. Juni 1859, ev. Konfession, Approbation am 22. Dezember 1883

22. August	1894	Kauf der Kronen-Apotheke durch Heinrich Fredenhagen, geb. 1. Juli 1857 in Malchin im Großherzogtum Mecklenburg-Schwerin, Besuch der Bürgerschule und anschließend der Oberrealschule bis Obersekunda, vom 27. Dezember 1873 bis 3. Dezember 1876 Apothekerlehre bei Dr. J. F. Kühl in Rostock, nach drei Jahren Gehilfenzeit in Kassel, Frankfurt/Main, Dresden, Neuruppin und Weimar Studium in Jena, am 21. Dezember 1881 Staatsexamen mit Prädikat gut, z.Zt. der Bewerbung unverheiratet und in Driburg/Westf. tätig
6. Februar	1915	Heinrich Fredenhagen verstorben, Verwalter: Alfred Groß
16. März	1915	Verwalter: Bertram Schumacher
1. Oktober	1927	Wilhelm Trapp Verwalter, geb. 22. Mai 1884 in Demmin, Pommern, Sohn des Kaufmanns Gustav Trapp, ev. Konfession, Besuch des Gymnasiums in Demmin bis Obersekunda, vom 1. April 1900 bis 1. April 1903 Apothekerlehre in der Greif-Apotheke in Demmin, von April 1906 bis November 1907 Studium in Berlin, Staatsexamen mit Prädikat gut bestanden, Approbation am 21. November 1907, vom 1. August 1910 bis 14. März 1913 Besitzer der Apotheke in Dargun/Mecklenburg, Verkauf der Apotheke und Aufenthalt im Ausland, seit November 1924 verheiratet, seit Oktober 1927 Verwalter der Kronen-Apotheke, Inh. Emma Fredenhagen, Brauhausberg 1
1. Juli	1937	Wilhelm Trapp, Pächter der Kronen-Apotheke
8. Mai	1939	Wilhelm Trapp verstorben, Verwalter: Clemens Schulte
1. Juli	1939	Carl Witt, Pächter, geb. 29. April 1894 in Reinfeld,
14./15. April	1945	Zerstörung der Kronen-Apotheke, Eröffnung in der Alte Königsstrasse 1 (heute Friedrich-Engels-Strasse) als Notapotheke
1. November	1946	Kronen-Apotheke wird Landesapotheke, Pächter: Kurt Hamacher
4. Januar	1951	Umbenennung in Grüne Apotheke
1. August	1957	Grüne Apotheke wird Zweigapotheke der Stadt-Apotheke
1. Januar	1967	Grüne Apotheke wird Zweigapotheke der Plantagen-Apotheke
1. April	1969	Schließung der Grüne Apotheke

7. Chronik der Linden-Apotheke

19. April	1887	Genehmigung zur Eröffnung einer Filialapotheke in Nowawes für die Dauer von drei Jahren an Friedrich Carl Hartung, Besitzer der Kronen-Apotheke in Potsdam, Teltower-Vorstadt, Hartung geb. 17. Juni 1859, ev. Konfession, Approbation am 22. Dezember 1886
4. Oktober	1887	Eröffnung der Filialapotheke in Nowawes, Priesterstrasse 1a, (heute Karl-Liebknecht-Strasse)
27. Februar	1890	Verlängerung der Frist für den Betrieb der Filialapotheke um weitere drei Jahre
19. Juni	1893	Genehmigung der Verlegung der Filialapotheke in die Priesterstrasse 2
22. August	1894	Verleihung der Personalkonzession an Friedrich Carl Hartung
1. Oktober	1904	Kauf der Linden-Apotheke durch Anton Hoess, geb. 13. Februar 1857 in Neuburg an der Donau, wo er das Gymnasium besuchte, von 1873 bis 1876 Apothekerlehre in Asch/Bayern, konditionierte dann 1½ Jahre bei Apotheker Jahn in Kulmbach und 1½ Jahre bei Apotheker Trommsdorff in Langensalza, Studium in München, acht Jahre Besitzer der Trommsdorff'schen Apotheke in Langensalza, während dieser Zeit Revisor der Erfurter Apotheken und Drogenhandlungen, ferner Revisor der Drogenhandlungen in Mühlhausen und des Kreises Langensalza, stellv. Mitglied der Gehilfen-Prüfungskommission, anschließend Kauf der vormals Sachs'schen Apotheke in Karlsruhe, die er nach fünf Jahren Besitztum veräußerte, z.Zt. des Kaufes der Linden-Apotheke wohnhaft in Karlsruhe, Kaiserstrasse 80
1. Juli	1918	Kauf der Apotheke durch Paul Baron, geb. 19. März 1888 in Vogtsdorf, Kr. Oppeln, am 6. Juni 1913 Staatsexamen in Berlin, verstorben am 16. September 1964
1. Oktober	1951	Alfred Zesch, Leiter der staatlichen Linden-Apotheke, geb. 7. Juli 1909 in Leipzig, Eheschließung mit Margarete Susanne Annemarie Dietrich 1936 in Markkleeberg, 1961 bis 1965 Kreisapotheker der Stadt Potsdam, verstorben am 15. Januar 1982 in Potsdam
1. Oktober	1974	Gudrun Berg, Leiterin der Linden-Apotheke
1. Januar	1991	Privatisierung der Linden-Apotheke, Gudrun Berg und Heimtraud Witzke führen die Linden-Apotheke als offene Handelsgesellschaft (OHG)

8. Chronik der Neuendorfer Apotheke

21. Dezember 1906 Verleihung der Konzession an Friedrich Bacmeister, seit 1893 Verwalter der Apotheke in Himmelpforten, Kreis Stade, geb. am 23. September 1863 in Elbdeich an der Elbe, ev. Konfession, Approbation 1890 in Berlin, z.Zt. der Bewerbung verheiratet, Vater von drei Kindern

Abbildung 67: Der achtzigjährige Paul Wegner

1. Oktober 1911 Kauf der Apotheke durch Paul Wegner, geb. 28.3.1871 in Stolp, Pommern, Sohn des Reichsbahnbeamten Carl Friedrich August Wegner aus Stettin und seiner Ehefrau, Maria, geb. Schultze aus Köslin, Taufe am 23.4.1871 in der ev. Kirche St. Marien in Stolp, am 10.4.1890 Tod der Mutter mit 45 Jahren, am 6.7.1890 Tod des Vaters mit 62 Jahren, Approbation am 12.11.1894 in Marburg, Prädikat gut, 11.7.1900 Eheschließung mit Helene Zischank in Langebrück bei Dresden, 1900 bis 1907 Provisor in der Trommsdorff'schen Marien-Apotheke in Erfurt, 21.

		9. 1904 Geburt der Tochter Charlotte, 20. 9. 1906 Geburt der Tochter Anneliese 1907 bis 1908 Apotheker in der Hofapotheke in Stolp, 1908 bis 1911 Apotheker in der Löwen-Apotheke in Dresden, 16. 7. 1916 Geburt des Sohnes Hans-Dieter, 11. 7. 1950 Goldene Hochzeit
1. Januar	1953	Verstaatlichung der Neuendorfer-Apotheke, Leiter Paul Wegner im bereits 82. Lebensjahr
6. Juni	1958	letzte Eintragung Wegners ins Spiritusbuch
20. Juni	1958	Paul Wegner verstorben,
25. Juni	1958	Begräbnis von Paul Wegner auf dem Friedhof in der Ernst-Thälmann-Strasse (heute Großbeeren-Strasse) unter Mitwirkung von Pfarrer Kleinau, Nachfolgerin in der Leitung der Apotheke wurde seine Tochter Anneliese, Staatsexamen November 1931
1. November	1964	Anneliese Werner verstorben, geschieden, hinterlassene Familienmitglieder: Mutter Helene Wegner,
6. November	1964	Begräbnis von Anneliese Werner, ebenfalls auf dem Friedhof in der heutigen Großbeeren-Strasse, Nachfolgerin in der Leitung der Apotheke wurde bereits 1963 Rosemarie Uber, geb. 22. November 1931, von 1952 bis 1954 Ausbildung zur Apothekenfacharbeiterin in der Adler-Apotheke in Beelitz/Stadt, von 1954 bis 1955 Apothekenhelferin Grüne Apotheke Potsdam, von 1955 bis 1959 Studium an der Humboldt-Universität in Berlin, zwei Kandidatenjahre in der Neuendorfer-Apotheke Potsdam, bis zur Übernahme der Apothekenleitung dort als Apothekerin tätig
1. März	1984	Erika Rosenow, Leiterin der Apotheke
1. April	1991	Privatisierung der Apotheke, Besitzerin Erika Rosenow
28. Februar	2001	Schließung der Neuendorfer Apotheke

9. *Chronik der Kaiser-Friedrich-Apotheke in Bornstedt*

19. September	1908	Verleihung der Konzession an Arthur Scheiwe aus Oranienburg, geb. 27. August 1858 in Berlin, Approbation am 24. November 1885, Prädikat genügend, verheiratet, Vater von zwei Kindern, Tochter zwanzig Jahre alt, Sohn dreizehn Jahre alt
15. Januar	1909	Eröffnung der Apotheke in der Friedrich-Wilhelm-Strasse 46 (heute Potsdamer-Strasse)

April	1919	Verlegung der Apotheke in die Friedrich-Wilhelm-Strasse 15
18. Juni	1919	Arthur Scheiwe verstorben, Verwalter: Fritz Gast
21. September	1920	Verwalter: Curt Ludwig Heinrich
1. Juli	1923	Schließung der Apotheke
12. August	1923	Verwalter: Hans Weber
19. August	1924	Schließung der Apotheke
1. Oktober	1924	Verwalter: Robert Fischer
14. Juli	1931	Verlegung der Apotheke in die Friedrich-Wilhelm-Strasse 27
15. August	1934	Pächter: Egon Volprecht, geb. 22. Februar 1884, Approbation am 11. August 1913 in Berlin
27. April	1945	Freitod des Pächters
30. April	1945	Beisetzung im Garten des Grundstückes Friedrich-Wilhelm-Strasse 27
1. November	1946	Apotheke Bornstedt, Potsdamer-Strasse 175, Landesapotheke, Pächter: Carl Witt
1. November	1954	Apotheke Bornstedt, staatlich, Carl Witt, Leiter der Apotheke
1. September	1956	Dr. Paul Gorschboth, Leiter der Apotheke, geb. 28. Februar 1897 in Eckartsberga, Kreis Naumburg, Approbation 1924 in Berlin, Eheschließung mit Ursula Anna Marie Staudemeyer
31. Oktober	1964	Dr. phil. Paul Fritz Gorschboth in seiner Wohnung, Potsdam-Bornstedt, Potsdamer-Strasse 175, verstorben
1. Dezember	1964	Horst Reder, Leiter der Apotheke
1. Januar	1966	Waltraut Kober, Leiterin der Apotheke, geb. 22. Oktober 1937 in Ohlau, Schlesien, 1955 Abitur, 1956 bis 1961 Studium in Leipzig, zwei Kandidatenjahre in Eilenburg, von August bis Oktober 1963 Neuendorfer-Apotheke Potsdam, ab November 1963 Stadt-Apotheke Potsdam
1. Januar	1977	Vergrößerung der Apothekenräume
1. September	1992	Privatisierung der Apotheke, Besitzerin Waltraut Kober, gleichzeitig Verlegung der Apotheke in die Potsdamer Strasse 1 und Umbenennung in Ribbeck-Apotheke
28. Juli	1998	Verlegung der Ribbeck-Apotheke in die Potsdamer-Strasse 181
15. Januar	2001	Verkauf der Ribbeck-Apotheke an die Tochter, Bettina Zurek

10. Chronik der Cecilien-Apotheke

9. Oktober	1908	Verleihung der Konzession an August Bramstedt aus Berlin, geb. 30. Oktober 1862 in Ehrenburg, Kreis Diepholz, Approbation am 30. Mai 1890, Prädikat gut, vom 16. Juni 1890 bis zum Zeitpunkt der Bewerbung ununterbrochen tätig gewesen in der Friedrich-Wilhelmstädtischen Apotheke in Berlin, Luisen-Strasse 19
9. Februar	1909	Eröffnung der Apotheke
30. Dezember	1946	Pächter: Clemens Schulte, geb. 26. Juni 1908 in Ankum, Kreis Bersenbrück, Vorexamen im März 1932 in Arnsberg i. W., Staatsexamen im Juni 1934 in Göttingen, Eheschließung mit Elisabeth Josefa Welp 1936 in Wellingholzhausen, Approbation am 15. Juni 1937
1. Januar	1951	Cecilien-Apotheke, Landesapotheke, Pächter Clemens Schulte
10. Februar	1951	Umbenennung in Galenus-Apotheke
27. Februar	1974	Clemens Carl Georg Schulte in Neufahrland, Kreis Potsdam, Ringstrasse 53 verstorben
25. September	1974	Verstaatlichung der Galenus-Apotheke, Leiter Hans Joachim Kunze, geb. 26. April 1945 in Schortewitz, Approbation am 1. September 1970
1. November	1978	Margot Brehmer Apothekenleiterin, geb. 14. August 1936, 1952 bis 1956 Besuch der Humboldt-Oberschule in Potsdam, 1956 bis 1957 Tätigkeit in der Neuendorfer-Apotheke in Potsdam 1957 bis 1962 Studium in Greifswald, 1962 bis 1963 Kandidatenjahr in der Galenus-Apotheke in Potsdam, Geburt der Tochter, 1965 bis 1969 Grüne Apotheke in Potsdam, 1969 bis 1978 stellv. Apothekenleiterin Neuendorfer-Apotheke in Potsdam 1986 Fachapothekerin, 1988 Pharmazierätin
1. November	1994	Privatisierung der Apotheke, Besitzerin Christina (Eberle) Becker, Umbenennung in Cecilien-Apotheke

11. Chronik der Plantagen-Apotheke

15. Jul	1920	Verleihung der Konzession an Bruno Aschner aus Berlin
19. September	1920	Rückgabe der Konzession
22. Dezember	1920	Verleihung der Konzession an Otto Teetzen aus Potsdam, geb. 29. Oktober 1872 in Wollin, Pommern, ev.

		Konfession, Besuch des Realgymnasiums bis einschließlich Obersekunda, ab 1. April 1889 Lehrling in der Apotheke in Ueckermünde, im April 1892 pharmazeutische Vorprüfung in Stettin, Servierzeit in Plathe, Dramburg und Wollin, Staatsexamen im November 1898 in Berlin, Prädikat sehr gut, seit April 1919 in der Cecilien-Apotheke in Potsdam beschäftigt, seit Dezember 1919 verheiratet
23. Oktober	1950	Otto Teetzen verstorben, Begräbnis am 26. Oktober 1950 auf dem Goethe-Friedhof in Babelsberg
21. November	1950	Plantagen-Apotheke, Landesapotheke, Pächter: Apotheker Scholz
	1954	Verstaatlichung der Plantagen-Apotheke, Leiterin Apothekerin Woita
	1956	Apothekenleiter Wersig
1. Dezember	1956	Apothekenleiter Fritz Kubier
1. Dezember	1974	Fritz Kubier tritt in den Ruhestand, kommissarische Leitung der Apotheke durch Gisela Kluth, Leiterin der Apotheke im Krankenhaus Babelsberg
1. Januar	1976	Apothekenleiterin Marianne Zschiesche
1. September	1980	Apothekenleiterin Faber
1. Mai	1989	Kommissarische Leitung durch Frau Vetters
1. März	1990	Apothekenleiter Michael Möritz
1. Dezember	1991	Privatisierung der Apotheke, Besitzer Michael Möritz
1. Juli	1998	Verkauf der Plantagen-Apotheke an Antje (Buschatz) Oesberg

12. Chronik der Charlottenhof-Apotheke

1. Juni	1922	Verleihung der Konzession an Bernhard Albers aus Berlin-Charlottenburg, geb. 6. November 1874 in Barmen, Rheinprovinz in Preußen, Besuch des Gymnasiums in Barmen bis Obersekunda, im April 1891, Beginn der Apothekerlehre, im März 1894 Gehilfenexamen, Approbation am 8. November 1898 in Berlin, vom 1. Dezember 1898, bis zum Zeitpunkt der Bewerbung in Berlin tätig, Rote Apotheke, am 28. Juni 1902 Eheschließung in Berlin mit Gertrud Martha Luise Blank, Vater von zwei Kindern, z. Zt. der Bewerbung achtzehn und fünfzehn Jahre alt
21. Dezember	1922	Eröffnung der Apotheke

14./15. April	1945	Zerstörung der Apotheke beim Bombenangriff auf Potsdam
2. August	1945	Eröffnung der Apotheke in der Viktoria-Strasse 63 (heute Geschwister-Scholl-Strasse) als Notapotheke
8. Juni	1946	Bernhard Friedrich Ferdinand Albers in seiner Wohnung, Geschwister-Scholl-Strasse 63 c, verstorben
1. Juli	1946	Übernahme der Apotheke durch die Tochter, Martha Tiedge
14. Juni	1948	Konzession für Josef Kolodziej, geb. 4. November 1895 in Dammatsch, Kreis Oppeln, 17. Oktober 1924 Staatsexamen in Berlin, Prädikat gut, Approbation am 1. Dezember 1926, Eheschließung 1927 in Koschentin, Kreis Waldenburg, im Zuge der Umsiedlung kam Josef Kolodziej zunächst nach Wriezen, später nach Potsdam
8. September	1948	Kauf der Apotheke durch Josef Kolodziej
15. Dezember	1950	Umbenennung in Park-Apotheke
3. April	1972	Josef Kolodziej verstorben
1. Juli	1972	Verstaatlichung der Apotheke
1. Januar	1973	Gisela Ritthaler Leiterin der staatlichen Apotheke, geb. 18. August 1941 in Ostpreußen, Besuch der Grundschule in Wustrau, Kreis Neuruppin, 1956 bis 1960 Besuch der Oberschule in Neuruppin, 1961 bis 1966 Studium in Leipzig, Kandidatenjahr und erste Tätigkeit als Apothekerin in Falkenberg/Elster, 1968 bis 1969 Apothekerin in der Apotheke des Kreiskrankenhauses Hennigsdorf, 1969 bis 1972 Apothekerin in der Galenus-Apotheke in Potsdam, nach Eheschließung 1985 Volkmann, durch großzügigen Umbau wurde aus der Notapotheke eine Vollapotheke,
1. Dezember	1990	Privatisierung der Apotheke, Besitzerin Gisela Volkmann
1. Juli	2001	Verkauf der Park-Apotheke, nun OHG, an Jutta Ahlhorn, Petra Kulka.

13. Chronik der Kurmark-Apotheke

5. November	1934	Verleihung der Konzession an Wilhelm Strey aus Rathenow, geb. 15. Juli 1877 in Beelitz als Sohn des Apothekers Wilhelm Strey, ev. Konfession, Reifeprüfung für Obersekunda (heute 10. Klasse) auf dem Realgymnasium in Potsdam, Beginn der Lehre am 1. April 1894

in Reppen, am 18. März Gehilfenexamen in Frankfurt/Oder, dreijährige Servierzeit (Gesellenzeit) ab Sommersemester 1900 Studium an der Universität in Halle, am 8. Februar 1902 pharmazeutisches Staatsexamen, Approbation am 8. Februar 1902, seit 7. November 1903 verheiratet mit Charlotte Margarete Hedwig Schuessler, geb. am 14. Oktober 1880, Vater von zwei Söhnen, geb. 18. August 1904 und 28. April 1907, seit 1. November 1923 Personalkonzession in Rathenow, wohnhaft z. Zt. der der Konzessionsverleihung in Rathenow, Duncker Strasse 30

1. April	1935	Eröffnung der Apotheke, Inh. W. Strey und Dr. W. Strey, OHG
14./15. April	1945	Zerstörung der Apotheke beim Bombenangriff auf Potsdam, Verlegung in die Jägerstrasse 26 als Notapotheke, Umzug nach Bad Kreuznach (17. Oktober 1949 W. Strey, Apotheker, Kurhausstrasse 11)
1. Oktober	1949	Kurmark-Apotheke, Landesapotheke, Pächter Johannes Muschner
25. Januar	1951	Umbenennung in Hubertus-Apotheke
12. November	1951	Konkurs der Hubertus-Apotheke

14. Chronik der Rosen-Apotheke

5. November	1934	Verleihung der Konzession an Curt Just aus Pritzwalk
24. Mai	1935	Rückgabe der Konzession
24. August	1935	Verleihung der Konzession an Leonhardt Wiesmann aus Hanau, geb. 19. November 1881 in Kulmbach, Besuch des Gymnasiums bis zum Einjährigen, Eintritt in die Lehre am 1. Oktober 1898 in Marktzeuln (Oberfranken), nach dreijähriger Lehre Vorexamen in Bayreuth, Studium in Berlin, am 15. Juni 1906 Staatsexamen, seit 1921 verheiratet mit Barbara Franziska Vogel, kinderlos, katholischer Konfession, 1932 und 1933 mehrere Monate stellungslos, ab 18. Oktober 1933 bis zum Zeitpunkt der Konzessionsverleihung tätig in der Altstadt-Apotheke in Hanau, Kurzarbeit, zwei Nachmittage wöchentlich, wohnhaft in Hanau am Main, Bach-Strasse 1
28. Juli	1936	Eröffnung der Rosen-Apotheke
	1952	Verlegung der Rosen-Apotheke in die Stein-Strasse 14

	1957	Verstaatlichung der Rosen-Apotheke, sie wird Zweigapotheke der Linden-Apotheke
	1959	die Rosen-Apotheke wird Zweigapotheke der Plantagen-Apotheke
November	1961	Schließung der Rosen-Apotheke, im „Mauerbereich" gelegen
10. Mai	1965	Leonhardt Wiesmann in seiner Wohnung, Stein-Strasse 14 verstorben

15. Vertreter der Familie Becker/Rengel

Nicolaus Becker (geb. 1676), Besitzer der Adler-Apotheke, Vater von fünf Söhnen und einer Tochter, erhält vom preußischen König, Friedrich Wilhelm I., 1733 und 1735 Privilegien zur Errichtung der Löwen-Apotheke für seinen ältesten Sohn Johann Philipp bzw. der Apotheke zum Goldenen Hirsch für seinen Schwiegersohn Carl Heinrich Harsleben (s.u.)

Johann Philipp Becker, erster Besitzer der Löwen-Apotheke

Jacob Becker (1710 - 1739), Nachfolger des Bruders Johann Philipp im Besitz der Löwen-Apotheke

Jacob Heinrich Becker, Besitzer der Löwen-Apotheke nach seinen Brüdern Johann Philipp und Jacob

Johann Franziskus Becker (1715 - 1776), Nachfolger des Vaters im Besitz der Adler-Apotheke, Vater von drei Söhnen, die alle Apotheker wurden

    Johann Friedrich Becker (10. Januar 1747 - 21. Juni 1822), Besitzer der Löwen-Apotheke

    Carl Wilhelm Becker (22. Juli 1751 - 9. August 1810), Apotheker

    Johann Georg Ferdinand Becker (15. Juni 1749 - 24. September 1815), Nachfolger des Vaters im Besitz der Adler-Apotheke

        Johann Georg Ferdinand jun. (geb. 16. Januar 1780), Apotheker

        Charlotte Luise Anna Wilhelmine Becker wird am 14. September 1802 mit Apotheker Johann Friedrich Wilhelm Rengel getraut, der Schwiegersohn wird 1802 Besitzer der Adler-Apotheke, 12. März 1805 Geburt des Sohnes Johann Friedrich Wilhelm, der 1833, nach dem Tod des Vaters, die Adler-Apotheke übernimmt und sie 1852 verkauft

Nicht zu ermitteln

Marianna Becker (s. Anlage 16)

16. Stammbaum der Familie Becker/Harsleben

Marianna Becker, einzige Tochter des Apothekers Nicolaus Becker, Trauung mit dem Apotheker Carl Heinrich Harsleben am 15. Juni 1735, aus der Ehe gingen vier Kinder hervor
- Carl Friedrich Harsleben (1737 - 1784), Dr. med.
- Carolina Margaretha Harsleben (geb. 1739)
- Johann Paradon Friedrich Harsleben (geb. 7. November 1740), Nachfolger des Vaters im Besitz der Apotheke zum Goldenen Hirsch, Vater von fünf Kindern
  - Georg Friedrich August (geb.1774)
  - Marianne Henriette Wilhelmine (geb. 1778)
  - Charlotta Philippine Emilia (geb. 1780)
  - Carl Wilhelm Ferdinand (geb. 1781)
  - Ludwig Ernst Heinrich (geb. 4. Juli 1776), Nachfolger des Vaters im Besitz der Apotheke zum Goldenen Hirsch 1805, Verkauf der Apotheke 1831 an den Schwiegersohn Ernst Carl Friedrich Ferdinand Schneider
- Regina Sophie Henriette Harsleben (geb. 1745)

17. Adressen von Potsdamer Apothekern 1790

Auszug aus dem Adreßkalender der Königlich-Preußischen Haupt- und Residenzstädte Berlin und Potsdam auf das Jahr 1790; Anhang verschiedener, nicht in öffentlichen Bedienungen stehender Personen, nach deren Wohnungen öfters Nachfrage geschieht:
1. Herr Johann Georg Bertholdt, Hofapotheker, wohnt in der Brauerstraße in seinem Hause, hat zum Zeichen einen Bär
2. Herr Johann Friedrich Becker, Hofapotheker, wohnt in der Nauenschen Straße in seinem Hause, hat zum Zeichen einen Löwen
3. Herr Johann Paradon Friedrich Harsleben, Hofapotheker, wohnt in der Lindenstraße in seinem Hause, hat zum Zeichen einen Hirsch
4. Herr Johann Ferdinand Becker, Hofapotheker, wohnt am Neuen Markt in seinem Hause, hat zum Zeichen einen schwarzen Adler.

18. Mitarbeiter der vier Potsdamer Apotheken 1797 bzw. 1799

Adler-Apotheke:

Apothekergeselle Johann Gottfried Rengel, aus Soldin gebürtig, 20 Jahre alt, lutherischer Konfession, hatte die Lehre von 1791 bis 1796 beim Apotheker Rackelmann in Küstrin absolviert
Discipel (Lehrling) Johann Ferdinand Becker, er ist der Sohn des Besitzers, siebzehn Jahre alt, seit zwei Jahren in der Lehre

Bären-Apotheke:

Apothekergeselle Carl Franz Bernhard Buttermann, aus Warbende in Mecklenburg-Strelitz gebürtig, er serviert (arbeitet) seit zwei Jahren in der Apotheke
Apothekergeselle Gabriel Mathias Pranger, aus Schwerin im Mecklenburgischen gebürtig, er serviert erst seit einem Monat in der Apotheke
Discipel Johann Friedrich Müller, er hat die Lehre vor einem dreiviertel Jahr begonnen

Hirsch-Apotheke:

Apothekergeselle Michael Friedrich Gottlieb Jensen, aus Damm bei Stettin gebürtig, er serviert bereits seit drei Jahren in der Apotheke
Apothekergeselle Johann Dietrich Kersten, aus Seehausen in der Altmark gebürtig, er serviert seit zwei Jahren in der Apotheke
Discipel Johann August Heller, aus Halle gebürtig, er befindet sich im dritten Lehrjahr

Löwen-Apotheke:

Apothekergeselle Carl Friedrich Prochnon, aus Zehdenick gebürtig, 25 Jahre alt, lutherischer Konfession, hatte viereinhalb Jahre in Berlin gelernt, ein Jahr beim Apotheker Satorius in Doberlug und anschließend eineinhalb Jahre beim Apotheker Hammer in Krossen konditioniert (gearbeitet)
Apothekergeselle August Ferdinand Nicks, aus Bellgard in Hinterpommern gebürtig, hatte beim Apotheker Baeger in Bellgard von 1790 bis 1795 gelernt und hierauf in Werder bei der Witwe Niedner ein Jahr konditioniert

19. Mitarbeiter der Potsdamer Apotheken im Jahre 1802

Adler-Apotheke:	2 Gehilfen	
Bären-Apotheke:	3 Gehilfen	
Hirsch-Apotheke:	2 Gehilfen	
Löwen-Apotheke:	3 Gehilfen,	1 Lehrling

20. Mitarbeiter der Potsdamer Apotheken im Jahre 1843

Adler-Apotheke:	2 Provisoren, 2 Lehrlinge
Bären-Apotheke:	3 Provisoren, 2 Lehrlinge
Hirsch-Apotheke:	2 Provisoren, 2 Lehrlinge
Löwen-Apotheke:	2 Provisoren, 3 Lehrlinge

21. Mitarbeiter der Potsdamer Apotheken zu Beginn des 20. Jahrhunderts

Adler-Apotheke	1908	2 Gehilfen, 2 Lehrlinge
Bären-Apotheke	1905	1 GehilfeC
Cecilien-Apotheke	1926	2 Assistenten (Gehilfen), 1 Praktikant (Lehrling)
Charlottenhof-Apotheke	1929	1 Assistent, 2 Praktikanten, 1 Helferin
Hirsch-Apotheke	1905	2 Gehilfen, 2 Lehrlinge
Kaiser-Friedrich-Apotheke	1916	-
Kronen-Apotheke	1911	2 Gehilfen
Linden-Apotheke	1907	2 Gehilfen
Löwen-Apotheke	1905	2 Gehilfen, 2 Lehrlinge
Luisen-Apotheke	1911	3 Gehilfen
Neuendorfer-Apotheke	1920	1 Gehilfe
Plantagen-Apotheke	1930	1 Assistent

22. Revisionstermine der Potsdamer Apotheken zwischen 1894 und 1939

Bären-Apotheke		Adler-Apotheke		Löwen-Apotheke	
12. August	1901	3. Juni	1904	7. Juli	1902
31. Jul	1905	21. November	1908	31. Oktober	1905
28. Dezember	1908	4. September	1911	9. Dezember	1908
31. März	1911	3. Juli	1916	7. September	1911
13. Juni	1916	29. November	1920	27. Februar	1914
4. November	1921	17. März	1925	6. August	1918
5. Dezember	1923	18. Dezember	1925	8. Februar	1922
24. September	1924	9. März	1928	21. Januar	1925
3. Dezember	1928	14. Juni	1929	1. März	1929
30. März	1935	17. März	1937	30. Oktober	1937
29. Oktober	1937	30. Oktober	1937		
17. November	1939				

Hirsch-Apotheke		Luisen-Apotheke		Kronen-Apotheke	
22. August	1899	13. Juni	1903	12. Mai	1903
4. Juni	1905	1. März	1907	26. Februar	1907
16. Dezember	1908	16. Februar	1911	20. Februar	1911
31. August	1911	27. April	1914	27. Juni	1914
3. Juli	1916	24. Januar	1920	24. August	1918
16. August	1920	11. Dezember	1923	12. Februar	1921
1. Oktober	1924	27. Juni	1927	9. Juni	1922
15. Mai	1925	4. Juli	1928	1. Juli	1925
19. April	1928	3. Oktober	1936	19. Februar	1930
23. April	1937			12. Oktober	1935
				29. Oktober	1937

Linden-Apotheke		Neuendorfer-Apotheke		Kaiser-Friedrich-Apotheke	
11. Oktober	1894	23. November	1907	14. Januar	1909
5. Januar	1897	5. August	1910	21. Mai	1912
29. Juni	1897	9. Oktober	1913	1. Juli	1916
26. Mai	1900	17. April	1917	26. Juni	1919
20. Mai	1903	22. Dezember	1920	6. November	1920
7. März	1907	27. Februar	1923	9. Mai	1921
24. Februar	1911	26. Februar	1926	25. August	1923
14. Juni	1916	20. März	1930	15. Oktober	1924
6. November	1919	14. Februar	1938	18. April	1929
11. April	1921			24. September	1937
12. August	1921				
24. Juni	1925				
17. September	1929				
7. Juli	1937				
4. März	1939				

Cecilien-Apotheke		Plantagen-Apotheke		Charlottenhof-Apotheke	
6. Februar	1909	4. Juli	1921	21. Dezember	1922
25. Mai	1912	Eröffnungsbesichtigung		Eröffnungsbesichtigung	
13. Juni	1916	27. April	1925	11. Mai	1926
7. Februar	1920	20. März	1930	17. September	1929
12. Januar	1923	4. März	1938		
16. Juni	1926				
24. Juli	1928				
30. Juni	1931				

Rosen-Apotheke
8. Februar   1937
Eröffnungsbesichtigung
6. Juli   1938

23. Übersicht über die Verkäufe Potsdamer Apotheken ausgangs des 19. Jahrhunderts und zu Beginn des 20. Jahrhunderts mit Preisangaben

(M = Mark)

<u>Adler-Apotheke</u>

16.07.1894	Kauf der Apotheke durch Carl Sander für	340000 M
	Privileg	150000 M
	Grundstück	90000 M
	Waren/Vorräte	30000 M
	Apparate/Geräte	35000 M
	Badeanstalt	35000 M
01.10.1899	Kauf der Apotheke durch Theodor Baum für	395000 M
	Privileg	200000 M
	Grundstück	90000 M
	Waren	35000 M
	Utensilien/Apparate	35000 M
	Badeanstalt	35000 M
01.04.1902	Kauf der Apotheke durch Hugo Herzberger für	400000 M
	Privileg	200000 M
	Grundstück	90000 M
	Utensilien	70000 M
	Badeanstalt	40000 M
01.01.1909	Kauf der Apotheke durch Dr. Richard Weppner für	450000 M
	Privileg	260000 M
	Grundstück	90000 M
	Waren	50000 M
	Einrichtung	50000 M
16.01.1914	Kauf der Apotheke durch Hermann Etzrodt für	460000 M
	Privileg	270000 M
	Grundstück	90000 M
	Bestände/Utensilien	100000 M
01.07.1914	Kauf der Apotheke durch Hermann Duncker für	487500 M
	Privileg	291000 M

	Grundstück	92000 M
	Ware	52000 M
	Apparate/Geräte	52500 M

Bären-Apotheke

01.10.1901	Kauf der Apotheke durch Friedrich Lutter für	350000 M
	Privileg	210000 M
	Grundstück	80000 M
	Utensilien/Bestände	60000 M
1905	Kauf der Apotheke durch Oskar Kruse für	370000 M
	Privileg	210000 M
	Grundstück	80000 M
	Utensilien/Bestände	80000 M
15.07.1908	Kauf der Apotheke durch Hans Honemann für	375.000 M
	Privileg	210000 M
	Grundstück/Utensilien	165000 M
16.06.1909	Kauf der Apotheke durch Paul Zech für	354000 M
	Privileg	189000 M
	Grundstück	80000 M
	Mobiliar	50000 M
	Waren	35000 M
01.10.1910	Kauf der Apotheke durch Eugen Bury für	408000 M
	Privileg	200000 M
	Grundstück	90000 M
	Einrichtung	65000 M
	Bestände	53000 M

Luisen-Apotheke

29.03.1897	Kauf der Apotheke durch Hugo Becker für	455.000 M
	Privileg	200000 M
	Grundstück	155000 M
	Einrichtung/Waren	70000 M
	Mineralwasserfabrik	30000 M
01.07.1902	Kauf der Apotheke durch Max Lampel für	470000 M
	Privileg	200000 M
	Grundstück	145000 M
	Einrichtung/Apparate/Bestände	125000 M
01.10.1905	Kauf der Apotheke durch Paul Merrem für	470000 M
	Privileg	200000 M
	Grundstück	200000 M
	Einrichtung/Vorräte	70000 M

01.04.1913   Kauf der Apotheke durch Gustav Kobow für   404.000 M
             Privileg   186000 M
             Grundstück   168000 M
             Einrichtung/Vorräte   50000 M

24. Eigentumsformen Potsdamer Apotheken von 1949 und 1974

<u>1949</u>

9 Private Apotheken	5 Landesapotheken	Staatliche Apotheken
Adler-Apotheke (Hof – Apotheke)	Bären-Apotheke	-
Löwen-Apotheke	Kronen-Apotheke	
Hirsch-Apotheke	Apotheke Bornstedt	
Luisen-Apotheke	Cecilien-Apotheke	
Linden-Apotheke	Kurmark-Apotheke	
Neuendorfer Apotheke		
Plantagen-Apotheke		
Charlottenhof-Apotheke		
Rosen-Apotheke		

<u>1950</u>

8 Private Apotheken	5 Landesapotheken	1 Staatliche Apotheke
Adler-Apotheke (Hof-Apotheke)	Bären-Apotheke	Luisen-Apotheke
Löwen-Apotheke	Kronen-Apotheke	
Hirsch-Apotheke	Apotheke Bornstedt	
Linden-Apotheke	Cecilien-Apotheke	
Neuendorfer Apotheke	Kurmark-Apotheke	
Plantagen-Apotheke		
Charlottenhof-Apotheke		
Rosen-Apotheke		

<u>1951</u>

6 Private Apotheken	5 Landesapotheken	2 Staatliche Apotheken
Dunckers-Apotheke (ehem. Adler-Apotheke, Hof-Apotheke)	Bären-Apotheke (ehem. Luisen-Apotheke)	Stadt-Apotheke
Löwen-Apotheke	Grüne Apotheke (ehem. Kronen-Apotheke)	Linden-Apotheke
Hirsch-Apotheke	Apotheke Bornstedt	

Neuendorfer Apotheke

Park-Apotheke
(ehem. Charlottenhof-Apotheke)

Rosen-Apotheke

Galenus-Apotheke
(ehem. Cecilien-Apotheke)

Plantagen-Apotheke

Schließung der
Hubertus-Apotheke
(ehem. Kurmark-Apotheke)

1953

5 Private Apotheken

Dunckers-Apotheke
Löwen-Apotheke
Hirsch-Apotheke
Park-Apotheke
Rosen-Apotheke

5 Landesapotheken

Bären-Apotheke
Grüne Apotheke
Apotheke Bornstedt
Galenus-Apotheke
Plantagen-Apotheke

3 Staatliche Apotheken

Stadt-Apotheke
Linden-Apotheke
Neuendorfer Apotheke

1954

4 Private Apotheken

Löwen-Apotheke
Hirsch-Apotheke
Park-Apotheke
Rosen-Apotheke
Schließung von
Dunckers-Apotheke

4 Landesapotheken

Bären-Apotheke
Grüne Apotheke
Galenus-Apotheke
Plantagen-Apotheke

4 Staatliche Apotheken

Stadt-Apotheke
Linden-Apotheke
NeuendorferApotheke
Apotheke Bornstedt

1956

4 Private Apotheken

Löwen-Apotheke
Hirsch-Apotheke
Park-Apotheke
Rosen-Apotheke

2 Landesapotheken

Grüne Apotheke
Galenus-Apotheke

Schließung der
Bären-Apotheke

5 Staatliche Apotheken

Stadt-Apotheke
Linden-Apotheke
Neuendorfer Apotheke
Apotheke Bornstedt
Plantagen-Apotheke

1957

3 Private Apotheken

Löwen-Apotheke
Hirsch-Apotheke
Park-Apotheke

1 Landesapotheke

Galenus-Apotheke

7 Staatliche Apotheken

Stadt-Apotheke
Linden-Apotheke
Neuendorfer Apotheke
Apotheke Bornstedt
Plantagen-Apotheke

		Rosen-Apotheke
		Grüne Apotheke
<u>1958</u>		
2 Private Apotheken	1 Landesapotheke	8 Staatliche Apotheken
Löwen-Apotheke	Galenus-Apotheke	Stadt-Apotheke
Park-Apotheke		Linden-Apotheke
		Neuendorfer Apotheke
		Apotheke Bornstedt
		Plantagen-Apotheke
		Rosen-Apotheke
		Grüne Apotheke
		Hirsch-Apotheke
<u>1961</u>		
2 Private Apotheken	1 Landesapotheke	7 Staatliche Apotheken
Löwen-Apotheke	Galenus-Apotheke	Stadt-Apotheke
Park-Apotheke		Linden-Apotheke
		Neuendorfer Apotheke
		Apotheke Bornstedt
		Plantagen-Apotheke
		Grüne Apotheke
		Hirsch-Apotheke
		Schließung der
		Rosen-Apotheke
<u>1963</u>		
1 Private Apotheke	1 Landesapotheke	8 Staatliche Apotheken
Park-Apotheke	Galenus-Apotheke	Stadt-Apotheke
		Linden-Apotheke
		Neuendorfer Apotheke
		Apotheke Bornstedt
		Plantagen-Apotheke
		Grüne Apotheke
		Hirsch-Apotheke
		Löwen-Apotheke
<u>1969</u>		
1 Private Apotheke	1 Landesapotheke	7 Staatliche Apotheken
Park-Apotheke	Galenus-Apotheke	Stadt-Apotheke
		Linden-Apotheke
		Neuendorfer Apotheke

		Apotheke Bornstedt
		Plantagen-Apotheke
		Hirsch-Apotheke
		Löwen-Apotheke
		Schließung der
		Grüne Apotheke

<u>1972</u>
Private Apotheken	1 Landesapotheke	8 Staatliche Apotheken
-	Galenus-Apotheke	Stadt-Apotheke
		Linden-Apotheke
		Neuendorfer Apotheke
		Apotheke Bornstedt
		Plantagen-Apotheke
		Hirsch-Apotheke
		Löwen-Apotheke
		Park-Apotheke

<u>1973</u>
Private Apotheken	1 Landesapotheke	8 Staatliche Apotheken
-	Galenus-Apotheke	Stadt-Apotheke
		Linden-Apotheke
		Neuendorfer Apotheke
		Apotheke Bornstedt
		Plantagen-Apotheke
		Hirsch-Apotheke
		Park-Apotheke
		Zentral-Apotheke
		Schließung der
		Löwen-Apotheke

<u>1974</u>
Private Apotheken	Landesapotheken	9 Staatliche Apotheken
-		Stadt-Apotheke
		Linden-Apotheke
		Neuendorfer Apotheke
		Apotheke Bornstedt
		Plantagen-Apotheke
		Hirsch-Apotheke
		Park-Apotheke
		Zentral-Apotheke
		Galenus-Apotheke

25. Arzneimittel des Warenlagers aus dem Jahre 1797

Löwen-Apotheke		Adler-Apotheke	
9	Aceta	9	Aceta
51	Aquae simplices, compositae et vinosae	49	Aquae simplices, compositae et vinosae
11	Condita	10	Condita
17	Cortices	17	Cortices
6	Electuaria	7	Electuaria
12	Elixira	13	Elixira
30	Emplestra	31	Emplastra
36	Essentiae simplices et compositae	36	Essentiae simplices et compositae
37	Extracta simplicia et composita	37	Extracta simplicia et composita
41	Flores	42	Flores
6	Folia	6	Folia
24	Gummi	25	Gummi
101	Herbae	108	Herbae
37	Olea	45	Olea
13	Pilulae	18	Pilulae
68	Pulveres simplices et compositi	70	Pulveres simplices et compositi
80	Radices	80	Radices
28	Salia	22	Salia
44	Semina	44	Semina
29	Sirupi simplices et compositi	29	Sirupi simplices et compositi
38	Spiritus simplices et compositi	23	Spiritus simplices et compositi
12	Tincturae	8	Tincturae
26	Unguenta	27	Unguenta

26. Übersicht über die Arzneimittel der Nomenklatur B

Arzneimittelverzeichnis 7. Ausgabe, 1965:

„Als Anhang sind erstmalig die nur in Klinik-, Kreis bzw. Bezirksdepot-Apotheken vorrätig gehaltenen Arzneifertigwaren aufgenommen worden, die der Nomenklatur B angehören. Ein Vorrätighalten dieser Präparate in allen Apotheken ist nicht zu vertreten. Von medizinischer Seite besteht in Verbindung mit dem Netz vorhandener Spezialkliniken oder Beratungsstellen ein Interesse daran, die Streuung bestimmter Mittel (z.B. Antibiotika) auf ein Mindestmaß zu beschränken, um beim Auftreten gefährlicher Resistenzerscheinungen über ein Mittel der Reserven zu verfügen. Vielfach dient die Beschränkung auf bestimmte Apotheken auch dem Zweck, die Gewinnung weiterer Erkenntnisse über Wirkung, Unschädlichkeit und Bedarf zu erleichtern. In einigen Fällen sollen z.b. ausgewählte Antibiotika nicht ohne weiteres zugänglich sein.

Die Zusammenstellung soll den Ärzten und Apothekern eine vollständige Übersicht über die im wesentlichen aus den vorgenannten Gründen auf die Klinik-, Kreis- bzw. Bezirksdepot-Apotheken beschränkten Arzneifertigwaren vermitteln, um eine wissenschaftlich begründete Verordnungsweise in allen Therapiebereichen zu sichern.

Bei der Verordnung der aufgeführten Präparate ist ärztlicherseits gegebenenfalls sorgfältig zu prüfen, ob das therapeutische Ziel nicht mit anderen Mittel erreichbar ist.

Verschreibungen für die in diesem Anhang aufgeführten Arzneifertigwaren dürfen nur von der Apotheke entgegengenommen werden, in deren Verordnungsbereich der verschreibende Arzt tätig ist. In begründeten Ausnahmefällen kann der Kreisapotheker im Einvernehmen mit den Beteiligten für alle Arzneifertigwaren des Anhangs oder bestimmter Gruppen davon (z.B. Antidiabetika) eine andere Apotheke für zuständig erklären.

Der leitende Apotheker ist verpflichtet, erforderlichenfalls den verschreibenden Arzt auf die im Teil A des Arzneimittelverzeichnisses aufgeführten Arzneifertigwaren gleicher Indikationsstellung aufmerksam zu machen und dies auf dem Rezept zu vermerken.

Das verschriebene Arzneimittel ist vom Leiter der zuständigen Apotheke auf dem schnellsten Wege – in der Regel telefonisch – bei der Klinik- oder Depot-Apotheke anzufordern und von dieser unverzüglich zum Versand zu bringen bzw. dem Überbringer der von der zuständigen Apotheke abgestempelten Verschreibung auszuhändigen."

Teil A, Anhang, Pharmazeutika der Nomenklatur B

ACC 76 4000 E Amp.	Haemostyptikum
ACC 76 1000 E Amp.	„ für Kinder
Akineton Tabl.	Parasympathikolytikum
Allergenum pollinare mixtum Amp.	
Ambosex Amp. und Tabl.	Klimakterium
Aminofusin	zum Ausgleich von Eiweißverlusten
Antihaemophiles Globulin	
Berolase Amp. Acidotische Zustände	

Alpha-Chymotrypsin Amp.	Entzündliche Prozesse
Chymotrypsin Streufl.	
Cocarboxylase	
Coloxyd Amp.	Antidot
Curarin Amp.	Myorelaxans
Cycloserin Tabl.	Antibiotikum
Cyto-Mack Amp.	Kardiakum, Antidot
Daraprim Tabl.	Chemotherapeutikum
Deca-Durabolin 25 mg Amp.	Anabolikum
Deca-Durabolin 50 mg Amp.	,,
Degranol Amp.	Zytostatikum
Degranol 50 mg Drag.	,,
Delphicort Tabl.	Antiphlogistikum
Demecocin Tabl.	Zytostatikum
Depot-Novadral Amp.	Angiotikum
D.F.P.-Öl	Miotikum
Digoxin Amp. und Tabl.	Kardiakum
Ergotamin B Tropfen	Uterotonikum
Erythromycin Amp.	Antibiotikum
Fungicidin Salbe	,,
Fungicidin Vaginaltabl.	,,
Fungizone Amp.	,,
Heparin Amp. 10 000 IE	Antithrombotikum
Heparin Amp. 25 000 IE	,,
Heparin ret. Amp.	,,
Hydro-Adreson-Augentropfen	Ophthalmikum
Intrajod Amp.	zur int. Jodtherapie
Inulin Amp.	Diagnostikum
Ismelin 10 mg Tabl.	Antihypertonikum
Ismelin 25 mg Tabl.	,,
Kanamytrex Amp.	Antibiotikum
Links-Glaukosan Amp.	Antiglaukomatosum
Mecodin 5 mg Amp.	Analgetikum
Mecodin 10 mg Amp.	,,
Methicillin Amp.	Antibiotikum
Methocel-Dispersa 30 ml	
Milzbrand - Serum	
Nalorphin Amp.	Antidot
Nebacetin-Augensalbe	Antibiotikum
Nystatin Tabl.	,,
Oleandocyn Amp., Kaps., Tropfen	,,

Oradexon Amp.	Antiphlogistikum
Oxacillin Kapseln	Antibiotikum
Panthesin-Hydergin Amp.	Antithrombotikum
Pelentan Tabl.	„
Piraldina Tabl.	Tuberkulostatikum
Plegangin Tabl.	Antihypertonikum
Polymyxin B Amp. und Tabl.	Antibiotikum
Pregnoral Tabl.	Gestagen
Pyrrolidin-Methyltetracyclin 100 mg und 250 mg Amp.	Antibiotikum
Rigenicid Tabl.	Tuberkulostatikum
Schlangenserum antitoxisch, polyvalent	
Sekretin Amp.	Diagnostikum
Synthomycetin Amp.	Antibiotikum
Tacholiquin	Expectorans zur Inhalation
Tensatrin Tabl.	Antihypertonikum
Terramycin-Augensalbe	Antibiotikum
Tetrinfan Pulver	„
Trenimon Amp., Kapseln	Zytostatikum
Trypsin-Amp.	
Viocoin-Amp.	Antibiotikum
Vulcamycin Kaps. 50 mg	„
Vulcamycin Kaps. 250 mg	„

27. Übersicht über die Arzneimittel der Nomenklatur C

Anweisung über Arzneifertigwaren, die in die Nomenklatur C des Arzneimittelverzeichnisses eingestuft werden, vom 10. Mai 1968.

1. Arzneifertigwaren, die auf Grund ihrer Zusammensetzung und Wirkungsweise der spezialisierten und hochspezialisierten medizinischen Betreuung der Bevölkerung vorbehalten sind, werden in die Nomenklatur C des Arzneimittelverzeichnisses eingestuft.

2. Arzneimittel gemäß Ziff. 1 sind nur dann zu verordnen, wenn das therapeutische Ziel nicht mit anderen zur Verfügung stehenden Arzneimitteln zu erreichen ist. Erforderlichenfalls ist der verordnende Arzt durch den Apotheker auf andere Arzneimittel gleicher Indikationsstellung aufmerksam zu machen. Der Apotheker hat dies auf dem Rezept zu vermerken.

Das verordnete Arzneimittel ist durch die in Anspruch genommene Apotheke unverzüglich von der Bezirksdepotapotheke anzufordern. Es ist von dieser schnellstmöglich der Apotheke zuzuleiten bzw. gegen die von der Apotheke abgestempelte Verordnung auszuhändigen, sofern der Empfänger des Arzneimittels die Verschreibung nicht selbst bei der Bezirksdepotapotheke einlöst.

3. Für die Organisation der Versorgung mit Arzneimitteln gemäß Ziff. 1 ist der Bezirksapotheker verantwortlich. Sie werden in der Regel durch die Bezirksdepotapotheke vorrätig gehalten und abgegeben. Der Bezirksapotheker kann entsprechend den örtlichen Verhältnissen eine abweichende Regelung treffen.

4. Diese Anweisung tritt am 10. Mai 1969 in Kraft.

gez. Sefrin (Minister)

Wissensch. Bezeichnung	Handelsname	Indikation/Anwendung
Amphoterizin B	Fungizone-Amp.	Antibiotikum (Pilzinf.)
Ampicillin	Penbritin Amp.. u. Kaps	Antibiotikum
Antimon-biskatecholdisulphonat-Natrium	Fuadin-Amp.	Antiparasitikum
Askaridol + Tetrachloräthyl	Neo-Bedermin-Amp.	Antiparasitikum
Azathioprin	Imuran-Tabl.	Antimetabolit
Bazitrazin	Bacitracin-Amp.	Antibiotikum
Bazitrazin + Neomycin	Nebacitin-Lösung	Antibiotikum
Bepheniumhydroxynaphtoat	Alcopar-Tabl.	Antiparasitikum
Chlormethoxyakridyl-aminodiäthylaminopropanol-dihydrochlorid	Acranil-Tabl.	„
Chiniofon	Yatren-Pillen	Darmantiseptikum
Deferoxamin	Desferal-Amp	Haemochromatosen
Diaphenylsulfon	DDS-Tabl.	Chemotherapeutikum
Diazepam	Valium-Amp.	Neuroleptikum
Diethylkarbamazin	Loxuran-Tabl.	Anthelmintikum
Epinephrin	Eppy-Augentropfen1 %	Antiglaukomatosum
	Glaucon-Augentropfen 2%	„
Ethambutol	Myambutol-Tabl. 100 mg, 400 mg	Tuberkulostatikum
Fettsäureaethylester von jodiertem Mohnöl	Lipiodol-Ultrafluid-Amp.	Diagnostikum
Fluphenazin	Lyogen-Amp. u. Drag.	Neuroleptikum
Furosemid	Furesis-Amp. u. Tab l.	Saluretikum

	Lasix Amp. u. Tabl.	
Goldkombination	AM 49 Drag.	Provokatorium
Glukagon	Glaukagon-Amp.	Antidot
p-Glykolylaminophenyl-arsonsäure	Neo-Viasept-Tabl.	Amoebizid
Wismutal + Chlorochindiphosphat		
Haloperidol	Haloperidol-Amp. Tabl. Tropfen	Neuroleptikum
Human-Somatotropin	Sotropin-H-Amp.	Wachstumsstörung
Indometazin	Amuno-Kaps.	Antirheumatikum
Insulin	Depot-Insulin „Klar"	Antidiabetikum
Iophendylatum	Pantopaque-Amp.	Röntgenkontrastm.
Klioquinol	Enteroseptol-Tabl.	Darmantiseptikum
Klomethiazol	Distraneurin-Tabl. Infusionslös.	Psychosedativum
Kolistin	Colimycin-Amp. u. Tabl.	Antibiotikum
Kresol-Formalin-Kondensat	Vagothyl	Vaginaldesinfiziens
Kunstharzaustauscher	Resonium A	Hyperkaliämie
Mannomustin	Degranol-Amp. u. Tabl.	Zytostatikum
Merkaptamin	Lambratene-Drag. Zysteamin-Drag.	Strahlenschutzm.
Methiodal-Natrium	Abrodil-Amp.	Diagnostikum
Methotrexat	Methotrexat-Amp. u. Tabl.	Zytostatikum
Methoxy-propylaminomethyl-bezodioxanhydrochlorid	Quiloflex Amp. u. Tabl.	Myorelaxans
Metyrapon	Metopiron-Kaps.	Diagnostikum
Nalidixinsäure	Negram-Tabl.	Chemotherapeutikum
Natriumaurothiosulfat	Sanocrysin-Amp.	Provokatorium
Nitrothiamidazol	Ambilhar-Tabl.	Antiparasitikum
Nystatin	Fungizidin-Drag.	Antibiotikum
Oxyzellulose, resorbierbar	Sorbacel-Streifen	Haemostyptikum
Pankreozymin	Pankreomyzin-Amp.	Pankreasdiagnostik.
Penizillamin	Metalcaptase-Kaps.	Antidot/M. Wilson
Phentolamin	Regitin-Amp.	Sympathikolytikum
Phospholipide, essentielle	Lipostabil-Amp.	Fettembolie
Polyvinylpyrrolidin	Periston N-Inf.lös.	Detoxikation

Prokarbazin	Natulan-Kaps.	Zytostatikum
Propranolol	Dociton-Amp. u. Tabl.	Angina pectoris
Propyliodon	Propyliodon	Diagnostikum
Salazosulfapyridin	Azulfdidine-Drag. Sulfasalazin-Tabl.	Chemotherapeutikum
Sekretin	Sekretin-Amp.	Pankreasdiagnostik.
Skopolamin-N-butylhydroxid	Scobutil-Amp.	Spasmolytikum
Streptokinase	Kabikinase Streptase	Antithrombotikum
Sultiam	Ospolot-Tabl.	Antiepileptikum
Thiabendazol	Mintezol	Anthelmintikum
Trifluperidol	Triperidol-Amp. u. Tropf.	Neuroleptikum
Vinkristinsulfat	Oncovin-Amp.	Zytostatikum
Vitamin A	Arovit-Amp.	Säuglingstoxikosen
Zykloserin	Cycloserin-Amp.	Antibiotikum

28 Arzneimittelverzeichnisse, Rezeptformeln bzw. Standardrezepturen und Arzneibücher in der DDR

Arzneimittelverzeichnis 1. Ausgabe 1951
Arzneimittelverzeichnis 2. Ausgabe 1954
Arzneimittelverzeichnis 3. Ausgabe 1958
Arzneimittelverzeichnis 4. Ausgabe 1959
Arzneimittelverzeichnis 5. Ausgabe 1961
Arzneimittelverzeichnis 6. Ausgabe 1962
Arzneimittelverzeichnis 7. Ausgabe 1965
Arzneimittelverzeichnis 8. Ausgabe 1969, Teil I
Arzneimittelverzeichnis 9. Ausgabe 1971, Teil I
Arzneimittelverzeichnis 10. Ausgabe 1972, Teil I
Arzneimittelverzeichnis Ausgabe 1973, Teil I
Arzneimittelverzeichnis Ausgabe 1974, Teil I
Arzneimittelverzeichnis Ausgabe 1976, Teil I
Arzneimittelverzeichnis Ausgabe 1977, Teil I
Arzneimittelverzeichnis Ausgabe 1979, Teil I
Arzneimittelverzeichnis Ausgabe 1980, Teil I
Arzneimittelverzeichnis Ausgabe 1982, Teil I
Arzneimittelverzeichnis Ausgabe 1983, Teil I
Arzneimittelverzeichnis Ausgabe 1984, Teil I

Arzneimittelverzeichnis Ausgabe 1986, Teil I
Arzneimittelverzeichnis Ausgabe 1988, Teil I
Arzneimittelverzeichnis Ausgabe 1990
Arzneimittelverzeichnis - Ergänzungsband Ausgabe 1990
Das Arzneimittelverzeichnis Teil II erschien bis 1987 in vier Auflagen
Rezeptformeln 1955
Rezeptformeln RF 59
Rezeptformeln RF 64
Standardrezepturen SR 69
Standardrezepturen SR 71
Standardrezepturen SR 71, korrigierter Nachdruck 1972
Standardrezepturen SR 71, korrigierter Nachdruck 1973
Standardrezepturen SR 71, korrigierter Nachdruck 1974
Standardrezepturen SR 75
Standardrezepturen SR 75, Druckausgabe 1977
Standardrezepturen SR 79
Standardrezepturen SR 80
Standardrezepturen SR 81
Standardrezepturen SR 82
Standardrezepturen SR 83
Standardrezepturen SR 84
Standardrezepturen SR 86
Standardrezepturen SR 88
Standardrezepturen SR 90
Deutsches Arzneibuch 6. Ausgabe - DAB 6 - 1926
Ergänzungsbuch zum Deutschen Arzneibuch 6. Ausgabe (Erg. B. 6, 1941)
Deutsches Arzneibuch 6. Ausgabe, Nachtrag 1954
Deutsches Arzneibuch 6. Ausgabe, Nachtrag 1959
Deutsches Arzneibuch 7. Ausgabe, (DAB 7 - DDR) 1964
Arzneibuch der Deutschen Demokratischen Republik 2. Ausgabe, Druckausgabe 1975
Arzneibuch der Deutschen Demokratischen Republik 2. Ausgabe, II. Lieferung 1977
Arzneibuch der Deutschen Demokratischen Republik 2. Ausgabe, III. Lieferung 1980
Arzneibuch der Deutschen Demokratischen Republik in der ab 1. Dezember 1983 verbindlichen Fassung, IV. Lieferung
Arzneibuch der Deutschen Demokratischen Republik in der ab 1. Dezember 1985 verbindlichen Fassung, V. Lieferung
Arzneibuch der Deutschen Demokratischen Republik 1987, AB - DDR 87

Quellen- und Literaturverzeichnis

Ungedruckte Quellen

Akten der Potsdamer Apotheken
Akten der Apotheke Bornstedt
Akten der Galenus-Apotheke
Akten der Neuendorfer Apotheke
Akten der Park-Apotheke
Akten der Plantagen-Apotheke
Akten der Stadt-Apotheke
Archiv der evangelischen Kirchen von Potsdam
Sterberegister der Gemeinde der Heiligengeistkirche
Sterberegister der Gemeinde der St. Nicolaikirche
Taufregister der Gemeinde der St. Nicolaikirche
Trauregister der Gemeinde der St. Nicolaikirche
Archiv der evangelischen Kirchen von Potsdam-Babelsberg
Totenbuch der Friedrichskirche 1950-1976
Archiv der katholischen Kirche St. Peter und Paul von Potsdam
Totenbuch 1945-1970, S. 154
Totenbuch 1971-1982, S.16

Brandenburgisches Landeshauptarchiv:
MS 2 B 683, Fellien, Das Gesundheits- und Sozialwesen in Potsdam vom 15. – 18. Jahrhundert
Pr.Br.Rep. 2 A I. Med. Nr. 604, 1831 – 1942, Acta betreffend die Anlage einer Apotheke in der Brauerstr. 5, Bären-Apotheke, Priv. 26.4.1654
Pr.Br.Rep. 2 A I. Med. Nr. 605, 1812 – 1944, Acta betreffend die Anlage einer Apotheke in der Hohenwegstr. 11, Adler-Apotheke, Priv. 23.11.1748
Pr.Br.Rep. 2 A I. Med. Nr. 608, Acta betreffend das Gesuch der Witwe Gebhardt wegen Anlegung einer 5. Apotheke
Pr.Br.Rep. 2 A I. Med. Nr. 609, Acta betreffend die Errichtung einer 5. Apotheke in der Stadt Potsdam auf dem Luisenplatz, Priv. 7.12.1726, übertragen durch allerh. Order 30.9.1848
Pr.Br.Rep. 2 A I. Med. Nr. 610, Acta betreffend die Anlage einer 5. Apotheke hieselbst
Pr.Br.Rep. 2 A I. Med. Nr. 611, Acta betreffend die Anlage einer 6. Apotheke in Potsdam vor dem Teltower Tore, Kronen-Apotheke, 1863-1939
Pr.Br.Rep. 2 A I. Med. Nr. 613, Sonderakten betreffend die 7. Apotheke in Potsdam, Cecilien-Apotheke, 1908-1944

Pr.Br.Rep. 2 A I. Med. Nr. 614, Sonderakten betreffend die 8. Apotheke in Potsdam (2. Apotheke in der Brandenburger Vorstadt) Charlottenhof-Apotheke, Alte Luisen-Str., 1911-1943
Pr.Br.Rep. 2 A I. Med. Nr. 615, Sonderakten betreffend die 9. Apotheke in Potsdam, Kurmark- Apotheke, 1930-1942
Pr.Br.Rep. 2 A I. Med. Nr. 617, Sonderakten betreffend die Besichtigungen der Apotheken in Potsdam, 1912-1938
Pr.Br.Rep. 2 A I. Med. Nr. 619, Acta betreffend die Anlage einer 1. Apotheke in Nowawes, Linden-Apotheke, Lindenstr. 46, 1876-1943
Pr.Br.Rep. 2 A I. Med. Nr. 620, Acta specialia betreffend die Errichtung einer 2. Apotheke in Nowawes-Neuendorf, ab 1936 Potsdam-Babelsberg
Pr.Br.Rep. 2 A I. Med. Nr. 621, Sonderakten betreffend die 3. Apotheke in Nowawes, Kreis Teltow, Plantagen-Apotheke, 1919-1928
Pr.Br.Rep. 2 A I. Med. Nr. 622, Sonderakten betreffend die 4. Apotheke in Nowawes, Kreis Teltow, Rosen-Apotheke, 1927-1944
Pr.Br.Rep. 2 A I. Med. Nr. 623, Acta betreffend Revisionen der Apotheken zu Nowawes, ab 1.4.1938 Babelsberg, 1894-1937
Pr.Br.Rep. 2 A I. Med. Nr. 625, Sonderakten betreffend die Apotheke in Bornstedt, Kreis Osthavelland, jetzt Potsdam-Bornstedt, 1908-1937
Pr.Br.Rep. 2 A I. Med. Nr. 626, Sonderakten betreffend die Besichtigung der Apotheke in Bornstedt, Kreis Osthavelland, Kreis Potsdam, 1909-1937
Pr.Br.Rep. 19, Nr. 2656, Gesuch des Apothekers Nicolaus Becker aus Hessen um Anlegung einer Apotheke in Potsdam, 1724-1725
Pr.Br.Rep. 19, Nr. 2657, Gesuch der 4 Apotheker zu Potsdam um Bestätigung von Privilegien, 1744-1748
Pr.Br.Rep. 19, Nr. 2659, Acta specilia betreffend das Gesuch des Apothekers Becker des ihm zu erteilenden Praedicats als Hofapotheker und des von ihm geführten Anspruchs wegen der Medicamentenlieferung an die hiesige Gewehrfabrique 1772
Rep. 78 IV, P 6/1, Potsdam, Apotheken, 1667-1718
Ld.Br.Rep. 211, Ministerium für Gesundheitswesen, Nr. 1226, Arbeitspläne und Berichte der Abteilung Apothekenwesen, 1949-1951
Ld.Br.Rep. 211, Ministerium für Gesundheitswesen, Nr. 1228, Jahresbericht der Abteilung Apothekenwesen für 1950
Ld.Br.Rep. 211, Ministerium für Gesundheitswesen, Nr. 1231, Durchführung der Apothekenbetriebsrechtreform vom 22. Juni 1949
Ld.Br.Rep. 211, Ministerium für Gesundheitswesen, Nr. 1233, Apothekenbetriebsordnung
Ld.Br.Rep. 211, Ministerium für Gesundheitswesen, Nr. 1234, Revisionsprotokolle von Apotheken 1949-1951

Ld.Br.Rep. 211, Ministerium für Gesundheitswesen, Nr. 1242, Zinszahlungen der Landesapothekenpächter und Eintragungen der Landesapotheken in das Handelsregister, 1950-1952
Ld.Br.Rep. 211, Ministerium für Gesundheitswesen, Nr. 1243, Abgeltung des Apothekeninventars, 1949-1951
Ld.Br.Rep. 211, Ministerium für Gesundheitswesen, Nr. 1245, Verzeichnis der Apotheken, Stand 1. Oktober 1949
Ld.Br.Rep. 211, Ministerium für Gesundheitswesen, Nr. 1250, Apotheken allgemein, 1947-1950
Ld.Br.Rep. 211, Ministerium für Gesundheitswesen, Nr. 1254, Allgemeine Apothekenangelegenheiten, 1951-1952
Ld.Br.Rep. 211, Ministerium für Gesundheitswesen, Nr. 1267, Penicillin (Verfügungen, Kommissionen, Lehrgänge)

Landesarchiv Merseburg:

Rep. 36 Nr. 2781, Acta betr. Die Bestallung und Besoldung der Hof-Apotheker in Berlin und Potsdam, 1598 – 1738
Rep. 76 VIII B Nr. 1307, Akten betreffend die Einrichtung, den Betrieb und die Beaufsichtigung der Apotheken im Regierungsbezirk Potsdam, 1906 – 1923

Persönliche Mitteilungen ehemaliger und gegenwärtiger Mitarbeiter Potsdamer Apotheken:

G. Berg vom 30.10.1989
K. Brandt vom 03.11.1989
M. Brehmer vom 23.08.1989
K. Goldbach vom 10.10.1989
K. Gutsche vom 03.11.1989
M. Kardorf vom 08.08.1989
W. Kober vom 12.05.1989
W. Pille vom 12.09.1989
H. Priebe vom 12.10.1989
E. Rach vom 03.11.1989
E. Rosenow vom 12.09.1989
E. Schlüter vom 23.01.1989
W. Scholz vom 10.08.1989
I. Starke vom 27.06.1989
M .Stephan vom 07.10.1989
G. Volkmann vom 25.05.1989
I. Zanke vom 10.10.1989

Stadtarchiv Potsdam:

Reg. Nr. 1 - 1/669, Kauf-, Contract- und Obligationsbuch, Band 5, 1738 – 1745
Reg. Nr. 1 - 3/71, Acta des Magistrats zu Potsdam, betreffend die Visitationen der hiesigen Apotheken
Reg. Nr. 1 - 3/72, Acta des Magistrats zu Potsdam betreffend die von dem Apotheker Schorlemmer nachgesuchte Bestätigung des mit dem Bertholdschen Hause acquirirten Apotheker-, Materialisten- und Schanck Privilegii
Reg. Nr. 1 - 3/73, Acta des Magistrats zu Potsdam betreffend die vom Hofapotheker Johann Friedrich Franck erkaufte vormalige Beckersche Apotheke
Reg. Nr. 235, Konferenzbeschlüsse, Potsdamer Apothekerverein
Reg. Nr. 237 - 433, Francke-Stiftung, Hofapotheker, Erziehungsanstalt zur Pflege und Erziehung verwahrloster Kinder,
Handelsregister A, 1 - 3/833, Königl. Priv. Luisen – Apotheke und Drogenhandlung, Apotheker Hanns Erdelmann, Gustav Kobow, Apothekenbesitzer zu Potsdam
Handelsregister A, 1 - 3/1082, Apotheke zur Krone, Carl Witt, Wilhelm Trapp
Handelsregister A, 1- 3/1539, Firma Rudloff, Baron und Hübner
Handelsregister A, 1 - 3/1561, Königl. Hofapotheke zum Bär, Hermann Geis, Ruth Kieselbach

Stadtverwaltung Potsdam:

Handelsregister A Nr. 786/1675 Cecilien-Apotheke
Handelsregister A Nr. 1089/1764 Plantagen-Apotheke
Handelsregister A Nr. 1391/1903 Kurmark-Apotheke
Handelsregister A Nr. 1548 Löwen-Apotheke
Handelsregister A Nr. 2345 Grüne Apotheke
Sterbebuch Potsdam 1950 Nr. 274
Sterbebuch Potsdam 1954 Nr. 440
Sterbebuch Potsdam 1974, I., 1 –500, Nr. 327

Gedruckte Quellen

Adreß-Buch für die Königliche Residenzstadt Potsdam und Umgebung auf das Jahr 1903

Adreß-Buch für die Königliche Residenzstadt Potsdam und Umgebung auf das Jahr 1906

Adreßbuch für Potsdam, Nowawes, Gemeinde und Gut Klein-Glienicke, Gut Babelsberg und Kolonie Babelsberg, 1914

Adreß-Kalender der Königlich-Preußischen Haupt- und Residenzstädte Berlin und Potsdam, besonders der daselbst befindlichen hohen und niederen Collegien, Indancien und Expeditionen auf das Jahr 1790

Allerhöchste Kabinetsorder vom 5. Oktober 1846, Gesetz-Sammlung für die Königlichen Preußischen Staaten, Jahrgang 1846, Nr. 41, S. 509

Allgemeiner Wohnungsanzeiger für Potsdam auf das Jahr 1849

Allgemeiner Wohnungsanzeiger für die Königliche Residenzstadt Potsdam und Umgebung auf das Jahr 1869

Allgemeiner Wohnungsanzeiger für die Königliche Residenzstadt Potsdam und Umgebung auf das Jahr 1883

Amtliches Fernsprechbuch, Bezirk Potsdam, 1960

Anordnung über die Regelung und Überwachung des Verkehrs mit Arzneimitteln vom 5. Oktober 1949, Zentralverordnungsbl., Teil I Jahrgang 1949, S. 766

Anordnung Nr. 1 über die Weiterbildung der Apotheker-Fachapothekerordnung – vom 23. Mai 1974, Gesetzbl. Teil I, Nr. 30. 300 (1974)

Anordnung über die Weiterbildung der Apotheker zu Fachapothekern – Fachapothekerordnung – vom 4. Dezember 1987, Gesetzbl. Teil I, Nr. 31, 309 (1987)

Anweisung über Berufsbild Apothekenhelfer(in) und Lehrplan für die praktische Ausbildung zum Apothekenhelfer(in) vom 8. August 1956, Verf. und Mitt. des Ministeriums für Gesundheitswesen, Nr. 9, 1 – 6 (1956)

Anweisung über Arzneifertigwaren, die in die Nomenklatur C des Arzneimittelverzeichnisses eingestuft werden, vom 10. Mai 1968, Verf. und Mitt. des Ministeriums für Gesundheitswesen, Nr. 11, 95 (1968)

Anordnung über die Rahmenstatuten für das Pharmazeutische Zentrum und für die Bezirksapothekeninspektion, Verf. und Mitt. des Ministeriums für Gesundheitswesen Nr. 8, 97 (1984)

Apothekenbetriebsordnung nebst Anweisung für die amtliche Besichtigung der Apotheken vom 18. Februar 1902, Ministerialbl. für Medizinal – und medizinische Unterrichts-Angelegenheiten 2, 63 (1902)

Apotheken, Dispensieranstalten und pharmazeutisches Personal, Z. des Königlich-Preußischen Statistischen Bureaus 16, 363 (1876)

Arbeitsrichtlinie für die Durchführung von Revisionen, Gesetzessammlung für Apotheker, A II 1e/1, VEB Deutscher Zentralverlag, Berlin 1961

Arzneimittelverzeichnis 1954

Arzneimittelverzeichnis 1969

Arzneimittelverzeichnis 1988

Bekanntmachung betreffend die Prüfung der Apotheker, Zentralbl. für das Deutsche Reich 3, 167 (1875)

Beschreibung der Garnison Potsdam vom Standpunkt der Gesundheitspflege aus aufgestellt, herausgegeben von der Medizinalabteilung des Königlich-Preußischen Kriegsministeriums, Berlin 1900

Branchen-Adreßbuch, Land Brandenburg, 2. Ausgabe, veröffentlicht unter Lizenz-Nr. 120, Potsdamer Verlagsgesellschaft mbH

Cirkular-Verfügung an das Königl. Polizeipräsidium hieselbst, die Bereitung und den Debit künstlicher Mineralwasser betreffend, vom 23. November 1844, Ministerialbl. für die gesammte innere Verwaltung in den Königlich-Preußischen Staaten 5, 311 (1844)

Cirkular-Verfügung an sämmtliche Königlichen Regierungen und Medizinalkollegien sowie an das hiesige Königliche Polizeipräsidium, daß Prüfungen und Konzessionierungen als Apotheker 2. Klasse nicht mehr stattfinden sollen, vom 15. Dezember 1853, Ministerialbl. für die gesammte innere Verwaltung in den Königl. Preußischen Staaten 14, 277 (1853)

Cirkular an sämmtliche Königliche Regierungen, Landdrostereien und an das Königliche Polizei-Präsidium hier, Wegfall der Prüfung der Apothekergehülfen durch Kommissarien für die Apothekenrevisionen betreffend, vom 27. September 1877, Ministerialbl. für die gesammte innere Verwaltung in den Königlich-Preußischen Staaten 38, 259 (1877)

Cirkular an sämmtliche Königl. Oberpräsidenten vom 21. Juli 1886, betreffend das Verfahren bei Verleihung von Konzessionen für Apotheken, Ministerialbl. für die gesammte innere Verwaltung in den Königlich-Preußischen Staaten 47, 161 (1886)

Cirkular an die Königl. Regierungspräsidenten und an den Königl. Polizei-Präsidenten in Berlin vom 16. Dezember 1893 und abschriftlich an die Königl. Ober-Präsidenten, betr. Die Vorschriften über Einrichtung und Betrieb von Apotheken und die Anweisung zur Besichtigung solcher, Ministerialbl. für die gesammte innere Verwaltung in den Königlich-Preußischen Staaten 55, 3 (1894)

Cirkular an sämmtliche Königl. Ober-Präsidenten vom 5. Juli 1894, betr. die Präsentation von Geschäftsnachfolgern bei der Konzessionierung neuer Apotheken, Ministerialbl. für die gesammte innere Verwaltung in den Königlich-Preußischen Staaten 55, 119 (1894)

Cirkular an sämmtliche Königl. Ober-Präsidenten vom 5. September 1894, betr. die Einführung der Personalkonzession für Apothekengerechtigkeiten, Ministerialbl. für die gesammte innere Verwaltung in den Königlich-Preußischen Staaten 55, 146 (1894)

Cirkular-Rescript des Königl. Ministeriums der Geistlichen-, Unterrichts- und Medizinal-Angelegenheiten an sämmtliche Königl. Regierungen und abschriftlich an das Königl. Polizei-Präsidium zu Berlin, die Servir-Zeit der Apotheker-Gehülfen betreffend, Annalen der Preußischen inneren Staatsverwaltung, 9. Band, Jahrgang 1825, 1. Heft, Januar-März, S. 253

Cirkular-Rescript des Königl. Ministeriums der Geistlichen-, Unterrichts- und Medizinal-Angelegenheiten, an die medizinischen Fakultäten sämmtlicher Königl. Universitäten, die medizinischen Universitäts-Studien und Staats-Prüfungen betreffend, Annalen der Preußischen inneren Staatsverwaltung, 10. Band, Jahrgang 1826, 1. Heft, Januar-März, S. 153

Deutsches Arzneibuch, 6. Ausgabe 1926

Edikt über die Einführung einer allgemeinen Gewerbe-Steuer vom 28. Oktober 1810, Gesetzes-Sammlung für die Königlich-Preußischen Staaten, Nr. 4, 79 (1810)

Entjudung von Apothekenbetriebsrechten, Ministerialbl. des Reichs- und Preußischen Ministeriums des Innern 4. (100) Jahrgang, 1137 (1939)

Ergänzungsbuch zum Deutschen Arzneibuch, 6. Ausgabe (Erg.B.6) Berlin 1941

Erste Durchführungsbestimmung zur Verordnung über die Neuregelung des Apothekenwesens vom 6. September 1949, Zentralverordnungsbl. Teil I, Nr. 79, 707 (1949)

Erste Durchführungsbestimmung zur Anordnung über die Regelung und Überwachung des Verkehrs mit Arzneimitteln vom 30. Juni 1950, Gesetzbl. DDR, Nr. 78, Jahrgang 1950, 668 (1950)

Erste Durchführungsbestimmung zur Verordnung über die Organisation des Apothekenwesens (Apothekenordnung) – Apothekenbetriebsordnung - vom 2. April 1958, Gesetzbl. DDR, Teil I, Nr. 30, 379 (1958)

Erste Verordnung zum Gesetz über die Verpachtung und Verwaltung öffentlicher Apotheken vom 26. März 1936, Reichsgesetzbl. Teil I, Nr. 32, 317 (1936)

Fünfte Durchführungsbestimmung zur Apothekenordnung – Revisionsordnung für Apotheken – vom 20. Juli 1962, Gesetzbl. DDR Teil II, Nr. 57, 497 (1962)

Gesetz über die Verpachtung und Verwaltung öffentlicher Apotheken, Reichsgesetzbl. Teil I, Nr.138, 1445 (1935)

Gesetz über die Zivilverteidigung der DDR vom 16. September 1970, Gesetzbl. DDR Teil I, Nr. 20 (1970)

Königlich-Preußisches und Churfürstlich-Brandenburgisches Allgemeines und Neugeschärftes Medicinal-Edict und Verordnung vom 27. September 1725

Königliche Verordnung wegen Anlegung neuer Apotheken vom 24. Oktober 1811, Gesetzes-Sammlung für die Königlich-Preußischen Staaten, Nr. 24, 359 (1811)

Mitteilung, betr. den Haupt-Ausschuß für Fortbildungskurse für Apotheker in Preußen, Ministerialbl. für Medizinalangelegenheiten 12, 226 (1912)

Preußische Pharmakopoe, 7. Ausgabe 1862

Prüfungsordnung für Apotheker, Zentralbl. für das Deutsche Reich 32, 150 (1904)

Prüfungsordnung für Apotheker, Beilage Nr. 48 des Reichsministerialbl. (Zentralbl. für das Deutsche Reich) vom 15. Dezember 1934

Reglement über die Lehr- und Servirzeit, sowie über die Prüfung der Apothekerlehrlinge und Apothekergehülfen, Amtsbl. der Preußischen Regierung in Potsdam nebst öffentlichem Anzeiger, 35. Stück, Nr. 142, 252 (1864)

Reichsapothekerordnung, Reichsgesetzbl. Teil I, Nr. 50, 457 (1937)

Revidirte Ordnung, nach welcher die Apotheker in den Königlichen Preußischen Landen ihr Kunst-Gewerbe betreiben sollen, 1801

Rezeptformeln 1954

Standardrezepturen 1969

Standardrezepturen 1979

Standardrezepturen 1988

Verleihung von Apothekenbetriebsrechten, Ministerialbl. des Reichs – und Preußischen Ministeriums des Innern, Nr. 23, 4. (100) Jahrgang, 1241 (1939)

Verordnung über die Aufgaben und Organisation des Apothekenwesens, Gesetzbl. DDR Teil I, Nr. 3, 17 (1984)

Verordnung über die Neuregelung des Apothekenwesens – Beschluß S 192/49, Zentralverordnungsbl. Teil I, Nr. 56, 487 (1949)

Verordnung über die Organisation des Apothekenwesens –Apothekenordnung – vom 27. Februar 1958, Gesetzbl. DDR Teil I, Nr. 18, 231 (1958)

Verordnung zum Gesetz über die Verpachtung und Verwaltung öffentlicher Apotheken vom 26. März 1936, Reichsgesetzbl. Teil I, Nr. 32, 317 (1936)

Vorschriften über die Prüfung für Apotheker, Bundesgesetzbl. des Norddeutschen Bundes, Nr. 34, 650 (1869)

Literatur

Autorenkollektiv: Potsdam - Geschichte der Stadt in Wort und Bild, VEB Deutscher Verlag der Wissenschaften, Berlin 1986

Autorenkollektiv: Zeittafel zur Geschichte der Pharmazie in der DDR (1945 – 1986),Berlin 1987

Beisswanger, Gabriele: Frauen in der Pharmazie, Die Geschichte eines Frauenberufes, Deutscher Apotheker Verlag, Stuttgart 2001

Brückner, Christine: Ständiger Wohnsitz, Kasseler Notizen, Ullstein Verlag, Berlin 1998

Dann, Georg Edmund: Wie schreibe ich die Geschichte meiner Apotheke?, Pharm. Ztg. 76, 529 (1931)

Dann, Georg Edmund: Martin Heinrich Klaproth, Ein deutscher Apotheker und Chemiker, Akademie Verlag, Berlin 1958

De Bruyn, Günter: Preußens Luise - Vom Entstehen und Vergehen einer Legende -, Siedler Verlag, Berlin 2001

Fontane, Theodor: Von Zwanzig bis Dreißig, Autobiographisches, Aufbau Taschenbuch Verlag GmbH Berlin, 2. Auflage 1998

Fontane, Theodor: Wanderungen durch die Mark Brandenburg, Cotta'sche Buchhandlung Nachfolger, Stuttgart und Berlin 1922

Fontane, Theodor: Schach von Wuthenow, Aufbau Taschenbuch Verlag GmbH Berlin, 1998

Friedrich, Christoph: Zur Entwicklung der Pharmazeutischen Wissenschaft an den Universitäten der DDR zwischen 1949 und 1989, Pharmazie 44, 657 (1989)

Friedrich, Christoph: Die Geschichte der ABDA von 1950-2000, Govi Verlag, Eschborn 2000

Friedrich, Christoph Die Apotheke von innen gesehen, Govi-Verlag, Frankfurt am Main/Eschborn, 1995

Funk, Fritz: 200 Jahre Löwen-Apotheke, Potsdamer Tageszeitung vom 28. Januar 1933

Goerke, Heinz: 250 Jahre Hofapotheke zum Goldenen Hirsch in Potsdam, Courier Druckhaus, Ingolstadt 1985

Goerke, Heinz: Am Puls der Medizin, Arzt im 20. Jahrhundert, Eine Autobiographie, Olms Verlag Hildesheim, Zürich, New York 1996

Heller, Gisela: Unterwegs mit Fontane in Berlin und der Mark Brandenburg, Nicolaische Verlagsbuchhandlung, Beuermann GmbH, Berlin 1995

Hösel, Hans: Handbuch der Deutschen Apothekerschaft für 1941, Deutscher Apotheker Verlag, Berlin 1941

Huerlimann, Martin, Rave, Paul Ortwin: Die Residenzstadt Potsdam, Atlantis Verlag, Berlin 1933

Lefrere, Sieglinde: Zwischen Niederlassungsfreiheit und Personalkonzession, Notizen zur preußischen Apothekengeschichte, Pharm. Ztg. 126, 1504 (1981)

Mielan, Alexander: 200-jähriges Bestehen der Löwen-Apotheke in Potsdam, Dtsch. Apoth. Ztg. 48, 117 (1933)

Mueller, Kuno: Aus Urkunden der ältesten Apotheke in Potsdam, Dtsch. Apoth. Ztg. 52, 253 (1937)

Nicolai, Friedrich: Beschreibung der Königlichen Residenzstädte Berlin und Potsdam, Band 3, 1786

Pfeifer, Siegfried: Pharmazeutische Ausbildung und wissenschaftliches Leben in Berlin einst und jetzt, Pharmazie Sonderdruck aus Heft 11, 3 (1987)

Rees, Alfred: Zum 200-jährigen Jubiläum der Löwen-Apotheke in Potsdam, Pharm. Ztg. 126, 673 (1933)

Reinhard, Friedhelm: Apotheken in Berlin, Von den Anfängen bis zur Niederlassungsfreiheit 1957, Govi-Verlag , Eschborn 1998

Riehl, W.: Zur Geschichte der Apotheken in Potsdam, Mitteilungen des Vereins für die Geschichte Potsdams, NF 1, 228 (1875)

Schmitz, Rudolf: Methoden in der modernen Pharmaziegeschichte, Pharm. Ztg. 109, 1449 (1964)

Schneider, Wolfgang: Wörterbuch der Pharmazie, Band 4, Geschichte der Pharmazie, Wissenschaftliche Verlagsgesellschaft mbH, Stuttgart 1985

Sello, Georg: Potsdam und Sanssouci, Forschungen und Quellen zur Geschichte von Burg, Stadt und Park, Schollaender Verlag, Breslau 1880

Staatliche Archivverwaltung der DDR:

Staatliche Schlösser und Gärten Potsdam – Sanssouci, Potsdamer Schlösser in Geschichte und Kunst, VEB F. A. Brockhaus Verlag, Leipzig 1980

Taube, G.: Vorexaminierter-Apothekenassistent-Pharmazieingenieur, Pharm. Praxis 41, 210 (1986)

Thiebault, Dieudonné: Vom Alten Fritz, R. Voigtländer`s Verlag in Leipzig

Tirpitz, Alfred von: Erinnerungen, Verlag von K. F. Koehler, Leipzig 1920

Winkler, Fritz: Beitrag zur Geschichte der Potsdamer Apotheken, Dtsch. Apoth. Ztg. 21, 225 (1906)

Winkler, Fritz: Beitrag zur Geschichte der Potsdamer Apotheken, Mitteilungen des Vereins für die Geschichte Potsdams, NF 4, Heft 3, 1908

Personenregister

A

Ahlhorn, Jutta 198
Albers, Bernhard... 76, 79, 81, 116, 197
Albers, Martha Luise, geb. Blank ... 197
Alhorn, Jutta 151, 174
Alhorn, Ralf 149
Anna Amalie 23
Aschner, Bruno 74, 196
Aust [Kreisarzt] 83

B

Bach, Johann Sebastian 10
Bach, Philipp Emanuel 23
Bacmeister, Friedrich 63, 193
Baeger 28
Baron, Paul . 74, 88, 109, 131, 186, 192
Bassewittz, von [Oberpräsident] 40
Baum, Theodor Wilhelm Adolf 185, 205
Bech, Adelheid Maria Wilhelmina, geb. Rabe 184
Bech, Karl Ludwig Julius 184
Becker, Anna Margarete Elisabeth .. 19, 183
Becker, Anna Renate, geb. Rielander 183
Becker, Carl Wilhelm 184, 200
Becker, Charlotte Luise Anna Wilhelmine, verh. Rengel... 184, 200
Becker, Christina 136, 196
Becker, Franziskus 27
Becker, Helene Friederike, geb. Zietelmann 184
Becker, Hugo 70, 189, 206
Becker, Jacob 185, 200
Becker, Jacob Heinrich 25, 185, 200
Becker, Johann Ferdinand 27
Becker, Johann Franziskus 25, 27, 183, 184, 200
Becker, Johann Friedrich . 27, 183, 185, 200, 201

Becker, Johann Georg Ferdinand jun. 184, 200, 202
Becker, Johann Georg Ferdinand sen. 183, 184, 200, 201
Becker, Johann Philipp 20, 185, 200
Becker, Marianna 21, 187, 200, 201
Becker, Nicolaus .. 19, 20, 27, 183, 185, 187, 200, 201
Bensel, Emil 182
Berg, Gudrun 116, 131, 136, 192
Bertholdt, Anna Charlotta 182
Bertholdt, Eleonora Charlotta, geb. Eckardt 26, 182
Bertholdt, Johann Georg jun. 25, 26, 182
Bertholdt, Johann Georg sen.18, 19, 26, 181, 182, 201
Bertholdt, Lawysa Charlotte 182
Bertholdt, Marie Sophie, geb. Riemen 182
Bertram, Rudolf 183
Beyer, Anna Luisa 181
Beyer, Hans Heinrich 13, 181
Beyer, Hans Paul 181
Beyer, Heinrich 181
Beyer, Margareta Sybilla 181
Beyer, Martin 181
Bidtel 186
Birkner [Kreisphysicus] 44, 45
Bismarck, Otto von 35, 52
Boehne, Jürgen 149, 151
Boehne, Ulrike 149
Boehringer, Albert 68
Boehringer, Christoph Heinric 68
Boltze [Bürgermeister] 26
Bramstedt, August 66, 110, 196
Brehmer, Margot 116, 196
Büchsenschütz, Gustav 133
Bullrich, August Wilhelm 26, 30
Bury, Eugen 86, 183, 206
Bury, Lieselotte Auguste Margarete 183
Bury, Margarete Friederike, geb. Müller 85, 86, 183

Buschatz, Antje 151, 174
Buttenberg, Christian 149
Buttermann, Carl Franz Bernhard ... 202

C

Christian Ludwig von Brandenburg .. 10
Cölln, Wolfgang 149, 174

D

Dahme [Augenarzt] 86
Dentzer, Bernhard Albert 189
Desenich 185
Dietrich, Inken 149, 174
Dorner, Charlotte 173
Dorothea von Braunschweig 10
Drewermann, Eugen 47
Duncker, Hermann August Heinrich 85, 86, 87, 109, 185, 205
Düsterbeck, Hans-Jörg 149

E

Eberle, Christina 136, 196
Ebert, Friedrich 73
Eckardt, Andreas Friedrich 181
Eckardt, Anna Dorothea 181
Eckardt, Anna Elisabeth 181
Eckardt, Anna Lawysa 181
Eckardt, Anna, geb. Simon 13, 181
Eckardt, Christoph 13, 181
Eckardt, Christoph Friedrich 181
Eckardt, Eleonora Charlotta 26, 181, 182
Eckardt, Sophie Charlotte 181
Eckardt, Ursula Anna 181
Eckert, Theodor 184
Einsiedel, Gottfried Emanuel von 36, 37, 38
Elisabeth von Bayern 35
Encke, Wilhelmine 24
Engelbrecht, Adolf Friedrich 186
Engelcke, Karl August Rudolf 185
Engelken [Polizeipräsident] 46
Erdelmann, Hanns 91, 97, 109, 116, 190

Erdelmann, Helene Katharina, geb. Jecks 190
Erfurth, Magdalena . 109, 116, 132, 190
Etzrodt, Hermann 185, 205

F

Faber 197
Fischer, Emil 67
Fischer, Robert 71, 84, 195
Fleschen [Polizeipräsident] 39
Fontane, Theodor 16, 32, 36, 53, 69
Franck, Johann Ferdinand ... 27, 33, 185
Fredenhagen [Witwe] 101
Fredenhagen, Emma 191
Fredenhagen, Heinrich 191
Friedrich August von Sachsen und Polen 11
Friedrich I., preußischer König ab 1701 16
Friedrich II. von Hohenstaufen 169
Friedrich II., preußischer König. 23, 25, 37, 59
Friedrich III., brandenburgischer Kurfürst bis 1701 .... 11, 12
Friedrich III., deutscher Kaiser 52
Friedrich IV. von Dänemark 11
Friedrich Wilhelm I., preußischer König 16, 17, 19, 21, 22, 37
Friedrich Wilhelm II., preußischer König 24
Friedrich Wilhelm III., preußischer König 24, 38
Friedrich Wilhelm IV., preußischer König 35, 41, 43
Friedrich Wilhelm, brandenburgischer Kurfürst 9, 10, 11, 12
Friedrich, Heinrich 183
Fröhling, Dietlinde 173

G

Gast, Fritz 82, 195
Gebhard, Clara, geb. Körner 26, 36, 38, 39, 40

Gehe, Franz Ludwig 68
Geis, Elisabeth, geb. Nies 183
Geis, Hermann .. 92, 100, 109, 116, 183
Gerecke, Klaus 127
Glasenapp, Siegmund Heinrich
　Bogislav von 46, 48, 61
Glasenapp, Siegmund Heinrich
　Boguslav von 190
Gneisenau, August Neidhardt von 25
Goerke, Heinz 180
Goerke, Ilse 110
Gorschboth, Paul 195
Gorschboth, Ursula Anna Marie,
　geb. Staudemeyer 195
Graw, Ulrich 149, 151
Groschuff, Wilhelm 189
Groß, Alfred 191
Grunow 70
Gutsche, Karl 132

H

Hamacher, Kurt 110, 191
Hammer 28
Hammer, Harald 110, 188
Hardenberg, Karl August von 25
Harsleben, Carl Friedrich 187, 201
Harsleben, Carl Heinrich ... 21, 25, 187, 201
Harsleben, Carl Wilhelm Ferdinand
　.. 187, 201
Harsleben, Carolina Margaretha
　.. 187, 201
Harsleben, Caroline Ernestine
　Henriette, geb. Wagner 187
Harsleben, Charlotta Philippine
　Emilia 187, 201
Harsleben, Charlotte Sophie,
　geb. Schlichting, ... 187
Harsleben, Georg Friedrich August
　.. 187, 201
Harsleben, Johann Paradon Friedrich
　.. 187, 201
Harsleben, Ludwig Ernst Heinrich
　.. 187, 201
Harsleben, Ludwig Heinrich Ernst ... 33

Harsleben, Marianna, geb. Becker ... 21, 187
Harsleben, Marianne Henriette
　Wilhelmine 187, 201
Harsleben, Regina Sophie Henriette
　.. 187, 201
Harsleben, Wilhelmine Henriette,
　verw. Mohnhaupt 187
Hartung, Carl Friedrich 61, 62
Hartung, Friedrich Carl 190, 192
Heinicke, Ernst Hugo Ferdinand 69, 189
Heinrich, Curt Ludwig ... 82, 83, 84, 85, 195
Heller, Johann August 202
Henschel [Kaufmann] 36
Henschel, Klaus-Peter 149
Hensel, Hermann 182
Hermbstaedt, Sigismund Friedrich 30
Herzberger, Hugo 185, 205
Heydenreich [Kriegs- und
　Domänenrat] 19
Hindenburg, Paul von 73, 90
Hinz 108
Hitler, Adolf 73, 90
Hocke [Kreisarzt] 81
Hoess, Anton 192
Hoffmann, Amalie Emma Caroline,
　geb. Genrich 184
Hoffmann, Wilhelm Ernst Otto .. 55, 70, 184
Honecker, Erich 103
Honemann, Hans 182, 206
Horvath, Karl Christian 25
Huppmann, Nicola 149

I

Ihn 25

J

Jagow, von [Oberpräsident] 46
Jahn 192
Jensen, Michael Friedrich Gottlieb . 202
Just, Curt 94, 199

K

Kant, Immanuel 33
Kardorf, Georg 110, 186
Kardorf, Maria 186
Kärgell, Stephan 149, 151
Karpe, Paul Friedrich 61, 190
Katte, Hans Hermann von 16
Kersten, Johann Dietrich 202
Kieselbach, Ruth 109, 116, 183
Klaproth, Martin Heinrich 27, 29
Kluth, Gisela 197
Knobelsdorff, Georg Wenzeslaus von 23
Knuth, Christian............................ 149
Kober, Waltraut 116, 136, 150, 151, 195
Kobow, Gustav 186, 189, 207
Kobow, Walter 189
Koller [Pastor] 61
Kolodziej, Josef 110, 198
Kopsch [Facharzt] 86
Krause... 83
Krauske, Friedrich 42, 189
Krumbholz, Friedrich Heinrich Ferdinand 45, 55, 186
Krumbholz, Karl 93, 110, 186
Kruse, Oskar 182, 206
Kubier, Fritz 132, 197
Kühl, J. F. 191
Kühn, Heinz 148, 150, 151
Kulka, Hartmut 149, 174
Kulka, Petra 151, 198
Kunze, Joachim 196

L

Lampel, Elly, geb. Bullmann 189
Lampel, Max 189, 206
Lange, Carl Friedrich 33, 45, 187
Lange, Fritz 92, 183
Langhans, Carl Gotthard................. 24
Langner, Hartmut 148, 174, 186
Lauinger, Christof.......................... 149
Lavoisier, Antoine Laurent 30

Leschbrand, Carl Eduard Wilhelm ... 42, 69, 189
Liebknecht, Karl 74
Louise Henriette von Nassau-Oranien 10
Luise von Mecklenburg-Strelitz........ 24
Lutter, Friedrich 182, 206

M

Maiziere, Lothar de 104
Mannkopf, Oskar 184
Mathilde, Äbtissin von Quedlinburg ... 9
Mauerhoff, Hannelore 148
Mechler..115
Merckel, Wilhelm von 35
Merrem, Paul 69, 75, 189, 206
Meyer [Geheimer Rat und Leibmedicus] 27
Meyer, Heinrich Gustav 184
Möritz, Michael 136, 151, 188, 197
Mücke [Amts- und Gemeindevorsteher] 60
Müller, Adalbert Hermann 186
Müller, August 40, 41, 42
Müller, Heinrich August 189
Müller, Johann Friedrich 202
Muschner, Johannes 108, 109, 199
Musenberg, Johannes 189

N

Napoleon I. 24
Natorp, G. L. C. [Kreisphysicus] 32
Naumann, Fritz 84
Nebendahl, Wulf 151
Neefe, von [Regierungspräsident] 61, 189
Neumann... 85
Nicks, August Ferdinand 28, 202
Niedner 202
Niemeyer [praktischer Arzt] 86
Nüßler, Andreas 151

O

Oelsner, Helga 148
Oenicke, Carl Hermann 185
Oesberg, Antje 151, 197
Opitz, Renate 116, 135, 188
Otto III, deutscher König 9

P

Pflüger, J. C. 69
Philippi [Stadtphysicus] 39
Pieck, Wilhelm 103
Pochhammer, von [Kreisphysicus] ... 42
Pranger, Gabriel Mathias 202
Priebe, Hubert 113, 132, 135, 173, 174, 186
Probst 182
Prochnon, Carl Friedrich 28, 202

Q

Quantz, Johann Joachim 23

R

Rackelmann 202
Rathenau, Walther 73
Rathmann 77, 78, 79, 86, 97
Raumer, Karl Otto von 50
Rave, Paul Ortwin 10
Reder, Horst 186, 195
Reichert 185
Rengel, Charlotte Luise Anna Wilhelmine, geb. Becker 184
Rengel, Johann Friedrich Wilhelm jun. 184, 200
Rengel, Johann Friedrich Wilhelm sen. 184, 200, 202
Richter, Joachim 127
Rielander, Anna Renate, verh. Becker 183
Ritthaler, Gisela 198
Rohr, Mathilde von 53
Rose, Wilhelm 32

Rosenow, Erika 116, 136, 151, 194
Rösner, Max 188
Rudloff, Ernst 131

S

Sander, Achim 132, 188
Sander, Anna Berta Eva, geb. Riedel 188
Sander, Carl 185, 205
Sandmann, Eva 115
Satorius 28
Schadow, Gottfried 24
Scharnhorst, Gerhard Johann David von 25
Scheel, Gabriele 149
Scheele, Carl Wilhelm 30
Scheidemann, Philipp 73
Scheinert, Richard 33, 55, 75, 188
Scheiwe [Witwe] 82
Scheiwe, Arthur 64, 82, 194
Schinkel, Karl Friedrich 35
Schlichting, Charlotte Sophie, verh. Harsleben, ... 187
Schliebener, Carl 80
Schmeißer 26
Schmidt, Waltraud 173
Schmitz, Rudolf 9
Schneider, Carl Ernst Friedrich Ferdinand 33
Schneider, Ernst Carl Friedrich Ferdinand 187, 201
Scholz 197
Scholz, Gerhard 110
Scholz, Werner 132, 135, 151, 190
Schönbeck, Ida Antonie Henriette .. 182
Schönebeck, Johann 12, 14, 181
Schönebeck, Maria Catharina 181
Schönebeck, Ursula Catharina, geb. Diemen 181
Schönebeck, Ursula Katharina 13
Schorlemmer, Carl Friedrich 182
Schorlemmer, Carl Heinrich 182
Schorlemmer, Franz Andreas Leopold 182
Schorlemmer, Friedrich Emil 182

Schorlemmer, Ida Antonie Henriette, geb. Schönbeck 182
Schorlemmer, Ludowica Sophia Leopoldina 182
Schorlemmer, Luise Emilie Henriette 182
Schorlemmer, Maria Dorothea Caroline 182
Schulte, Clemens 110, 191, 196
Schulz, Angelika 148, 173, 174
Schumacher, Bertram 188, 191
Schumacher, Ilse 188
Schumacher, Rosa, geb. Jacke 188
Schwabe, Wilmar 84
Schwarz, Susanne 149, 151
Sefrin [Minister] 215
Seidel, Renate 173
Simon, Anna, verh. Eckardt............ 181
Sophie Charlotte von Braunschweig. 11
Sprotte 84
Stalin, Josip Wissarionowitsch 103
Starke, Antje 149, 174
Starke, Ilse 116, 132, 135
Stein, Corinna 149
Stein, Karl Freiherr vom und zum 25
Stoll 25
Stresemann, Gustav 73
Stresemann, Theodor Wilhelm 182
Strey, Charlotte Margarete Hedwig, geb. Schuessler 91, 199
Strey, Wilhelm 91, 93, 109, 198
Struve, Friedrich Adolph August...... 69
Szezodrowski, Eduard 185

T

Teetzen, Otto 75, 79, 89, 110, 196
Tell, Erich 69
Tell, Ernst 69
Tell, Ludwig 69
Teusler, Hermann 187
Teusler, Marie, geb. Ruscheweyh... 188
Theisen, Sabine.............................. 149
Thies, Barbara................................ 149
Thies, Ulrich 149, 151
Thoms, Hermann 72

Tiedge, Martha, geb. Albers... 110, 116, 198
Tirpitz, Alfred von 52
Trapp, Gustav 191
Trapp, Wilhelm 92, 115, 191
Trommsdorff.................................. 192

U

Uber, Rosemarie 116, 194
Uhlmann, Hans-Joachim................. 132
Ulbricht, Walter 103, 107
Ulrich, Sigrun 151

V

Verheiden, Bruno Albert Max 184
Vetters.. 197
Vogel [Stadtphysicus]...................... 27
Vogel, Anna, verw. Eckardt...... 14, 181
Vogel, Jacob 14, 181
Volkmann, Gisela, geb. Ritthaler... 116, 135, 151, 198
Volprecht, Egon 91, 195
Voltaire, François Marie Arouet 23

W

Wauschkuhn, Ralph 149
Weber, Hans 82, 83, 84, 195
Wegner, Anneliese.......................... 194
Wegner, Carl Friedrich August 193
Wegner, Charlotte........................... 194
Wegner, Hans-Dieter 194
Wegner, Helene, geb. Zischank 193, 194
Wegner, Maria, geb. Schultze 193
Wegner, Paul.. 54, 64, 74, 88, 109, 115, 193
Weise [Kreisarzt] 87
Weizsäcker, Richard von 9
Wendlass [Gastwirt] 39
Weppner, Richard 185, 205
Werner, Anneliese, geb. Wegner ...116, 194
Wernicke [Kreisarzt].................... 132
Wersig.. 197

Westphal, Paul 189
Wetzel, Irmtraud 149
Wiegank, Ursula 173
Wiesenhuetter, Jens 151
Wiesenhuetter, Susanne 151, 190
Wiesmann, Barbara Franziska, geb.
    Vogel 91, 199
Wiesmann, Leonhardt ... 91, 94, 98, 199
Wilhelm I., deutscher Kaiser 35, 52
Wilhelm II., deutscher Kaiser 52
Wilke, Hans 132
Witt, Carl 110, 191, 195
Wittke 189
Witzke, Heimtraud 136, 192
Woita 197
Wolffgram [Polizeipräsident] 189

Woller, von [Kinderärztin] 86

Z

Zanke, Dieter 149
Zanke, Ingrid 116, 131, 135, 173
Zech, Paul 183, 206
Zesch, Alfred 109, 112, 132, 192
Zesch, Margarete Susanne Annemarie,
    geb. Dietrich 192
Zietelmann, Helene Friederike, verh.
    Becker 184
Zischank, Helene 193
Zschiesche, Marianne 116, 197
Zurek, Bettina, geb. Kober 151, 195

Abbildungsverzeichnis

Abbildung 1: Ehemalige Apotheke zum Schwarzen Bär, Brauerstr. 5 (Bildarchiv Potsdam Museum) 13

Abbildung 2: Die Adler-Apotheke nach ihrer Verlegung in die Hohewegstraße 11 (Privatbesitz) 19

Abbildung 3: Die Löwen-Apotheke, Nauener Str. 20 (Bildarchiv Potsdam Museum) 20

Abbildung 4: Die Apotheke zum goldenen Hirsch, Lindenstr. 48 (Bildarchiv Potsdam Museum) 21

Abbildung 5: Die Apotheke vor dem Brandenburger Tor, Luisenplatz 5 (Bildarchiv Potsdam Museum) 37

Abbildung 6: Die Kronen-Apotheke, Schützenplatz 1 (Bildarchiv Potsdam Museum) 45

Abbildung 7: Paul Wegner und seine Frau Helene geb. Zischank, als Brautpaar am 11. Juni 1903 (Privatbesitz) 63

Abbildung 8: Die Cecilienapotheke, Spandauer Str. 3 (Bildarchiv Potsdam Museum) 65

Abbildung 9: Pyramidon und Salipyrin. Originalverpackungen um 1900 (Sammlung Carl-Ewald Löwen, Berlin) 67

Abbildung 10: Aspirin und Eu-Med. Originalverpackungen (Sammlung Carl-Ewald Löwen, Berlin) 68

Abbildung 11: Zentralapotheke, Heinrich-Rau-Allee 49, 1989 (Foto: Paul Biela) 111

Abbildung 12: Apotheke am Stern, Newton Str. 6, 1989 (Foto: Paul Biela) 112

Abbildung 13: Einhorn-Apotheke, Otto-Grotewohl-Str. 46, 1989 (Foto: Paul Biela) 112

Abbildung 14: Warnung vor Geschlechtskrankheiten (Privatbesitz) 123

Abbildung 15: Beispiele aus dem Arzneimittelsortiment der DDR (Sammlung Carl-Ewald Löwen, Berlin) 125

Abbildung 16: Apotheke am Stern, Newton Str. 6, 2001 (Foto: Paul Biela) 136

Abbildung 17: Die Einhorn-Apotheke, Otto-Grotewohl-Str. 46, 1989 (Foto: Paul Biela) 137

Abbildung 18: Die Einhorn-Apotheke, Saarmunder Str. 46, 2001
(Foto: Paul Biela) 137

Abbildung 19: Eingang zur Hirsch-Apotheke, Otto-Nuschke-Str. 48,
1989 (Foto: Paul Biela) 138

Abbildung 20: DieApotheke zum Goldenen Hirsch, Lindenstr. 48,
2001 (Foto: Paul Biela) 138

Abbildung 21: Die Park-Apotheke, Geschwister-Scholl-Str. 63B,
1989 (Foto: Paul Biela) 139

Abbildung 22: Die Park-Apotheke, Geschwister-Scholl-Str. 63B,
2001 (Foto: Paul Biela) 139

Abbildung 23: Die Stadt-Apotheke, 1989 (Foto: Paul Biela) 140

Abbildung 24: Die Luisen-Apotheke, Luisenplatz 5, 2001
(bis 1994 Stadt-Apotheke) (Foto: Paul Biela) 141

Abbildung 25: Die Zentral-Apotheke, Am Kanal 49, 2001
(Foto: Paul Biela) 141

Abbildung 26: Die Linden-Apotheke, Rudolf-Breitscheid-Str. 32,
1989 (Foto: Paul Biela) 142

Abbildung 27: Die Linden-Apotheke, Rudolf-Breitscheid-Str. 32,
2001 (Foto: Paul Biela) 142

Abbildung 28: Die Neuendorfer Apotheke, Fulton Str. 16, 1989
(Foto: Paul Biela) 143

Abbildung 29: Die Neuendorfer Apotheke, Fulton Str.16, 2001
(Foto: Paul Biela) 144

Abbildung 30: Die Plantagen-Apotheke, Plantagenstr.13, 1989
(Foto: Paul Biela) 145

Abbildung 31: Die Plantagen-Apotheke, Plantagenstr.13, 2001
(Foto: Paul Biela) 145

Abbildung 32: Apotheke Bornstedt, Potsdamer Str. 175, 1989
(Foto: Paul Biela) 146

Abbildung 33: Die Ribbeck-Apotheke in Bornstedt,
Potsdamer Str. 181, 2001 (Foto: Paul Biela) 146

Abbildung 34: Die Galenus-Apotheke, Friedrich-Ebert-Str. 35,
1989 (Foto: Paul Biela) 147

Abbildung 35: Die Cecilien (ehem. Galenus)-Apotheke,
Friedrich-Ebert-Str. 35, 2001 (Foto: Paul Biela) 148

Abbildung 36: Die Ost-Apotheke ehem. Apotheke am
Schwarzen Damm, 2001 (Foto: Paul Biela) 152

Abbildung 37: Friedrich-Ebert-Str. 102, 1989 (Foto: Paul Biela) 153

Abbildung 38: Die Löwen-Apotheke, Friedrich-Ebert-Str. 102,
1992 (Foto: Paul Biela) 153

Abbildung 39: Die Löwen-Apotheke, Friedrich-Ebert-Str. 102,
2001 (Foto: Paul Biela) 154

Abbildung 40: Jagdhaus-Apotheke, Großbeeren Str. 301, 2001
(Foto: Paul Biela) 154

Abbildung 41: Apotheke im Graefe-Haus, Hans-Thoma-Str. 11, 2001
(Foto: Paul Biela) 155

Abbildung 42: Brunnen-Apotheke, Kopernikus Str. 32, 2001
(Foto: Paul Biela) 155

Abbildung 43: Drewitzer Apotheke, Konrad-Wolf-Allee 1, 2001
(Foto: Paul Biela) 156

Abbildung 44: Apotheke am Schlaatz, Erlenhof 34, 2001
(Foto: Paul Biela) 156

Abbildung 45: Apotheke am Holländischen Viertel,
Hebbel Str. 6, 2001 (Foto: Paul Biela) 157

Abbildung 46: Horus-Apotheke, Hebbel Str. 1 A, 2001
(Foto: Paul Biela) 157

Abbildung 47: Zeppelin-Apotheke, Zeppelin Str. 41, 2001
(Foto: Paul Biela) 158

Abbildung 48: Residenz-Apotheke, Zeppelin Str. 2, 2001
(Foto: Paul Biela) 158

Abbildung 49: Nowawes-Apotheke, Garnstr. 34, 2001
(Foto: Paul Biela) 159

Abbildung 50: Känguruh-Apotheke, Geschwister-Scholl-Str. 83,
2001 (Foto: Paul Biela) 159

Abbildung 51: Waldstadt-Apotheke, Am Moosfenn 1, 2001
(Foto: Paul Biela) 160

Abbildung 52: Heinrich-Mann-Apotheke, Johannes R.
Becher Str. 65 B, 2001 (Foto: Paul Biela) 160

Abbildung 53: Sterncenter-Apotheke, Nuthe Str./Sternstr., 2001
(Foto: Paul Biela) 161

Abbildung 54: Kirchsteig-Apotheke, Mathilde-Schneider-Str. 14,
2001 (Foto: Paul Biela) 161

Abbildung 55: Wilhelm-Apotheke, Charlottenstr. 40, 2001
(Foto: Paul Biela) 162

Abbildung 56: Babelsberg-Apotheke, Großbeeren Str. 123, 2001
(Foto: Paul Biela) 162

Abbildung 57: Apotheke zum Schwarzen Bär, Dortu Str. 4, 2001
(Foto: Paul Biela) 163

Abbildung 58: Apotheke im Markt-Center, Breite Str. 27, 2001
(Foto: Paul Biela) 164

Abbildung 59: Pinguin-Apotheke, Brandenburger Str. 56, 2001
(Foto: Paul Biela) 164

Abbildung 60: Margeriten-Apotheke, Neuendorfer Str. 15, 2001
(Foto: Paul Biela) 165

Abbildung 61: Tulpen-Apotheke, Hebbel Str. 42, 2001
(Foto: Paul Biela) 165

Abbildung 62: Bahnhof-Apotheke, Karl-Liebknecht-Str. 5, 2001
(Foto: Paul Biela) 166

Abbildung 63: Drei Eichen-Apotheke, Paul-Neumann-Str. 5, 2001
(Foto: Paul Biela) 166

Abbildung 64: Apotheke im Bahnhof, Babelsberger Str. 16, 2001
(Foto: Paul Biela) 167

Abbildung 65: Apotheke am Alten Rad, Kaiser-Friedrich-Str. 98,
2001 (Foto: Paul Biela) 167

Abbildung 66: Die Ost-Apotheke, Lotte-Pulewka-Str. 4, 2001
(Foto: Paul Biela) 168

Abbildung 67: Schließung der Neuendorfer Apotheke,
Fulton Str. 16, Februar 2001 (Foto: Paul Biela) 168

Abbildung 68: Der achtzigjährige Paul Wegner (Privatbesitz) 193